案说合规

赵坤 吴瑾 编著

案说合规

无规矩，不成方圆。

中国经济出版社
CHINA ECONOMIC PUBLISHING HOUSE
北京

图书在版编目（CIP）数据

案说合规 / 赵坤，吴瑾编著 . -- 北京：中国经济出版社，2024.2

ISBN 978-7-5136-7490-4

Ⅰ . ①案… Ⅱ . ①赵… ②吴… Ⅲ . ①企业管理—案例—中国 Ⅳ . ① F279.23

中国国家版本馆 CIP 数据核字（2023）第 183473 号

策划编辑　龚风光　王　絮　杨　祎
特邀策划　刘悠扬　张万文
责任编辑　王　絮　杨　祎
责任印制　马小宾
装帧设计　今亮後聲 HOPESOUND 2580590616@qq.com

出版发行　中国经济出版社
印 刷 者　北京艾普海德印刷有限公司
经 销 者　各地新华书店
开　　本　710mm × 1000mm　1/16
印　　张　18.75
字　　数　262 千字
版　　次　2024 年 2 月第 1 版
印　　次　2024 年 2 月第 1 次
定　　价　68.00 元
广告经营许可证　京西工商广字第 8179 号

中国经济出版社　**网址** www.econmyph.com　**社址** 北京市东城区安定门外大街 58 号　**邮编** 100011

本版图书如存在印装质量问题，请与本社销售中心联系调换（联系电话：010-57512564）

编委会组成人员

鸣谢

深圳市司法局

深圳市人民政府国有资产监督管理委员会

深圳市投资控股有限公司

特别感谢

蒋溪林先生对本书的指导和大力支持

编者按

党的二十大报告对全面依法治国作出重大战略部署，并指出要完善产权保护、市场准入、公平竞争、社会信用等市场经济基础制度，优化营商环境。这不仅为各地推动高质量发展，加快构建新发展格局指明了前进方向，也为企业加强合规经营提供了根本遵循。

深圳作为最早的经济特区，吸引了大量跨国企业、外贸企业和高科技企业落地寻求发展。合规是各类主体可持续发展的基石，所以，深圳在全国率先提出“全面推进企业合规建设”、打造“企业合规示范区”的口号和目标，创办了全国首个“深圳市企业合规协会”，并围绕中国特色社会主义先行示范区“法治城市示范”的战略定位，系统性推进合规体系建设，推广合规概念、健全合规制度、培塑合规文化、培养合规人才，探索具有深圳特色的合规建设法治化路径。

2020 年 12 月，由深圳市监察委员会指导，深圳市司法局、深圳市国有资产监督管理委员会主办，深圳市投资控股有限公司、深圳广播电影电视集团、深圳大学合规研究院共同策划推出新闻专题报道节目《案说合规》。节目以企业合规概念为主，四位一体研究、传播合规理念，借助于电视覆盖面广、受众广泛、能够实时互动等优势，开展合规宣传教育，提升市民合规意识，树立深圳企业的合规观念，助力深圳打造“企业合规示范区”，建设成为中国特色社会主义“法治先行示范城市”。

节目与深圳大学合规研究院、光明区中科合规法律研究院、鹏城法律合规研究院以及华商合规法律服务中心等专业合规研究机构开展深度合作，获取“案说合规”相关案例，每期邀请2~4位专家对案例进行多角度剖析，提升了节目的专业性；同时，节目建立与执法、普法相关部门之间的信息通道，邀请各行业的从业人员，包括深圳市企业合规协会会长、副会长，深圳大学法学院教授，企业合规部门负责人等参与录制，分享他们的合规研究、从业经验，提升了节目的实用性。

现将54期《案说合规》节目内容集结、编纂成册，感谢众多专家、学者、业内人士为节目贡献的法律观点、合规研究及案例分析，为节目提供合规理论的指引、借鉴与务实支撑，为深圳乃至全国企业的合规事业发展贡献力量。

PREFACE

前言

2020年12月，深圳市监察委员会、深圳市司法局、深圳市国有资产监督管理委员会、深圳市投资控股有限公司、深圳广播电影电视集团与深圳大学合规研究院一起，共同策划推出新闻专题报道节目《案说合规》。

从2020年12月4日第一期节目播出，截止到2023年3月17日，在2年多的时间里，节目一共制作播出了54期。节目播出以来，社会反响较好，得到了深圳市有关部门领导的肯定。

现在，《案说合规》节目编辑成书出版，可喜可贺。

近年来，在习近平总书记的推动下，中国企业融入了全球企业强化合规管理的潮流，走出了具有中国特色的企业合规管理之路。

20世纪70年代，新一轮经济全球化启动，跨国公司走向“全球公司”。1976年，经济合作与发展组织(OECD)制定了《跨国公司行为准则》，当中包括企业经营中所涉及的劳资关系、环境、反腐败、竞争、税收等多个方面。2000年，联合国全球契约组织成立，在人权、劳工、环境和反腐败四个方面提出10项原则，标志着全球范围开始推进企业合规管理。目前，全球有15000多家大企业加盟全球契约组织，承诺遵守这10项原则。

当跨国公司强化合规管理形成全球潮流之时，中国正加入世界贸易组织（WTO）。经过 20 多年的发展，中国企业已经跻身全球大企业行列，现在面临如何实现从大到强的挑战。这一新发展阶段不仅需要技术产品等硬实力的增强，也需要包括合规竞争力在内的软实力的提升。

2017 年 5 月，习近平总书记在中央全面深化改革领导小组第三十五次会议上要求加强企业海外经营行为合规制度建设。自此以来，习近平总书记多次倡导企业合规经营。迄今为止，共有 20 多个中央政府部门对推进企业合规管理提出指导意见、指引，或者参与了对企业合规的监管，择要如下：

2018 年 12 月，国家发展和改革委员会（以下简称国家发展改革委）会同外交部等七部委联合发布《企业境外经营合规管理指引》。国务院国有资产监督管理委员会（以下简称国务院国资委）在 2018 年制定了《中央企业合规管理指引（试行）》，2022 年又以国资委令的形式发布了《中央企业合规管理办法》。2021 年，最高人民检察院（以下简称最高检）联合 12 个部门（现在共有 14 个部门）建立推进涉案企业合规工作机制。2022 年，人力资源与社会保障部（以下简称人力资源社会保障部）等 3 部门把“企业合规师”作为新职业纳入《中华人民共和国职业分类大典》。2022 年 10 月，国家标准化管理委员会（以下简称国家标准委）发布编号为 GB/T 35770 的《合规管理体系要求及使用指南》，把合规管理体系的国际标准转化为国家标准。

地方政府在推进企业合规方面也出现许多亮点。深圳市是其中突出的典型。深圳市委、市政府按照《关于支持深圳建设中国特色社会主义法治先行示范城市的意见》，把合规管理作为法治建设的抓手，全面落实党中央、国务院各个部门强化合规管理的要求，建设“企业合规示范区”，并开始推进包括医院在内的各个社会组织的合规管理。深圳市宝安区创造性地由区委领导牵头建立促进企业合规管理委员会，推进全区数十万家企业的合规管理工作。

时至今日，全国走上了具有中国特色的推进企业合规管理之路，主要表现为：中央领导积极倡导合规，政府各个部门促进和指导企业合规管理，地方政府整合中央各个部门的要求实现“条块结合”，形成中观层面的合规平台。全国涌现出一大批强化合规管理的先进企业。

在短短5年时间里，中央企业和一大批地方国有企业已经建立了合规管理体系，企业依法合规经营管理水平明显提升。民营企业合规管理虽然还处于初期阶段，但是越来越多的企业开始合规管理建设。强化合规管理已经成为中国企业管理提升的新方向和高质量发展的新动力。据了解，全球没有一个国家像中国这样，在如此短的时间内，形成如此大规模的强化合规管理潮流。

《案说合规》节目搜集了大量企业合规的案例，以强化企业合规管理为主题，借助于电视覆盖面广、受众广泛、能够实时互动等优势，开展合规宣传教育，提升市民合规意识，通过对合规概念的推广普及，助力深圳打造企业合规示范区。可以说，《案说合规》节目本身就是深圳推进“企业合规示范区”建设的一个创新举措。

现在，借《案说合规》节目编辑成书的机会，我愿意就合规管理的内在逻辑及今后的发展提出一些看法，供大家在推进合规管理时参考。强化合规管理之所以引起政府部门高度关注，并得到众多企业积极响应，与合规管理的内在逻辑分不开。

首先，合规不是一般意义上的遵规守法，而是企业自觉、自愿、自主的行为。从服从法律和接受监管的被动行为转变为依法合规的主动行为，从“要我合规”转变为“我要合规”，是组织行为的重大转变。企业合规的自觉、自愿行为与企业合规的外部监管相结合，能够有效实现法治、德治和自治的有机结合。

其次，合规是包括企业在内的各类社会组织的管理活动。企业把履行合规义务嵌入业务全流程的各个环节，转化为全员参与的常态化、可持续管理活动。强化合规管理可以把法治社会建设的治理目标转化为组织内部的管理活动。企业合规管理不仅可以实践法治企业建设，还可以推广到其他社会组织，成为法治企业和法治社会的抓手。

最后，合规管理是法治企业、法治社会的抓手，涉及社会经济建设的微观、中观和宏观等各个层面。在微观层面，涉及企业以及各类社会组织的合规；在中观层面，涉及各个地区按照国际通行规则以及国家一系列规范，优化营商环境；在宏观层面，涉及如何推动规则、规制、管理、标准等制度型开放，参与国际经贸规则博弈的问题。

总之，推进合规管理不仅在微观层面能够促进企业提升管理水平、实现高质量发展，也可在中观层面促进法治社会建设，营造国际化、法治化、市场化的营商环境，还可在宏观层面促进企业与国际通行规则接轨，从而推进企业有效参与全球经济合作与竞争。

习近平总书记在中共中央政治局第八次集体学习时指出：要更加主动对接高标准国际经贸规则，稳步扩大规则、规制、管理、标准等制度型开放，加快打造对外开放新高地，建设更高水平开放型经济新体制，加快构建新发展格局。要积极营造市场化、法治化、国际化一流营商环境，以推动加入《全面与进步跨太平洋伙伴关系协定》和《数字经济伙伴关系协定》为契机，进一步激发进口潜力、放宽市场准入、推动多边和双边合作深入发展，增强对外资的吸引力。

为实现习近平总书记提出的目标，我建议在以下几个方面进一步推进和加强企业合规管理：

首先，进一步深化企业合规管理体系建设。最近5年，国有企业带头，民营企业跟进，中国企业纷纷开展合规管理体系建设。在此基础上，已经建立合规管理体系的企业需要进行合规管理体系有效性评估，以问题为导向，加强企业专项合规建设，从而推进企业合规管理不断深化。同时，推动还没有开展合规管理建设的企业，特别是那些“走出去”的企业和上市企业（包括拟上市企业）积极参与到合规建设中来，从“要我合规”转变到“我要合规”。

其次，从推进企业合规到推进各个组织合规，即推进各类社会组织合规。国家标准委发布的《合规管理体系要求及使用指南》明确指出，合规管理标准适用于各类社会组织，包括但不限于企业、企事业单位、行政机构、慈善机构、研究机构。

再次，强化各社会组织内部的合规管理活动，有助于实现法治社会的治理目标。我们建议，在全国企业合规管理取得成功的基础上，借鉴企业合规管理经验，推进其他社会组织通过强化合规管理落实法治建设。当前，我们特别应该通过强化合规管理，来推进广大群众关注的医疗系统和教育系统等单位的法治建设；通过各类社会组织的合规管理，推进各地实现法治社会的治理目标。这样可以从根本上促进市场化、法治化、国际化的营商环境建设。

最后，积极参与国际经贸规则博弈，提高运用国际规则维护我国发展权益的能力。中国企业“走出去”参与“一带一路”建设，必然遭遇大量过去不熟悉的全球规则。这些规则大体可以分为三类：第一类是企业应该遵守的国际通行规则，例如，透明度规则。第二类是非国际通行但是企业经营所在国所具有的规则。第三类是某些国家指定的与我国主权安全和发展利益相冲突的规则。当前，推进高水平对外开放，我们应该强调企业遵守国际通行规则，要按照国际普遍支持的规则标准推动企业在项目建设、运营、采购、招投标等环节依法合规进行。同时，对于某些国家制定的与我国国家主权安全和发展利益相冲突的规则，企业应当及时发现，善于规避和化解，必要时敢于、善于反制。

我希望深圳市在推进各类企业和各类社会组织合规管理过程中继续走在全国前列，也希望《案说合规》这样的节目能够发挥更大的作用。

王志乐
著名经济学家
联合国全球契约组织第十项原则专家组成员
商务部研究院跨国公司研究中心原主任
深圳市企业合规协会会长

2023 年 10 月 1 日

CONTENTS

目录

CHAPTER 01

第一章 企业合规的基本价值

CHAPTER 02

第二章 企业经营合规

CHAPTER 03

第三章 注重权利保护合规

CHAPTER 04

第四章 专项领域合规管理

CHAPTER 05

第五章 行业企业合规建设

CHAPTER

01

第一章

企业合规的基本价值

一、企业合规的概念

近年来，企业合规问题已经引起法学界、律师界乃至企业界的高度关注。越来越多的企业建立了合规管理体系，并将其作为企业管理的重要组成部分，甚至连一些国际组织都制定了企业合规的基本指引或最低标准。我国金融监管机构和国有资产管理部门也通过多项合规指南或者指引，引导国有企业建立并完善合规机制。那么，我们应如何理解“企业合规”的概念呢？

案说

案例：湖南建工集团建设合规体系[1]

湖南建工集团有限公司是一家位列中国500强的大型国有企业，它参与了一起由世界银行资助的道路翻修项目竞标，在向世界银行贷款过程中虚构了一份获奖材料，结果被发现。这构成了世界银行严令禁止的腐败和欺诈两大违规行为之一，世界银行立即对其进行制裁，并在六种制裁中选择了相对较轻的一种，即附解除条件的取消资格（Debarment with Conditional Release），先取消其参与由世界银行资助项目的招投标资格，然后要求其在三年之内重建合规计划。

该项制裁不仅给湖南建工集团带来了经济上的损失，还使企业的声誉受损，此后其参与非洲某国家的一项大型建筑工程项目招投标时，该国国会就以企业被世界银行列入黑名单、信誉不良为由提出反对。不仅如此，世界银行实行联带管辖制度，只要一家公司受罚，所有关联公司一律被处罚。

1　案例来自陈瑞华《企业合规的基本问题》，http://www.xinxiang.jcy.gov.cn/dyyd/202207/t20220706_3738764.shtml。

截至 2019 年，我国被世界银行处罚的母公司虽然仅有 44 家，但是，所有关联公司加在一起达到 700 余家。世界银行还与欧洲复兴开发银行、非洲开发银行、亚洲开发银行和美洲开发银行签订协议，公司只要在其中任一银行被施加剥夺资格一年以上的处罚，就会被五家银行集体制裁。于是，湖南建工集团深刻认识到建设合规体系的重要性，并以此为契机，在世界银行首席合规官和世界银行指定的独立合规监督人的指导下，建立了得到世界银行认可的合规体系。

该合规体系特点主要有：在董事会下设立诚信合规委员会，法务总监兼任首席合规官，公司组建了法律与合规部，每个分支机构以及下属单位都设有法律与合规部，都配备合规负责人和合规专员。湖南建工集团在其合规体系中还引入了合规举报制度，实行 24 小时电话举报制度，企业内部员工和第三方均可举报违规行为。

我国企业在进行海外投资、并购、上市以及参与招投标的过程中，面临着越来越多的合规风险。这种风险既与传统的经营风险和财务风险具有实质性的区别，又不同于一般意义上的法律风险，是因违规行为而可能遭受监管部门处罚和刑事处罚的风险，以及由此导致的一系列经济、声誉、资格、机会等可能发生的损失。对于中国企业而言，除了在反贿赂、反洗钱、出口管制、个人信息保护、反不正

当竞争等领域可能遭受外国监管部门及刑事执法机关的调查和处罚，还有可能受到像世界银行这样的国际组织的制裁。而在应对上述监管调查、处罚和制裁的过程中，中国企业建立和实施一套有效的合规计划，是与监管部门达成和解、说服国际组织解除制裁以及获得其他宽大处理的必要途径。湖南建工集团通过世界银行合规检查并被解除制裁的经验，是我国大型国有企业按照国际标准建立合规体系的尝试，也是成功说服国际组织解除制裁的一次努力，这样的教训和经验值得包括其他国有企业在内的中国企业吸取和学习。

观点探讨

概念界定

从字面上看，“合规”具有“合乎规定”的意思，在英文中的表述是 compliance。实践中，“合规”有狭义和广义两种含义。狭义的“合规”主要指强化合规经营、反对商业腐败。广义的“合规”泛指组织机构及个人在行为上要遵守：

1. 法规：遵守公司总部所在国和经营所在国的法律、法规及监管规定，包括国际通行规则和非国际通行规则等外部规定；

2. 规制：遵守企业内部规章，包括企业价值观、商业行为准则及行业性规定、职业操守等；

3. 规范：职业操守道德规范，如诚信守约等。[1]

合规与法律相关，但二者有不同之处。法律是法无禁止即可为，但合规比合法标准要高，合法的事不一定合规。

---

1 参见刘红霞《合规管理的起源和发展》，载《中国企业法务观察》2021 年第六辑。

企业合规的产生与发展

20 世纪 90 年代，随着美苏冷战的结束，跨国公司纷纷将产业链在全球布局，加快了国际化经营步伐。同时，在推动经济全球化的进程中，企业也面临着如何遵守不同国家和地区监管规则的挑战。其中，既有国际通行规则，也有非国际通行规则。实际上，合规风险加剧与经济全球化密切相关。公司从母国走向全球，就会面对不同的监管规则。

在构建全球价值链的过程中，美国最先发现了这一问题，早在 1977 年就出台了《反海外腐败法》。1991 年，美国联邦量刑委员会颁布了《组织量刑指南》，其中针对企业犯罪的量刑规定是，如果企业设立了企业合规方案或者计划，那么在量刑时企业会因此被减轻处罚。由此，“企业合规”概念被写入法条，并逐渐被各国应用。

1997 年，经济合作与发展组织出台法律将反海外腐败纳入监管。2000 年，联合国出台全球契约十项原则，包括人权、劳工、环境等。2003 年，联合国出台《联合国反腐败公约》；2005 年，中国也加入其中。

2008 年，西门子公司因违反《反海外腐败法》遭到美国政府调查，可能涉及百亿美元罚款。西门子新经营班子上台后，通过与政府沟通，最后减轻处罚到 16 亿美元，监管 4 年。西门子痛定思痛，花费巨额资金重建了合规体系，并由此建立了被美国执法当局称作“超一流”的合规管理体系。

此后，几个主要的发达国家也相继出台了相关法规，加强合规监管。例如，2011 年，英国《反贿赂法》生效；2016 年，法国通过了《萨宾第二法案》。

总结来看，国际合规监管发展有两个趋势：一是越来越强调预防违规，关口前移。原来，合规监管重点关注的是违规查处，而英国《反贿赂法》规定，如果公司员工违规，要追查企业是否有相关预防员工违规的合规措施，如果没有，企业也要承担连带责任。法国《萨宾第二法案》进一步规定，只要发现公司管理体系不健全、无效，就可以处罚。二是合规监管要求越来越广泛，从最开始的反腐败、社会责任和环境责任的监管，发展到了反垄断及反不正当竞争、反洗钱、反恐怖融资、尊重维护人权、出口管制、知识产权规则、数据保护规则等。

根据国际合规监管形势，我国企业正面临以下合规风险：商业腐败、参与洗钱、项目舞弊、走私逃税、财务造假、出口管制、知识产权、数据保护、社会责任、国家安全等。

合规管理在国内的发展

我国政府对企业合规管理体系的高度重视，始于金融企业，后逐渐被推广到所有中央国有企业。2006 年，中国银行业监督管理委员会（以下简称中国银监会，现国家金融监督管理总局）以巴塞尔银行监督管理委员会通过的《合规与银行内部合规部门》为蓝本，发布了《商业银行合规风险管理指引》；2007 年，中国保险监督管理委员会（现国家金融监督管理总局）颁布了与之内容一致的《保险公司合规管理指引》（已失效）。[1]

2016年，国务院国资委确定了中国石油、中国移动、东方电气集团、招商局集团、中国中铁等五家企业作为试点单位，为中央企业合规管理工作探索经验。

2017 年，国家标准委发布了《合规管理体系指南》。同年，中国证券监督管理委员会（以下简称中国证监会）发布《证券公司和证券投资基金管理公司合规管理办法》，以行政规章的方式向证券企业推行强制合规制度。2018 年，国务院国资委发布了《中央企业合规管理指引（试行）》[2]，对中央国有企业强化合规经营、构建合规体系提供了全面的指导意见。

2018 年 5 月，中国国际贸易促进委员会（以下简称中国贸促会）发起并设立了全国企业合规委员会。同年 12 月，国家发展改革委会同外交部等七部委发布了《企业境外经营合规管理指引》，对于中国企业在境外经营中的合规管理问题，确立了基本的标准和体系。

1　参见陈瑞华《中国金融监管机构确立的合规体系》，载《中国律师》2019 年第 8 期。

2　参见陈瑞华《国有企业的合规管理问题》，载《中国律师》2019 年第 7 期。

2020 年，国务院反垄断委员会印发《经营者反垄断合规指南》。这是国务院反垄断委员会为鼓励经营者培育公平竞争的合规文化，建立反垄断合规管理制度，提高对垄断行为的认识，防范反垄断合规风险，保障经营者持续健康发展，促进《中华人民共和国反垄断法》（以下简称《反垄断法》）的全面实施，根据《反垄断法》等法律规定制定的指南。

2021 年，最高检、司法部、财政部、生态环境部、国务院国资委、国家税务总局、国家市场监督管理总局、全国工商联、中国贸促会九部门联合印发《关于建立涉案企业合规第三方监督评估机制的指导意见（试行）》，在总结前期试点工作经验的基础上，探索建立“检察主导、各方参与、客观中立、强化监督”的第三方监督评估机制。

2022 年，国务院国资委正式发布《中央企业合规管理办法》，对于推动中央企业切实加强合规管理，着力打造法治中央企业，建设世界一流企业，实现高质量发展意义重大。

合规启示

企业的合规体系包含四个方面：制度体系、组织体系、运行机制、文化建设。

建设合规体系的流程可以分为六步：

01. 调查研究企业的合规风险

不同类型的企业存在的合规风险不同，因此需要采取不同的策略进行风险管控。金融机构等需要遵循监管规定的企业应加强内部合规制度建设，定期开展风险评估和内部审核，确保合规性。技术创新企业应加强知识产权的保护，防止侵权和泄露，同时要关注数据安全和信息安全，尽可能避免损失和规避法律风险。

02. 根据风险导向健全合规制度

合规风险并不是笼统意义上的法律风险，而是企业在经营过程中因存在违法、违规行为而受到监管部门行政处罚或受到司法机关刑事处罚的风险。企业在经营过程中不仅要追求最大限度的盈利，防范各种经营风险，还要重视防控合规风险，避免出现违法、违规行为，防止受到法律制裁或监管处罚。这种基于对合规风险防控为导向所构建的合规体系，体现了公司治理观念上的重大变化。

03. 建设相应的合规组织体系

企业要充分认识到设立合规部门的重要性，努力克服人员少、任务重和时间紧等困难，设立独立的、强有力的合规部门，并高度重视合规部门的建设。企业还要选派具有较强专业素质和责任担当的人员充实合规管理队伍，培养和造就一支高素质的合规专业队伍。

04. 保障完善的合规运行机制

要完善和细化合规运行机制，在风险预防和应对上，企业需要建设合规风险数据库，并进一步明确合规审查及风险应对的具体流程；在风险处理的相关机制上，企业需要建立问题整改机制，设立违规举报平台，强化追责、问责制度。

05. 持续进行体系运营效果评估

合规管理体系是否有效的评价标准之一在于其是否进行了改进和发展。因此，企业判定评估体系是否在实践中切实有效时，需要考虑其实际运行效果，以及是否根据企业存在的违规情况进行了修订与完善。同时，企业还应当根据法律、法规、规范、标准的变化与时俱进地改进体系，以适应外部监管环境的变化。

06. 培育合规文化

培育合规文化、强化合规管理是企业稳健经营的必然要求，是企业高质量发展的有力保证，是防范风险的根本手段，是职业伦理的核心所在，同时也是履行社会责任的需要。

结语

中国的企业发展到今天，已经到了“讲规则、重合规”的新阶段，应该从过去的“要我合规”上升到“我要合规”，而强化合规管理首先要树立合规意识。

我们要清楚地认识到，强化企业合规管理，是深入贯彻落实全面依法治国战略的必然要求。2018 年，为进一步深入推进全面依法治国，加强全面依法治国工作的顶层设计和统筹协调，中央全面依法治国委员会成立。2019 年，习近平总书记在中央全面依法治国委员会第二次会议上指出，“要强化企业合规意识，走出去的企业在合规方面不授人以柄才能行稳致远”。加强合规管理，是打造法治中央企业、建设世界一流企业的重要保障，而助推企业强化合规管理，实现可持续发展，也已成为中央有关部门的普遍共识和有力实践。

专家团队

王志乐
全国企业合规委员会副主席

叶海波
深圳大学合规研究院执行院长

二、企业合规的价值

谈到合规经营，有人说这是企业实现可持续发展的保障；也有人说，这是融入全球化竞争的必然选择。当然也会有人质疑，合规体系即便建立起来，也无法防止和杜绝所有的违法、违规和犯罪活动。尤其是大型企业，具有人数众多的员工队伍、管理层级，还有子公司、客户、第三方商业伙伴，等等，即便企业本身不存在违法犯罪的主观意志，也难以完全避免上述关联人员的违法犯罪行为。对此，人们可能会有疑惑：给企业建立合规管理体系，究竟有什么实质意义或者价值呢？

案说

案例：雀巢公司员工侵犯个人信息案[1]

2011 年至 2013 年 9 月，被告人郑某、杨某在分别担任雀巢（中国）有限公司西北区婴儿营养部市务经理、兰州分公司婴儿营养部甘肃区域经理期间，为了抢占市场份额，推销雀巢奶粉，授意该公司兰州分公司婴儿营养部员工——被告人杨某某、李某某、杜某某、孙某——通过拉关系、支付好处费等手段，多次从兰州大学第一附属医院、兰州军区总医院、兰州兰石医院等多家医院的医务人员手中非法获取公民个人信息。其间，被告人王某某利用担任兰州大学第一附属医院妇产科护师的便利，将在工作中收集的 2074 条公民个人信息非法提供给被告人杨某某、孙某，收取好处费 13610 元；被告人丁某某利用担任兰州军区总医院妇产科护师的便利，将在工作中收集的 996 条公民个人信息非法提供给被告人李

1　案例来自《企业合规｜陈瑞华：中国合规无罪抗辩第一案》，https://xw.qq.com/cmsid/20211117A054L600。

某某，收取好处费 4250 元；被告人杨某某利用担任兰州兰石医院妇产科护师的便利，将在工作中收集的 724 条公民个人信息非法提供给被告人杜某某，收取好处费 6995 元。

在一审庭审中，被告人郑某、杨某、杨某某、李某某、杜某某辩称，自己为完成公司任务收集公民个人信息，起诉书指控非法获取公民个人信息的数量不准确。

根据当庭经过质证的《雀巢公司指示》（收录于雀巢公司员工培训教材）、雀巢（中国）有限公司情况说明，雀巢公司不允许员工以推销婴儿配方奶粉为目的，直接或间接地与孕妇、哺乳期的妈妈或其他社会人群进行接触，不允许员工未经正当程序或未经公司批准而主动收集公民个人信息。雀巢公司就 DR（通过医务人员成功指导消费者使用雀巢产品入组的人）的概念、目标任务、与 DR 相关的信息获取方式等进行了说明，DR 任务目标不是收集消费者个人信息，DR 工作完成的实际效果由中国健康促进与教育协会承办的营养咨询中心（NCC）通过电话来了解和评估。为完成电访调研，需要用到消费者自愿提供的部分个人信息，雀巢

公司不允许为此向医务人员支付任何资金或者给予其他利益，也从不为此向员工、医务人员提供奖金。

雀巢公司在《雀巢公司指示》以及《关于与保健系统关系的图文指引》等文件中明确规定："对医务专业人员不得进行金钱、物质引诱。"根据这些规定，雀巢公司要求所有营养专员都须接受培训，并签署承诺函。

经当庭质证的医务渠道 WHO（世界卫生组织）在线测试成绩、测试卷，关于在高风险国家与医务专业人员和医疗保健机构交往的指示以及员工奖金表均证明，被告人郑某、杨某、李某某、杜某某、杨某某、孙某均参加过雀巢公司不允许营养专员向医务人员支付费用获取公民信息的培训和测试。

雀巢公司的政策与指示、雀巢宪章、关于与卫生保健系统关系的图文指引均证实雀巢公司遵守世界卫生组织颁布的《国际母乳代用品销售守则》及卫生部门的规定，禁止员工向母亲发放婴儿配方奶粉免费样品，禁止向医务专业人员提供金钱或物质的奖励，以引诱其推销婴儿配方奶粉等。

2016 年 10 月 31 日，一审法院判决雀巢公司郑某、杨某、孙某等六人以非法方式获取公民个人信息，情节严重；医务工作者王某某、丁某某等三人违反国家规定，将本单位在履行职责或者提供服务过程中获得的公民个人信息出售或者非法提供给他人，情节严重。上述九人的行为均已构成侵犯公民个人信息罪。

一审法院宣判后，各被告人均提起上诉。其中，郑某的上诉理由是自己的行为系公司行为；杨某某的辩护人提出本案属于单位犯罪的辩护意见；李某某上诉的主要理由是自己的行为都是公司下达的任务；杜某某上诉的主要理由是自己的行为是按照公司要求所做的，所获取的信息都是提供给公司的。

2017 年 5 月 31 日，兰州中院经过不开庭审理后认为："单位犯罪是为本单位谋取非法利益之目的，在客观上实施了由本单位集体决定或者由负责人决定的行为。雀巢公司手册、员工行为规范等证据证实，雀巢公司禁止员工从事侵犯公民个人信息的违法犯罪行为，各上诉人违反公司管理规定，为提升个人业绩而实施的犯罪为个人行为。"据此，兰州中院裁定驳回上诉，维持原判。

观点探讨

上述案例被称为“企业合规无罪抗辩第一案”，法院的裁判逻辑是什么？

法院的裁判逻辑是，认定一个公司或个人构成犯罪，需要符合《中华人民共和国刑法》（以下简称《刑法》）规定的主观和客观方面的要件。雀巢公司建立了系统、有效的合规制度，主观上具备了合规风险防范的意识，对员工进行过相关合规培训，签署过依法从事经营活动的承诺函，并明确禁止员工从事违法、违规行为，客观上也尽到了合规管理的义务。由此可见，雀巢公司没有犯罪的主观故意。

本案中，被告人所实施的侵犯公民个人信息的行为虽然是以雀巢公司员工的名义进行的，但是是为了个人业绩而实施的违规行为。他们既没有决策层或者管理层的授权，也没有向管理层进行汇报。据此，法院认定雀巢公司不构成单位犯罪，相关员工构成个人犯罪。因此，这种合规管理体系和内部控制机制，成功地将员工行为与企业行为进行了切割，使得企业不因员工的行为而承担刑事责任。

这也充分体现了企业开展合规体系建设的价值。企业合规体系可以发挥“隔离带”和“防火墙”的作用，成功将企业责任与员工责任、客户责任或者第三方商业伙伴的责任进行切割和分离。

除了责任切割，企业合规的价值还体现在哪些方面？

企业建立合规管理体系，可以为企业守护和创造价值。其中，“隔离带”和“防火墙”是守护价值的体现；创造价值则体现在企业能够通过合规树立诚信经营形象，保障自身组织的健康稳定，同时赢得合作伙伴及社会公众的长期信任。企业具备了竞争优势，也就获得了更多的商业机会，能够在可持续的基础上实现长远发展。

保有和获得商业机会（或资源）

2016 年 4 月，国务院国资委印发《关于在部分中央企业开展合规管理体系建设试点工作的通知》，在中国石油、中国移动、中国中铁、招商局集团和东方电气等五家中央企业试点开展合规管理体系建设。随后，国家相关部门相继出台了《中央企业合规管理系列指南》和《中央企业合规管理办法》。

根据《中央企业合规管理系列指南》之《商业伙伴》的要求，国有企业选择供应商应遵循如下原则：

1. 合法原则，即为合法目的，选择合法设立和有效存续的商业伙伴开展合作；

2. 诚信原则，即选择具有资信和履约能力、合规义务履行情况良好的商业伙伴开展合作；

3. 择优原则，即充分考虑相对方经济实力、履约能力等因素，从中选择综合实力较强的商业伙伴开展合作；

4. 共赢原则，即与商业伙伴通力协作，实现合作目的，为合作各方和社会创造更大价值；

5. 公开原则，即对于法律、法规规定应公开采购商业伙伴的，应公开进行。

国家对企业合规的要求从中央企业逐渐辐射至其他企业，企业如果希望继续保有和获得更多的商业机会，那么进行合规体系建设是必要的。此外，对于“走出去”的企业来说，如果希望在全球市场占有一席之地，拥有良好并经过认证的合规体系则显得更为重要。这方面，从中兴制裁案、湖南建工集团建立合规体系后被世界银行剔除出黑名单、西门子公司重建合规体系等案例中，都可以得到证明。

减轻甚至免除承担不合规的不利法律后果

有效的合规体系可以在企业发生违规行为后，作为其与执法机关达成和解的基础条件，实现减轻甚至免除处罚的目的。目前已经有检察机关结合涉案企业刑事案件办理，积极探索和落实涉案企业合规整改，以案促改、以案促治、以案促建，实现从事后惩治向事前预防转变。当然，这需要满足一定的条件。首先，企业的违法犯罪的情节相对轻微，具有整改的条件和基础，如果对企业追究刑事责任，可能使企业面临经营困难，甚至灭顶之灾；其次，涉案企业、个人必须认罪认罚，企业愿意并积极配合合规整改；最后，合规整改必须得到检察机关的同意，并且遵循一定的程序，比如召开听证会，指定第三方监控人，验收整改成果，等等。

只有涉案企业积极整改落实合规机制，促进企业合规经营，检察机关才能对涉案企业和企业相关人员，依法作出不起诉决定或者予以轻缓处罚。企业合规体系的构建，使社会上合规经营的企业不断增加，也实现了司法办案中政治效果、法律效果和社会效果的统一。

提高企业效率

合规体系的建设确实需要投入时间和成本，这可能会造成一些人的误解，认为复杂的规则和制度会导致效率降低，影响企业经营，但结果恰恰相反。

有效和完整的合规体系包含了标准化、流程清晰、可量化和明确的行为指引。这些指引明确了什么行为可以实施、什么行为应当被禁止、什么情况下需要遵循什么样的流程、什么事项由什么部门负责等。明确的指引让企业员工有了行为的依据，遇到情况可按章办事，避免出现无人担责、相互推诿的情况。因此，企业建立有效的合规体系，是有助于企业提高效率的。

减少或避免合规风险

企业在经营过程中将面临众多的监管法规，而监管法规常常更新快速、系统庞杂、条款散乱。若是没有经过系统的培训，员工在具体工作时，很可能会触犯相应的规范要求，如个人信息的泄露、开展违法交易或通过不正当方式开展业务等，员工的违规后果将直接或间接导致企业承担法律后果。

有效的合规体系是具有明确的操作指引、过程控制的，里面的内容也会实时更新，企业对员工实施培训的过程中，应确保员工知晓并掌握相关合规的指引要求，确保员工在合规的前提下开展各项业务，进而减少或避免企业的合规风险。

合规启示

合规体系只有有效，才能发挥它的价值。合规体系的有效性体现在三个方面：设计的有效性、执行的有效性及结果的有效性。在设计上，企业管理层应当重视合规工作，并建立合规组织，投入充分资源；在执行上，企业应当有贴近自身业务实际的政策和流程，并建立合规管理的运行机制；在结果上，企业应当通过检查调查，确保合规计划的有效运作，形成良好的合规文化。

01. 颁布专项合规政策

企业为预防特定合规风险，可颁布专项合规政策和员工行为准则，明确告知员工禁止从事的违法、违规行为，并规定相应的惩戒措施。

02. 开展合规培训并留存记录

企业为预防合规风险，需要对旗下高管及员工开展合规培训，同时留存培训记录，要求员工签署相关承诺函，以证明企业尽到了对员工的提醒、教育和沟通义务，既没有鼓励或者放纵员工的犯罪行为，也没有在阻止员工违法、违规方面存在失职行为。

03. 建立完善的合规监控体系

企业要建立完善的合规监控体系来监督员工行为，包括违规行为的举报制度，以证明企业建立了预警机制来处置员工的违法、违规行为。

04. 定期更新合规体系以堵塞漏洞

在违规行为发生后，企业要对员工的违规行为进行及时的内部调查，对存在违法、违规行为的员工予以相应惩戒。通过定期开展合规体系的梳理整改，来堵塞制度漏洞。

结语

企业建立合规管理体系，可以防范重大风险，避免被剥夺经营资格或吊销营业执照等，为企业的健康发展保驾护航。更重要的是，企业在培育了合规经营、积极向上的文化氛围之后，可以不断提升企业信用，形成良好声誉，更能赢得合作伙伴的信赖，增加更多商业机会，有利于企业的发展壮大。

此外，部分存在违法犯罪行为的企业通过合规整改的方式，不仅可以降低执法成本，还可以起到预防违法犯罪的积极作用，更重要的是，避免了企业直接破产倒闭和员工失业的风险。特别是一些在行业内有重要影响的大型企业，在合规管理体系的保护下，通过可持续的发展，将为社会经济做出更大贡献。

三、企业合规文化建设的意义

企业合规是企业发展行稳致远的前提。建立合规体系不仅有助于企业减少损失，切割责任，争取行政或者刑事上的宽大处理，还能激活企业自我监管的能力，为企业赢得良好声誉、获取商业机会、增强竞争优势。企业合规已经成为企业经营的软实力。

合规管理是行为指引与合规文化的协同。然而文化的培育并非一朝一夕，它不仅受到外部监管环境、竞争环境的影响，也需要企业高管对合规理念进行引入与普及。在合规管理措施有效开展的基础上，企业合规文化的形成是水到渠成的结果。

案说

案例：中国中兴通讯股份有限公司（以下简称中兴公司）建设合规体系[1]

2018年，中兴公司在与美国商务部、联邦法院达成和解协议后，开启了重建出口管制合规计划的进程，并将企业合规的管理机制扩展到反商业贿赂和数据保护等领域，建立了与之配套的合规稽查和合规管理两个保障部门，使合规管理体系能够渗透到企业经营的每一环节，做到了全员合规，让合规成为企业经营的三大战略支柱之一。在这一合规体系的保护下，中兴公司成功化解了各种合规风险。

中兴将“诚信为本，按照道德标准开展业务”奉为公司在全球范围内从事经营活动的基本原则。该公司所发布的《商业行为准则》，对公司、员工、客户、

1 案例来自《陈瑞华：论企业合规的基本价值》，https://mp.weixin.qq.com/s/mUiN1_XvgQPXDkvCdl7VTg。

商业合作伙伴和投资者提出了遵守法律、法规的要求，将“以合乎道德的方式代表公司经营业务”确立为每一位员工的义务。根据《商业行为准则》，中兴公司致力于形成高效而有组织的合规运作，将合规制度嵌入公司全部业务流程，促进合规与业务的融合，从而建立起业界一流的合规管理体系，使合规成为该公司的竞争优势。

中兴公司成立了由总裁直接领导的合规管理委员会，在其领导下，各业务单位、合规专业部门与合规稽查部门各司其职、协调配合，构成中兴公司合规风险管理的三道防线。其中，合规专业部门分为出口管制合规部、反商业贿赂合规部、数据保护合规部以及合规组织管理部四个部门，主要从事出口管制、反商业贿赂、数据保护等专项合规管理工作。在合规组织管理上，中兴公司建立了合规管理委员会领导下的穿透式合规管理制度。

中兴公司在各合规专业部门设立法律、法规专家中心（COE），针对重要风险领域设立专业化合规团队；设立专职BU（Business Unit，业务单元）合规团队，以此作为COE与业务部门的桥梁；在各业务部门设立合规联系人（POC），实现

子公司穿透式合规管理，将合规政策传达到业务第一线。

首先，在合规文化建设方面，中兴公司董事长和总裁发表全员声明，表达合规建设的决心；公司高管作为各自领域第一合规责任人签署合规责任状，做出合规承诺，传达公司建立合规体系的决心和信心；中兴公司持续开展全员合规培训，倡导全员监督、内部举报机制以及多方位的外部合作。其次，在合规资源投入方面，公司加大合规管理资金投入，满足监察团队需求，加强与外部律所咨询机构的合作，优化了全球贸易系统（GTS）、商业伙伴扫描系统（BPS）、法律及合规管理系统（LCM）等IT（信息技术）工具，同时加大合规风险评估，推进公司合规治理。再次，在流程制度建设方面，公司加强了合规管理委员会的作用，将公司合规管理制度的制定、合规事项审议和决策权纳入合规管理委员会，将合规检查点嵌入具体业务流程之中；通过IT系统的设置，将合规检查点进行线上IT处理，减少或消除线下人工检查。最后，在专业能力提升方面，公司与顶级律师事务所和会计师事务所进行合作，协同处理合规领域的专业问题。

自2018年启动合规体系重建工作以来，中兴公司建成了拥有数百人的专业合规管理团队，该公司的通信技术和合规管理体系并驾齐驱，为企业带来了持续增长的业绩和众多优质客户，大大增强了公司的竞争优势。合规管理体系本来不直接创造利润，却成为企业吸引优质客户、获取市场商业机会的巨大优势。

观点探讨

如何理解合规文化，如何看待它对企业发展的重要作用？

合规文化的概念

在合规制度建立之初，企业通常是为了避免受到严厉的监管处罚和刑事追究，在监管部门和执法机关的监督下被迫组建合规部门，目的是维护自己的商业利益，确保企业的生存。随着合规机制的逐步完善，企业建立健全合规组织体系，使得合规的理念深入人心，依法依规经营逐渐成为企业高管和员工的惯例。由此，企业逐步形成一种按照合规方式进行经营的文化氛围，产生了合规文化。

因此，合规文化指的是一套体现公司社会责任和道德责任的价值观念和道德规范。根据我国有关部门发布的《合规管理体系指南》，“合规文化是价值观、道德准则和信仰在整个组织中的存在，并与组织的结构和控制系统相互作用，从而产生导致合规结果的行为规范”。合规文化一般与商业道德联系在一起，是一套指导公司建立管理体系和改善治理方式的行为规范。

合规文化对企业发展的意义

2018 年，中兴公司在分别与美国商务部、联邦法院达成和解协议后，通过一系列的合规计划，形成了颇具特色的合规文化。公司在发布《商业行为准则》后，其在国内外市场上的信誉进一步得到提升，推动了公司收益的增长。

同样地，西门子公司对公司内部价值观也进行了重建，建立了与过去迥然不同的合规文化，实现了“只做合规的业务”以及“只赚取干净的钱”等企业经营理念，良好的合规文化为其赢得了更多订单。

通过上述案例，我们可以看出，建设合规文化会为企业带来社会效益和经济效益的双丰收。首先，合规文化推动公司内部形成依法依规经营的理念，使企业更加注重承担社会责任，从而树立良好的企业形象，这是合规文化所具有的超越经济效益的价值。其次，良好的合规文化将会为企业带来巨大的经济效益，通过深入人心的合规文化抵御和规避风险，已经成为现代全球企业的竞争软实力；如果缺乏这种竞争力，企业就难以适应全球竞争的新形势。

合规文化的培育是长期的过程，也需要投入大量成本，那么这样的投入是否值得？

企业投入人力、物力和财力建设合规体系，培育合规文化，从长远来看，肯定是值得的，而且会产生丰厚回报。特别是对于大型和国际企业来说，培育合规文化是近年来工作的重中之重。

以中兴公司的合规建设为例，公司从自身的进出口业务出发，建立了专项的出口管制合规计划，并设立了专门的出口管制合规部，包括一名首席出口合规官，数名区域出口管制合规总监，以及工作于中国和其他国家的总监、经理、主管和支持人员。公司定期发布更新出口合规政策和出口合规手册，使之适用于总公司以及所有子公司。与此同时，中兴公司还在反商业贿赂领域和数据保护领域开始建立相应的合规计划。[1] 合规体系的建立及完善，不仅帮助中兴公司渡过了危机，还成了其吸引优质客户、获取市场商业机会的优势。

虽然在建设之初，合规体系建设、合规文化培育的确会给企业带来成本的增加，但是随着合规体系在预防风险、识别风险和应对风险方面逐渐发挥有效的作用，它也会给企业带来直接或间接的收益，如声誉的改善、竞争优势的增强以及商业机会的增加，同时，企业受到处罚的风险也会大幅降低。特别是面临日益复杂的全球市场形势，各国对企业合规的监管日益严格，完善合规体系、培育合规文化，并以此指导企业的经营，是企业抵御风险、提升自身竞争力的最优选择。

中小微企业有必要建设合规体系、培育合规文化吗？

如果要寻求发展壮大，即便是中小微企业，也应当重视自身的合规建设，不能一味地寻求发展而放弃合规投入。因为相对而言，中小微企业抵御风险的能力更弱，所以更应该建设合规体系、培育合规文化，从而更好地识别、防范和应对风险。

一般而言，企业合规建设包括大合规建设（整体和全方位的合规体系建设）

1 陈瑞华《中兴为例：企业合规的灵魂在于针对“合规风险点”的专项合规计划》，http://www.148hb.com/news view/8866.html。

和小合规建设（针对部分领域实施的专项合规体系建设）两种。任何企业在不充分考虑其业务类型、组织结构、治理结构、业务发展阶段等实际情况下，就盲目开展合规建设，都是不现实的。

那么，中小微企业该如何建设合规体系、培育合规文化呢？实际上可以秉承“分阶段、分领域”的原则。

分阶段：初创期的中小微企业应紧跟国家相关法律、法规政策、行业规范，发现违规行为及时纠错补漏，尽可能低成本保护企业财产；成长期的中小微企业应逐渐建立风险控制系统，重点关注公司治理、财务税收、劳动用工、知识产权、合同管理等方面；成熟期的中小微企业在此基础上进行完善，选取专业的第三方服务机构帮助其把控风险、进行法律尽职调查。

分领域：中小微企业可以根据自身的行业特点有针对性地进行合规体系建设。如医药企业在开展学术推广活动的过程中，应着重识别商业贿赂的风险，科技型企业需要注意跨境技术支付时产生的税务风险，普通民营企业更需要重视劳动关系、投资融资、税务等方面的合规。

中小微企业应以事前防范为主，结合企业特性，构建各部门有效沟通机制。同时，重视合规文化的培育，加强对员工的合规培训，提升他们的合规意识，这样既可以增强企业抗击风险的能力，又可以为后续的上市融资打好基础。

合规启示

企业培育合规文化可以从以下几个方面着手：

01. 树立全员合规的经营理念

企业应让合规的理念和意识渗透到全体员工的血液中，渗透到每个岗位、每项业务的操作环节中，促使所有员工在开展日常经营管理时能够遵循法律、规范和标准，努力培养员工的合规意识，在企业上下推行“合规人人有责”“主动合规”“合规创造价值”等合规理念，让合规成为一种习惯、一种信念，做到人人合规、事事合规、时时合规、处处合规。

02. 健全合规组织体系

企业应建立健全合规管理组织体系，明确合规管理负责人和牵头部门，专、兼职合规人员结合，渗透到组织每个角落，合规管理组织机制必须实行一把手负责制，层层落实责任制，明确合规部门在本企业的枢纽地位，界定好合规部门和业务部门及其他职能部门的关系。

03. 完善合规制度流程体系

合规文化培育，好的制度是前提。企业应通过制度的修订和完善，形成事事都有明确合规守法的工作标准，处处都有严格的合规纪律约束，使依法合规经营成为全体员工的自觉行为。同时，企业还应积极维护制度的权威，通过加大对违规的惩戒力度来及时有效地制止违规操作。

04. 强化员工日常合规培训

企业应通过组织开发持续有效的合规风险培训和教育项目，将业务开展和发展中所适用的法律、规则和准则、合规政策、合规意识和合规职责等字面要求及其精神实质，贯穿和内化在业务政策、行为手册和操作程序中。针对适用法律、规则和准则的变化，企业还应与时俱进地开展相应的培训和教育。

05. 加强合规经营的监督检查

一方面，企业应加强信息披露，利用社会力量来监督经营管理行为；另一方面，企业应加强现场检查和非现场监督，进一步推进自律建设，有针对性地对关键业务、关键环节和关键部门进行重点整顿和治理。

06. 构建科学的激励约束机制

企业应改变片面强调业绩的考核制度，加大合规风险管理的考核权重；建立风险管理人员的考核制度，发挥其积极性；推行严格的奖罚激励机制，对做得好的员工和部门予以表彰和奖励，对落实合规工作不力、造成损失的人员进行问责和严厉处罚，充分体现企业倡导合规和惩处违规的价值观念和立场。

结语

文化不是停留在纸面上的规则要求，而是日复一日的自然沉淀，合规文化也是如此。随着合规机制的逐步完善，企业建立健全了合规组织体系，这就使得合规的理念更加深入人心，企业也逐步形成合规文化。反过来，合规文化能进一步提升企业自我监管的能力，减少因违法、违规造成的损失，有效规避各类经营风险，同时还能为企业赢得良好声誉，形成企业发展的正向循环。

赖　勇

深圳市光明区
中科合规法律研究院
顾问

戴　悦

上海财经大学
法学院
助理教授

四、企业合规的深圳模式

2021 年 5 月，中央全面依法治国委员会《关于支持深圳建设中国特色社会主义法治先行示范城市的意见》明确提出支持深圳打造企业合规示范区。深圳将“积极打造企业合规示范区”“完善企业合规体系建设”的要求纳入深圳法治建设规划方案中。同时，《深圳经济特区优化营商环境条例》《深圳经济特区外商投资条例》《深圳经济特区知识产权保护条例》等深圳经济特区立法也明确提出推进企业合规建设等要求。

2022 年，深圳市纪委监委研究制定全国首个企业廉洁合规地方标准《企业廉洁合规治理指南》。2023 年，中共深圳市委办公厅、深圳市人民政府办公厅联合印发全国首个全面推进企业合规建设的政策性文件《关于加快打造企业合规示范区的实施意见》（以下简称《实施意见》）。深圳在企业合规建设方面先行先试，始终走在全国前列。

案说

案例：深圳市钻石企业走私普通货物系列案[1]

深圳是我国黄金珠宝行业规模最大的聚集区，而深圳 90% 的黄金珠宝企业都集中在罗湖区。作为辖区支柱产业，水贝黄金珠宝行业在全区的经营单位超过 1 万家，创造就业岗位超过 10 万个，年交易总额 1200 多亿元，对全市经济发展起到举足轻重的作用。

2020 年 9 月，海关总署开展“国门利剑 2020”专项行动，对钻石走私犯罪进行集中打击。深圳海关缉私局在此次专项行动中查处了大批钻石经营者，涉罪企

1 案例来自《深圳市检察机关企业合规典型案例》，由深圳市人民检察院提供。

业和人员大多为深圳罗湖水贝一布心片区经营者。在该走私系列案中，被查处的钻石企业多为钻石进口批发商，基本作案方式为：涉案钻石企业与走私通关团伙合谋，由涉案钻石企业通过国际钻石交易平台从境外采购钻石并将订单信息（含取货时间、地点、钻石数量、等级、价值、编号等信息）发送给走私通关团伙，并向走私通关团伙支付钻石货值 5‰～8‰的通关费用。走私通关团伙根据订单信息，在我国香港地区完成取货并代为支付部分货款，后通过“水客”携带或粤港两地车司机夹藏等方式，将钻石走私入境并交给涉案钻石企业。

截至 2022 年 4 月，深圳海关缉私局以走私普通货物罪向深圳市人民检察院移送审查起诉案件 65 件，涉及 114 人。深圳市人民检察院在办理“罗湖区钻石走私系列案”时发现，走私犯罪在深圳钻石行业具有普遍性，故委托罗湖区检察院对全市钻石行业积极开展行业合规整改探索，督促深圳市黄金珠宝首饰行业协会推动钻石行业合规整改，引导行业生态健康发展。

合规的关键在于分析犯罪原因，找准风险点，确保后续合规方案及措施更具针对性和有效性。罗湖区检察院通过查阅办案材料、听取涉案钻石企业意见以及组织区工信局、税务局、海关缉私局、行业协会等部门及组织开展调研、座谈和实地走访企业等方式，初步掌握钻石进口流程和行业经营现状。钻石走私犯罪在深圳市黄金珠宝行业呈高发态势，除了经营者自身铤而走险的主观因素，更大程度上源于钻石行业外部营商环境的限制。最为关键的原因有三：一是现行钻石进口流程效率低下，企业资金占用成本高；二是钻石行业内企业开具的发票和相应货物缺少唯一对应性，间接便利了票货分离交易；三是钻石在市场流通环节缺乏相应身份甄别机制。

确定合规风险点后，深圳市有关部门明确了行业合规的工作重点：一方面在于培育与提升钻石行业整体合规意识与文化；另一方面在于对钻石进口流程、钻石税票以及钻石身份甄别制度的优化，堵塞管理漏洞。

行业合规整改不同于个案合规，是一项系统性工程。整改过程涉及企业管理、行业治理、市场监管等众多专业领域。在本案启动合规探索之初，深圳市涉案企业合规第三方监督评估机制尚未建立健全，罗湖区检察院大胆破题、积极探索行业合规监督模式，与区人大常委会、罗湖海关缉私分局、市场监督管理局罗湖监管局、司法局、工信局、税务局、工商联以及第三方监控人共同组建深圳市钻石行业反走私专项合规专班，并会签专班工作规则，明确各成员单位职责内容，通过多方协作，审核行业合规整改计划的可行性和有效性，齐抓共管，促进、监督、验收行业合规整改计划的实施和落地。同时，行业协会也聘请专业律师事务所作为其合规顾问，为其量身定制合规计划，助其在全行业开展合规建设。由此，深圳市检察机关针对本案首创了“专班整改监督组 + 合规顾问”的合规建设模式，初步形成了行业合规第三方监管合力。

该起走私系列案件涉及钻石经营者众多，且大多采取相对滞后的家庭式企业管理方式，与现代化企业治理结构相去甚远。倘若逐案对涉罪小微企业开展合规建设，效率低下且合规效果难以保证。深圳市检察机关创新工作思路，基于罗湖区检察院长期与行业协会建立的联络协作机制，决定充分发挥行业协会在钻石行业的组织、指导和监督作用，通过行业协会来督促全市钻石行业进行合规整改。

据此，罗湖区检察院向行业协会制发《检察建议书》，针对案件暴露出的行业合规风险点对行业协会提出行业合规整改的具体要求。行业协会在其聘请的合规顾问律所的辅助及专班指导、监督下，提交《深圳市钻石行业合规整改计划》，由专班对合规计划的履行情况进行调查、评估、监督和考察。同时，罗湖区检察院根据涉罪企业规模、经营情况、经营种类等，选取 7 家涉罪企业，启动个案合规整改，由第三方监控人负责个案指导、监督整改。该 7 家涉罪企业分别为行业内中小型、小型、小微型企业，既有钻石批发商，也有零售商，还有钻石加工商。涉罪企业经过合规验收、公开听证后，评定为合规监督考察合格。深圳市检察机关推动该行业从被动合规走向主动合规，以发挥企业合规的最大效能。

钻石走私屡禁未止，背后有经营体制问题未破解，亟须从源头上遏制。针对钻石进口周期过长的问题，深圳市检察机关积极推进上钻（深圳）运营服务有限公司落地运营。该公司作为上海钻石交易所在深圳的职能延伸平台，将显著缩短钻石进口周期，有效提升钻石进口效率。针对钻石流转过程中出现的票货分离问题，罗湖区检察院已向区税务局制发《检察建议书》，建议税务机关完善钻石类商品的开票管理制度，强化对钻石行业的税务稽核，并提议必要时可联合检察机关、海关缉私局等单位共同立项，形成调研报告层层上报税务总局的决策。针对钻石在市场流通环节缺乏身份甄别机制问题，深圳市人民检察院向上海钻石交易所海关送达函件，提出运用现代科技手段对钻石生成身份识别标识及建立统一数据库的建议。

观点探讨

上述案件的典型意义体现在哪里？深圳的检察机关在推动企业合规至行业合规方面都做了哪些工作？

积极探索，为行业合规监督评估机制开拓思路

上述案例中，检察机关在政府层面牵头组建行业合规监督评估组织，成立包括司法机关、行政机关、社会组织在内的合规专班，通过制定专班工作规则，明晰各方权责义务，合力破解行业治理难题，保证行业合规整改效果。

行业合规与个案企业合规不同，行业合规整改过程涉及众多专业领域，其合规监督评估机制与个案企业合规中的第三方监督评估组织不尽相同。司法、行政机关已经不再单纯发挥第三方机制管委会的监管作用，不仅负责管理第三方监控人，其部分职能还与行业合规整改内容密切相关，并且有可能成为制度优化的对象，司法、行政机关应当与第三方监控人、检察机关一同深入参与行业合规整改计划的研究、制订和修改，督促并协助行业协会落实行业合规整改举措。

以行业协会为依托，推进行业合规综合治理

案例中，检察机关充分利用并调动行业协会在行业中的组织、指导和监管作用，

将抽象的行业合规工作具体化。行业协会作为行业内企业与政府之间的桥梁纽带，在行业合规整改工作中发挥上下贯通的重要作用，通过建立完善合规组织构架，实现行业科学系统化合规管理；通过制定发布《深圳市钻石行业反走私合规管理指引》，为行业合规经营提供指南与参考标准；通过采取多元化的措施培育行业合规文化，提升行业内各企业合规管理意识；通过定期开展钻石行业走私合规风险评估，及时识别和应对违法犯罪风险。案例中，行业协会聘请的合规顾问在行业合规整改工作的有效性和适用性方面也发挥着至关重要的作用。

制定行业合规指引，形成行业合规治理规范

作为行业合规整改标志性成果，行业协会参照业界合规标准与实践制定发布的《深圳市钻石行业反走私合规管理指引》，围绕合规组织架构、合规管理职责、合规承诺、合规计划、合规管理运行、合规管理保障等反走私合规管理体系建设内容，重点针对采购、批发、零售、加工、检测鉴定等环节和财务税收、商业伙伴等领域进行设计，旨在帮助行业内各企业建立适合自身、切实有效的合规管理体系，保障钻石企业持续健康发展，让合规经营成为企业发展的自然习惯，实现深圳市钻石行业的良好合规生态。

推动溯源治理，形成治理合力

钻石企业频繁走私的犯罪成因复杂，涉及经济社会系统性、深层次矛盾问题。案例中，检察机关通过企业合规试点工作，积极延伸办案职能，主动作为，以推动源头治理为目标，深入挖掘犯罪原因，充分发挥检察建议书、检察意见函的社会治理功能，强化与相关行政主管部门的沟通协作，助力在钻石反走私领域形成合规建设的法治氛围，努力实现“办理一个系列案、扶助一批企业、规范一个行业”的示范效应。

标本兼治，行业合规与企业合规并驾齐驱

案例中，检察机关同时启动行业合规和个案企业合规工作，共有 19 个涉案企业参与行业合规工作，其中 7 个涉案企业进一步参与个案企业合规工作，两者相

辅相成、互相促进。一方面，行业合规成果包括反走私联合声明、合规承诺书以及合规管理指引等，能够为参与个案企业合规的涉案企业建立合规管理体系提供帮助，也为未参与个案企业合规的涉案企业主动合规提供指引，为企业通过合规整改获得从轻、减轻或免除行政处罚、刑事处罚提供坚实保障。同时，行业合规过程对于营商环境的优化、行业制度的完善，也为个案企业合规建设持续有效运行提供了保障。另一方面，检察机关在众多涉案企业中，根据企业规模、经营类型等要素，选择 7 家有代表性的企业启动合规监督考察程序， 通过第三方监控人及检察机关的监督考察、验收，形成更为细致化的合规样本，为行业合规成果的补充和完善提供司法实践支撑，以发挥企业合规的最大效能。[1]

合规启示

加快推进打造企业合规示范区，深圳有何举措?

01. 出台全国首个全面推进企业合规建设的政策性文件[2]

中共深圳市委办公厅、深圳市人民政府办公厅正式印发《实施意见》，助力营造稳定公平透明、可预期的国际化一流法治化营商环境，提升城市治理能力和治理水平。

《实施意见》紧紧围绕党中央重大决策部署，结合深圳市法治建设和经济发展实际，提出了加快企业合规示范区建设的一系列创新举措，主要包括以下四个方面内容：

一是明确了打造企业合规示范区的战略目标。《实施意见》明确要推动企业

1　摘自《深圳市检察机关企业合规典型案例》，由深圳市人民检察院提供。

2　摘自《系统谋划绘制“施工图”，加快推进打造企业合规示范区——深圳市出台全国首个全面推进企业合规建设的政策性文件》，来源：深圳市司法局。

构建全员参与、全程监控、全领域覆盖的合规管理体系。到 2025 年，深圳企业普遍建立适应高质量发展要求的合规管理体系，依法规范经营管理水平显著提升，企业合规成为深圳经济发展核心竞争力的重要组成部分。

二是提出了全面推动企业合规建设的具体路径。《实施意见》结合当前企业合规建设最新理论研究和实践动态，在加大企业合规制度供给、建立企业合规认证地方标准体系、加强企业合规建设指导、创新企业合规行政监管模式、深化涉案企业合规改革、构建行业合规自律生态等六个方面提出了一系列创新举措。

三是部署了重点领域企业合规治理的创新任务。《实施意见》立足深圳市先行示范定位，提出在重点领域探索企业合规治理创新经验：在加强企业涉外合规方面提出专门措施，在市属国有企业开展企业合规管理示范；在廉洁反腐、公平竞争、知识产权、生态环境保护、出口管制、数据保护等领域开展企业专项合规治理，在平台经济、地方金融、生物医药等行业开展行业合规治理先行先试。

四是强化了企业合规示范区建设的工作保障。《实施意见》提出加强组织领导、培育合规文化、加强人才培养、强化技术支撑等四个方面的保障措施。

02. 开展合规管理试点示范[1]

为了给企业合规建设积累经验，深圳市纪委监委、深圳市司法局、深圳市地方金融管理局开展新兴金融行业合规试点，积极探索小额贷款、商业保理等行业合规体系建设。

深圳市检察机关在推进涉案企业合规改革试点中探索从“个案合规”到“行业合规”办案机制，先后指导黄金珠宝首饰行业、电子产品翻新行业开展合规建设，并联合深圳市司法局等单位出台第三方机制管委会和第三方监控人管理相关制度。

中国共产党深圳市纪律检查委员会、深圳市司法局、深圳市人民政府国有资产监督管理委员会选取深圳市投资控股有限公司、深业集团有限公司、深圳市地铁集团有限公司、国信证券股份有限公司等代表性市属国有企业开展合规

1 摘自《法治探索：深圳率先探索企业合规体系建设》，来源：深圳市司法局微博，https://k.sina.com.cn/article_2578189780_99ac0dd4001017p6q.html?from=news。

建设试点工作。其中，示范企业国信证券将合规管理作为企业一项核心风险管理工作，建立了自上而下的合规管理组织体系，实现了合规总部对债券自营部门和子公司合规管理的全覆盖。

在加强试点探索的同时，深圳市司法局将前海合作区、宝安区作为合规建设示范城区，为“企业合规示范区”建设先行先试。宝安区把企业合规建设作为“一把手”工程，成立区级促进合规委员会，形成区委区政府牵头抓总、各部门齐抓共管的工作格局，取得了为企业提供制度保障、完善合规建设信息管理等重要成果。

03. 打造企业合规服务平台

为降低企业合规成本，深圳市司法局上线民营企业法治体检自测系统，由企业诉讼风险分析、企业法律风险测评、法治体检报告、疫情风险评测、企业合规风险评测五大模块构成，以综合大数据为基础，借助人工智能、云计算等新技术，排查分析企业所面临的法律合规风险点，帮助企业查找制度漏洞和薄弱环节，自动生成意见和建议，切实解决民营企业发展中遇到的各类法律问题，持续提升民营企业风险防控能力。[1]

同时，深圳市司法局联合深圳市商务局、深圳市国资委、深圳市工商联等建立了企业合规风险提示及预警发布机制，为企业提供国内外重大合规领域立法及执法预警服务。

深圳市商务局开发跨境电商市场开拓及风险防控资讯服务系统，推进建设深圳市贸易安全与产业损害预警系统，并定期梳理编制贸易摩擦信息，为企业合规经营提供参考。

深圳市司法局还组织发布了《民营企业法务指南》《民营企业合规与法律风险防控读本》《企业海外合规实务读本》等一系列合规指导丛书；深圳市贸促委组织编印了《外向型中小企业合规指引》等 6 部合规指引，指导企业提升合规管理能力。

1 摘自《合规｜深圳的实践：打造企业“合规示范区”》，载《民主与法制》2022 年第 32 期，https://m.thepaper.cn/baijiahao_19713510。

04. 获批设立全国首个企业合规协会[1]

为进一步深化全市企业合规建设工作，深圳市司法局于2022年在全国率先启动市级企业合规协会筹建工作，并确立司法局作为业务主管单位。

2023年2月26日，深圳市企业合规协会召开了第一届会员大会第一次会议，选举出理事会和监事会。经会议推选，国内知名合规专家、北京新世纪跨国公司研究所所长王志乐担任协会会长，华为技术有限公司首席合规官宋柳平担任名誉会长。

2023年5月26日，经市民政局审核通过，深圳市企业合规协会正式登记成立，落户前海深港国际法务区，将为深圳乃至全国的企业合规事业发展贡献力量。

协会共发展首批创会会员166家，既包括深圳市投资控股有限公司、国信证券股份有限公司、深圳交易集团有限公司、腾讯科技（深圳）有限公司、中兴通讯股份有限公司、欣旺达电子股份有限公司等大型国有企业、民营企业，也包括深圳市前海一带一路法律服务联合会、深圳大学、深圳国立商事认证中心、深圳市鹏城法律合规研究院、联洲国际信用评级有限公司、深圳市跨国企业合规管理研究院、华商林李黎（前海）联营律师事务所、嘉得信律师事务所、泰和泰（深圳）律师事务所、毕马威咨询（中国）有限公司深圳分公司等高校、研究机构、专业机构。

作为国内首家企业合规协会，深圳市企业合规协会致力于深入推进企业合规管理，以法治力量助推企业可持续和高质量发展，服务中国式现代化建设事业。

据了解，协会将先行先试探索企业合规师的职业标准，起草地方性企业合规师资格标准，并联合国际知名认证机构，开展联合培训、认证，同时建立企业合规师人才教育培养机制，推进企业合规工作队伍的正规化、专业化、职业化。此外，协会还将设置数据、贸易、知识产权、反垄断、反洗钱等多个专业委员会，为合规行业提供业务指导，推进企业合规体系的建设和完善。

---

1 摘自《正式获批设立！全国首个，落户前海！》，来源：深圳卫视 & 壹深圳客户端、读创、第一现场，https://ishare.ifeng.com/c/s/v0021iuYw6FfAD2Dubv2cYzN91zje8-_gsz9xEdq2p0pnjrw__。

结语

深圳作为最早成立的经济特区，经济发展外向型特征明显。截至 2023 年 3 月底，深圳市商事主体已突破 400 万户，实现历史性跨越，商事主体总量、创业密度稳居全国第一，其中包括大量跨国企业、外贸企业和高科技企业。在国际国内监管环境日趋严格的大背景下，企业的合规管理能力关系着企业乃至行业的行稳致远，更是在新形势下确保企业坚强应对国内外复杂挑战、提升企业竞争力的迫切需要。[1]

近年来，深圳的企业合规建设工作已经全面开展。刑事合规方面，自 2020 年 3 月，最高检启动涉案违法犯罪依法不捕、不诉、不判处实刑的企业合规监管试点工作以来，由深圳市人民检察院、深圳市工商联等单位组成的深圳市涉案企业合规第三方机制委员会创建企业合规“深圳模式”，推动涉案企业合规改革，服务企业发展。

探索城市合规管理范本，深圳正在围绕政府合规、企业合规、社会组织合规、公民合规以及重点领域区域先行示范五个方面，打造全国全面推进合规管理体系标准实施示范城市；出台了全国首个全面推进企业合规建设的政策性文件《实施意见》，系统谋划绘制“施工图”；成立国内首家企业合规协会，从合规规划、人才培养、标准制定、文化推广等各个方面，助力深圳打造“企业合规示范区”。

专家团队

赖　勇
深圳市光明区
中科合规法律研究院
顾问

戴　悦
上海财经大学
法学院
助理教授

1. 摘自《系统谋划绘制“施工图”，加快推进打造企业合规示范区——深圳市出台全国首个全面推进企业合规建设的政策性文件》，来源：深圳市司法局。

CHAPTER

02

第二章

企业经营合规

一、招投标管理合规

招标投标是市场竞争的一种重要方式，最大的优势就是能充分体现“公开、公平、公正”的市场竞争原则。招标企业通过招标采购，让众多投标人进行公平竞争，从而以最低或较低的价格获得更优的货物、工程或服务，进而达到提高经济效益和社会效益、提高招标项目的质量、提高国有资金使用效率、推动各行业管理体制改革的目的。然而，招投标活动当中也存在雷区，这是参与招投标的企业不能也不该碰触的。

案说

案例一：廖某、朱某串通投标案[1]

2020 年 9 月，江西省赣州市中级人民法院经审理后认定，廖某、朱某相互串通投标报价，损害招标人及其他投标人利益，情节严重，其行为均构成串通投标罪。

2015 年 12 月初，赣州市公共资源交易网发布信丰县城南片区总投资 1500 万元的雨水排水工程项目招标信息后，廖某、朱某通过联系、组织、挂靠赣州全盛建设工程有限公司、江西百思特建设工程有限公司、江西同盛建设工程有限公司、赣州华闵市政工程建设有限公司、赣州风采建设工程有限公司、江西龙海建筑工程有限公司等符合投标要求的公司对该项目串通投标。

廖某、朱某分别和各参与投标的公司工作人员商定：支付给各公司 2000 元借用资质费用，由各公司购买招标文件，报名投标，但须按照被告人提供的

1　案例来自绍兴公共资源交易网，http://ggb.sx.gov.cn/art/2022/12/29/art_1229709366_58978526.html。

串通投标？判刑！

点击查看

报价制作标书；该项目29万元投标保证金由投标公司垫资，廖某、朱某按照月息2分支付利息。商定之后，廖某、朱某统一制定投标报价，再将投标报价分别告知各投标公司。该工程于2015年12月31日在信丰县公共资源交易中心开标，由廖某联系的赣州全盛建设工程有限公司以1355.63万元的价格中标。之后，廖某、朱某将该项目标的卖给信丰县的张某、施某等人进行施工，从中非法获利98.7万元。

此外，廖某、朱某在2016年10月信丰县老体育场改扩建工程项目、2017年6月于都县思源大道工程等项目中也存在类似串通投标行为。

观点探讨

串通投标的行为如何定义？具体表现形式有哪些？

串通投标是指投标人之间或者投标人与招标人之间，以特定中标人中标为目的，在工程、货物、服务类招标项目中以串通的方式，共同抬高或压低报价，或者对报价之外的其他事项进行协同，以排挤其他投标人为目的，所采取的相互勾结的非公平竞争行为。

为获取中标后相对高额的利润回报，部分企业铤而走险，采用围标、串标的方式获得高中标率，严重扰乱了市场竞争秩序，破坏了公平公正的营商环境。其具体形式包括：

1．挂靠围标。同一实际控制人控制下的多家单位投标，排除竞争对手，增加中标概率。

2．投标单位之间购买竞标代理权。某一投标人以承诺支付相应对价或其他经济利益的方式，要求其他投标人放弃竞标。

3．信息串通。投标人与招标人、招标代理机构就资质条件、投标报价、评标委员会构成等重要信息进行信息互通。（案例中的廖某和朱某就是通过这样的形式对项目实施串通投标的。）

串通投标的社会危害性体现在哪些方面？

1．破坏了招标投标机制，使得招标投标机制的预定目标无法实现，尤其是对最终中标成交价格造成影响，容易形成垄断。

2．对招标方来讲，其预定目标无法实现。垄断价格形成后，招标人需为此付出高昂代价，严重损害招标人利益。

3．其他投标方会失去公平参与投标的机会，自身利益遭受损失。

4．通过串通投标产生的一些不正常的中标，中标方在资质、资源、技术和管理能力等方面可能存在问题，这会给将来履约能力、质量、安全管理等埋下隐患。

根据《中华人民共和国招标投标法》（以下简称《招标投标法》）的规定，投标人不得相互串通投标报价，不得排挤其他投标人的公平竞争，损害招标人或者其他投标人的合法权益；投标人不得与招标人串通投标，损害国家利益、社会公共利益或者他人的合法权益。

对于投标人相互串通投标或者与招标人串通投标的，可根据不同的行为表现确定中标无效、赔偿损失等；对单位和责任人给予罚款、吊销营业执照，没收违法所得、取消招标资格等行政处罚；构成犯罪的，依法追究刑事责任。

案说

案例二：量身招标案[1]

某省级单位计划建设一个局域网，采购预算为450万元。该项目招标文件注明的合格投标人资质必须满足：注册资金在2000万元以上、有过3个以上省级成功案例。招标文件同时注明，有过本系统1个以上省级成功案例的国内供应商优先。

最终招标结果是：一个报价只有398万元且技术服务条款最优的外省供应商落标，而中标的则是报价为448万元的本地供应商（该供应商确实有过3个成功案例，在某省成功开发了本系统的局域网）。

1 案例来自《招投标参与人员该如何合法合规进行招投标？》，https://www.okcis.cn/info-shidian-3654/。

观点探讨

如何定义案例中招标方的违法行为？

案例中，招标方的行为涉嫌量身招标。量身招标是招标人与投标人的一种串通投标行为，后果就是排挤了其他的投标人中标。这样的行为违反了招投标公平竞争的原则，是违法、违规的招标行为。

虽然采购人作为招标方，可以根据采购项目的特殊要求，规定供应商的特定条件，但采购人不得以不合理的条件对供应商实行差别待遇或者歧视待遇，更不得以任何手段排斥其他供应商参与竞争。

在招标公告或资质审查公告中，如果以不合理的条件限制、排斥其他潜在投标人公平竞争的权利，这就等于限制了竞争的最大化，有时可能会加大招标方的采购成本。

《招标投标法》第五十三条规定：投标人相互串通投标或者与招标人串通投标的，投标人以向招标人或者评标委员会成员行贿的手段谋取中标的，中标无效，处中标项目金额千分之五以上千分之十以下的罚款，对单位直接负责的主管人员和其他直接责任人员处单位罚款数额百分之五以上百分之十以下的罚款；有违法所得的，并处没收违法所得；情节严重的，取消其一年至二年内参加依法必须进行招标的项目的投标资格并予以公告，直至由工商行政管理机关吊销营业执照；构成犯罪的，依法追究刑事责任。给他人造成损失的，依法承担赔偿责任。

除了量身招标，招标方的禁止行为还包括哪些？

1．就同一招标项目向潜在投标人或者投标人提供有差别的项目信息；

2．设定的资格、技术、商务条件与招标项目的具体特点和实际需要不相适应或者与合同履行无关；

3．依法必须进行招标的项目以特定行政区域或者特定行业的业绩、奖项作为加分条件或者中标条件；

4．对潜在投标人或者投标人采取不同的资格审查或者评标标准；

5．限定或者指定特定的专利、商标、品牌、原产地或者供应商；

6．依法必须进行招标的项目非法限定潜在投标人或者投标人的所有制形式或者组织形式。

案说

案例三：格力竞标弄虚作假案[1]

2020 年 7 月，中国移动采购与招标网发布的一份《关于珠海格力电器股份有限公司负面行为处理结果的公告》显示，因珠海格力电器股份有限公司在中国移动 2020— 2021 年高压离心式冷水机组集中采购项目中弄虚作假，被取消中标资格。

中国移动招标中提交的过往项目资料显示，投标方珠海格力电器股份有限公司申报的某项目内容［华为团泊洼 8 号地块 IDC（网络数据中心）工业项目一期］与实际项目内容（华为团泊洼 8 号地块工业项目一期）不一致。

中国移动在招标资格要求中明确指出，投标方应有“2016 年 7 月 1 日至 2019 年 12 月 31 日离心式冷水机组在中国大陆数据中心应用案例的描述”。因此，有无 IDC 是投标资格的关键性描述。

其后，中国移动采购与招标网发布公告，认定格力电器“在集中采购项目中存在弄虚作假的情况”，作出取消其中标资格以及后续三年内同类产品集中采购评审得分扣减的处罚。

1 案例来自泾河新城产业发展集团官网《“合规文化主题月”｜合规案例之招标投标篇》，http://www.jhncidg.com/default/detail/2685/430。

观点探讨

招标投标中，如何定义弄虚作假这样的违规方式？

业绩或经历弄虚作假

绝大多数意向参与企业是具备基础的业务执照、资质的，但是针对招标方提出的过往业绩、公司运营情况等要求，可能部分不满足。那么，在提交相关资格材料时，参与企业就可能使用虚假材料或不实描述来修饰美化公司运营情况、相关过往业绩等，以求符合招标方要求或争取获得更高评标分数，提高中标概率。

在上述案例中，格力电器就是因为在过往业绩中存在弄虚作假的行为，而被中国移动取消了中标资格。

资质借用

部分不符合投标资质要求的投标人，采用借用、租用、挂靠符合资质的其他企业，以其他符合资质的企业名义来投标，获取标的份额。资质借用除了违规获取投标资格、违规中标，对其他合法竞标人造成不公平竞争，由于资质借用企业本身存在项目和管理能力不足等问题，在后续项目实际开展中，还会产生项目分包、转包等一系列问题，给项目质量带来极大隐患，对招标公司利益造成极大损害。

招标投标中弄虚作假的，如何处罚？

《招标投标法》第五十四条规定：投标人以他人名义投标或者以其他方式弄虚作假，骗取中标的，中标无效，给招标人造成损失的，依法承担赔偿责任；构成犯罪的，依法追究刑事责任。

依法必须进行招标的项目的投标人有前款所列行为尚未构成犯罪的，处中标项目金额千分之五以上千分之十以下的罚款，对单位直接负责的主管人员和其他直接责任人员处单位罚款数额百分之五以上百分之十以下的罚款；有违法所得的，并处没收违法所得；情节严重的，取消其一年至三年内参加依法必须进行招标的项目的投标资格并予以公告，直至由工商行政管理机关吊销营业执照。

合规启示

针对招投标活动中常见的不合规现象，相关单位应严格按照法律、法规和制度要求，强化合规管理措施，杜绝不合规行为，保障招投标活动符合合规要求，确保招投标各个环节都要在法律制度的框架内规范运行。

同时，相关单位应结合项目特点进行充分市场调研，认真策划招标文件的编制，科学策划入围单位资质、业绩条件；不得利用划分标段的方式，限制或者排斥潜在投标人，也不得利用划分标段规避招标；逐步加强对投标单位的资信审核，完善评标机制。

相关单位还应适时邀请领域专家，分享有效实践经验，丰富招标管理人员的理论知识素养，提高人员业务水平，健全责任制度，加强内部控制，明确招标工作中风险管理的责任主体及义务，采用职责分离的模式促进员工相互制约，以防止徇私舞弊行为的出现。

最后，相关单位应通过多重监督，提高招标程序合法性。审计人员负责招标全过程的监督；纪检监察人员通过远程监控，负责招标重要环节的监督；开展社会监督，开通投诉意见箱或电话接受质疑等，以堵塞漏洞。

结语

现行的招投标法规不仅禁止招标人故意设置障碍排斥其他投标人，也决不允许投标人相互串通投标、弄虚作假，因为这些行为既严重损害了其他招投标人的利益，也破坏了正常的市场竞争秩序，甚至引起贪污腐败、工程质量不过关等其他严重后果。企业在经营过程中，应该避开这些雷区，合法、合规地进行招投标活动。

相关法律、法规

《刑法》第二百二十三条

《招标投标法》第十八条、第二十条、第二十一条、第三十二条、第五十三条、第五十四条

专家团队

卢守瑜
深圳市光明区中科合规法律研究院院长

杜金
海能达通信股份有限公司总法律顾问

二、合同管理合规

我们经常讲“口说无凭，立字为据”，这里“字”就是我们通常所理解的书证，而在市场交易中，双方签订的合同就是关键证据。所谓的合同，就是平等主体的自然人、法人、其他组织之间设立、变更、终止民事权利义务关系的协议。企业为了实现一定的经济目的，明确相互权利义务关系，就要签订合同。它不仅包含简单的要约、承诺，还贯穿企业经营的全过程。企业若是能对合同实施进行有效的合规管理，将大大提升管理水平和经济效益。

案说

案例一：百合网存在合同违法行为被处罚[1]

2022 年 6 月 20 日，百合佳缘网络集团股份有限公司因违反《合同违法行为监督处理办法》（已失效）第十一条第五项规定，被北京市朝阳区市场监督管理局罚款 1 万元。处罚事由显示，百合网在其提供给消费者的注册服务条款中提到：“若您和百合之间发生纠纷或争议，首先应友好协商解决，协商不成的，提交北京仲裁委员会按照该会仲裁规则仲裁解决。”这样的条款排除了消费者提起诉讼的权利。

北京市朝阳区市场监督管理局依据《合同违法行为监督处理办法》第十二条规定，责令百合网改正上述违法行为，并决定处罚如下：罚款 1 万元。

1　案例来自中国新闻网《百合佳缘因排除消费者提起诉讼的权利被罚 1 万元》，https://baijiahao.baidu.com/s?id=1737671989546256293&wfr=spider&for=pc。

观点探讨

案例中，百合网存在什么样的合同违法行为？

百合网在与消费者订立的合同中包含格式条款，并在其中排除了消费者就格式条款争议提起诉讼的权利。

2023 年 5 月市场监管总局修订出台的《合同行政监督管理办法》第八条规定，经营者与消费者订立合同，不得利用格式条款等方式作出加重消费者责任、排除或者限制消费者权利的规定。格式条款中不得含有以下内容：

（一）要求消费者承担的违约金或者损害赔偿金超过法定数额或者合理数额；

（二）要求消费者承担依法应当由经营者承担的经营风险；

（三）排除或者限制消费者依法自主选择商品或者服务的权利；

（四）排除或者限制消费者依法变更或者解除合同的权利；

（五）排除或者限制消费者依法请求支付违约金或者损害赔偿金的权利；

（六）排除或者限制消费者依法投诉、举报、请求调解、申请仲裁、提起诉讼的权利；

（七）经营者单方享有解释权或者最终解释权；

（八）其他加重消费者责任、排除或者限制消费者权利的内容。

《合同行政监督管理办法》第十八条规定，经营者违反本办法第五条、第六条第一款、第七条、第八条、第九条、第十二条规定，法律、行政法规有规定的，依照其规定；没有规定的，由县级以上市场监督管理部门责令限期改正，给予警告，并可以处十万元以下罚款。

企业制定格式条款的注意事项

在很多标准化的消费场景下，经营者经常会与消费者采用格式条款订立合同。根据《中华人民共和国民法典》（以下简称《民法典》）第四百九十六条第一款的规定，格式条款是当事人为了重复使用而预先拟定，并在订立合同时未与对方协商的条款。

采用格式条款订立合同的，提供格式条款的一方应当遵循公平原则确定当事人之间的权利和义务，并采取合理的方式提示对方注意免除或者减轻其责任等与对方有重大利害关系的条款，按照对方的要求，对该条款予以说明。

根据《民法典》第四百九十七条的规定，提供格式条款一方不合理地免除或者减轻其责任、加重对方责任、限制对方主要权利以及排除对方主要权利的格式条款是无效的。

因此，企业应注意不能滥用格式条款免除自己的法定责任，也不能滥用格式条款排除消费者的法定权利，比如商品对消费者造成人身伤害，需履行赔偿责任时，企业就不能提前设定赔偿金额的上限。

此外，合同中的重点格式条款应当作出明显的提示，企业在订立合同条款的时候还应当充分建立场景意识，提前预判好商品或服务会带来的潜在风险，并提前说明注意事项或进行预防。

案说

案例二：企业因出口合同不规范导致 2 万美元损失 [1]

A 公司是河北省一家外贸小微企业，与印度某大型企业 B 公司在 2015 年 1 月 20 日签订出口合金配件合同。合同规定：A 公司向 B 公司出口一批价值 8 万美元的合金配件，贸易双方采取 OA（Open Account，赊账交易）60 天的支付方式分批发运。

1　案例来自《由一则案例看小微企业出口合同不规范带来的风险》，https://max.book118.com/html/2020/0415/8037141055002106.shtm。

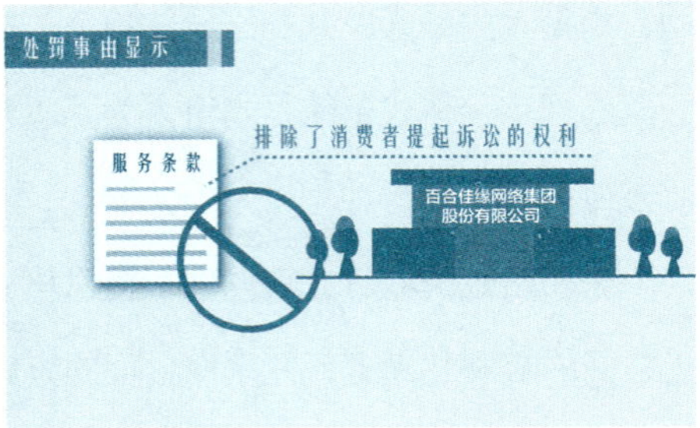

2015 年 2 月，A 公司按照合同的规定开始向 B 公司发运第一批货物。此后，A 公司按照合同的规定分批向 B 公司发运货物，2015 年 12 月，全部货物发运完毕。但是，B 公司并未按照合同约定正常付款，从收到第一笔货物开始，就以各种借口克扣费用，甚至拖延付款。在此期间，A 公司通过电话、邮件甚至亲赴印度登门拜访等方式进行催收，要求 B 公司按照合同约定尽快支付剩余货款。面对 A 公司的催收，B 公司起先态度较为诚恳，表示因其国内市场低迷导致资金周转困难，影响了对 A 公司的付款进度，请求 A 公司按照合同约定继续发货，并承诺一旦货物卖出资金回流将尽快付款。在随后的几个月里，A 公司出于长远合作考虑，一边按照合同约定正常发货，一边催收拖欠货款，B 公司则以各种理由继续拖欠。2015 年 12 月，B 公司在收到最后一批货物后，开始对 A 公司的催收置之不理。据统计，B 公司共拖欠 A 公司货款 4.5 万美元。

2016 年 4 月 5 日，A 公司向中国信保通报了上述情况，并委托中国信保向 B 公司追讨 4.5 万美元欠款。在中国信保的压力之下，B 公司选择支付 2.5 万美元的欠款，随后称其已经付完了全部欠款金额。

由于 B 公司支付的欠款与 A 公司主张的欠款存在较大差异，中国信保向这两家公司核实情况，B 公司提供了 A 公司向其开具的商业发票作为证据，商业发票上显示货值金额为 6 万美元。针对 B 公司的说明，A 公司作出如下解释：第一，在交易之初，B 公司表示其当前资金紧张，要求分批发运货物并分批付款；第二，B 公司还以印度国内该类商品利润较低为由，希望 A 公司向其开具低于实际货物价值的发票（以下简称低值发票），以达到向政府海关少缴税的目的，并表示可以适当提高价格作为补偿。在利益驱动和维护客户关系的动机下，A 公司同意了 B 公司的要求，并向 B 公司开具了 6 万美元的低值发票，实际上 A 公司发运货物的实际价值应为 8 万美元。

中国信保要求 A 公司就自己主张的货物价值进行举证，以便向 B 公司进行抗辩。但由于在签订贸易合同时业务操作不规范，A 公司无法提供带有 B 公司签字盖章的、能反映货物真实价值的贸易合同，因此没有办法证明出运货物的实际价值。由于 B 公司提出的开具低值发票的要求仅以口头形式作出，没有任何文字、语音或视频等证据，因此 A 公司无法证明自己的行为系按照 B 公司要求所为。不仅如此，A 公司向 B 公司出具低值发票前后，甚至到后续的催款阶段，都没有对自己主张的真实货值金额有所提及。A 公司缺乏证据证明其海外应收账款的实际金额，最终只能自行承担 2 万美元的损失。

观点探讨

A 公司在整个交易过程中，存在哪些不合规操作？

没有签订书面合同

A 公司在与 B 公司进行贸易洽谈时，出于对 B 公司的过度信任，没有充分考虑其在国内销售出现低迷等情况时有可能不会按照口头约定进行全额付款的风险，因此没有签订合法且真实的书面合同。而且 A 公司不注重关于货款等相应证据的收集和留存，致使其在面对 B 公司不能按照约定

全额付款时，只能自行承担经济上的损失。

法律意识淡薄

B 公司向 A 公司提出开具低值发票的要求，其目的是偷税漏税，而 A 公司为达成交易并获得更高的利益，在对方口头承诺的前提下，向B公司开具了低值发票，其本身就是违法行为。根据印度媒体的报道，2023 年 2 月，印度中央间接税和海关委员会已通知中国商务部，查扣了一些从中国进口的低价发票货物，而少开发票就是为了逃避关税。[1]

A 公司在业务经营的过程中并没有注意到合同的重要性，而是直接将发票当作合同来使用，这也是目前我国大多数外贸企业的通常做法。但实际上，发票通常只会记载一些贸易标的的主要信息，不会详细地约定双方的权利义务、争议解决条款、违约责任条款等内容，因此并不能完全替代合同。因此，外贸企业一定要注意合同的重要性，特别是金额大的订单，一定要在发票的基础上再签署一份完整的合同。

规范化的合同管理对企业发展能起到什么作用？

规避经营风险

企业经营中的风险通常会在合同的立项、订立和履行的环节中发生，合同管理的目的就是尽可能早地发现其中隐藏的风险。企业加强合同中立项的审查，慎重决策，可以减少无利益投资；加强合同订立的管理，可以避免合同条款设计不合理给企业带来的风险；加强合同履行中的控制，可以保障利益更及时、更安全地兑现。

促进企业发展

加强合同管理，企业不仅可以规避经营风险，还能通过科学的谈判，合理设

1 《印度海关扣押来自中国的货物，涉嫌低开发票》，https://baijiahao.baidu.com/s?id=1756690312471472392&wfr=spider&for=pc。

计合同条款，这样在交易过程中才能掌握主动权。即便是遇到纠纷，甚至是诉讼，企业也有相关凭证，可以最大限度地降低维权成本。规范化的合同管理可以有效地化解企业经营风险，净化企业的生产经营环境，促进企业的良性发展。

提升企业形象

重合同、守信用，有助于企业树立良好的形象。规范化的合同管理可以让企业的合作伙伴充分感受到企业管理的专业化、规范化，从而提升对企业的信任。企业因此能提高竞争力，赢得更多市场，健康持久地发展下去。

合规启示

01. 建立完善的管理体制

企业应建立健全完备的合同管理制度，使合同管理活动制度化，明确管理的范围、机构、人员、职责和程序等，这样可以使各个部门在合同管理中互相支持配合，减少不必要的扯皮与失误，提高合同管理水平。

02. 覆盖经营的每个环节、企业的各个层级

企业要制定一套比较完善、切实可行的合同管理制度，包括合同的洽谈、草拟、商议、签订、履行、变更、中止、解除、终止等。同时，有条件的企业应当设置独立的合规部门，负责企业的相关法律事务，其中包括对合同的审查，同时根据企业的具体经营业务设置不同的合同管理制度，例如合同审查制度、合同授权委托制度、合同审批制度、合同纠纷调处制度、合同归档制度等。

03. 配备专门的合同管理人员

企业需根据自身的规模和需要，建立相应的合同管理机构，并且配备专门的合同管理人员，同时规定各管理人员的岗位职责，并定期开展培训，普及相关的

法律及政策法规，提升合同管理的专业性。企业还应定期检查合同管理的执行情况，对违反合同管理要求的人员给予处罚，对执行得较好的人员进行奖励，激发其管理的积极性。

结语

市场经济的法治特征表现为产权保护、交易自由、契约诚信、公平竞争等内容，其中合同是企业交易行为的重要载体，也是企业运行管理合规的重要抓手。[1]虽然在市场经济中，合同的订立是当事人之间协商的结果，但是依然要严格遵守相关法律、政策法规的要求，避免合同的相关条款甚至整个合同因违反法律规定而被判无效。因此，完善、规范的合同管理，能进一步提高企业管理水平和运营效率，提升企业的市场竞争力，降低企业参与经济活动的风险，助推企业实现可持续健康发展。

相关法律、法规

《民法典》第四百九十六条、第四百九十七条、第四百九十八条

《合同行政监督管理办法》第八条、第十八条

1.《合规时代全面来临，企业应当如何建立合同合规管理体系？》，https://www.163.com/dy/article/H37H8KT00516VN6M.html。

三、产品质量管理合规

产品质量是企业的生命，企业只有严格落实产品质量责任，合法合规经营，其产品才能赢得消费者的青睐。假如产品出现质量问题，尤其是涉及法律风险的质量问题，企业将面临巨大风险，甚至可能是毁灭性的灾难。企业要实现稳健发展，合规管理是基础，提升质量是手段，增加效益是目的。合规、质量、效益的关系，犹如船、帆、岸的关系。没有坚实的合规基础，就没有经得起风吹浪打的坚固的船。因此，建立、落实一个完善的、符合企业自身特点与需要的质量合规管理体系，能有效预防、控制、发现、解决产品质量问题，从而提升企业社会形象，为社会创造价值。

案说

案例：强生公司的婴儿爽身粉等产品陷入致癌风波[1]

强生公司的婴儿爽身粉等产品陷入致癌风波，一些消费者指控其婴儿爽身粉和其他滑石粉产品含有石棉，导致长期使用者患癌。2016 年，强生公司被判赔偿一位患卵巢癌死亡的受害者亲属 7200 万美元，而该名女子的去世被认为与其持续使用强生公司的婴儿爽身粉和沐浴露有关。2017 年，加州法院陪审团又判决强生公司向一名因使用其爽身粉而患卵巢癌的妇女赔款 4.17 亿美元。其后，美国多个州的法院相继判定强生须向受害者赔偿，令索偿诉讼宗数激增。

在上述案件中，不少消费者称强生公司含滑石粉的产品是因石棉污染而出现致癌问题的。虽然滑石粉用途广泛，但是，石棉却是国际公认的一级致癌物。

1 案例来自《认赔不认错 强生爽身粉致癌风波未停》，https://baijiahao.baidu.com/s?id=1762503512314068348&wfr=spider&for=pc。

2019 年，美国食品药品监督管理局在网上购买的强生婴儿爽身粉中查出少量致癌物质石棉，含量不超过千万分之二。随即，强生公司发布公告表示，决定在美国召回同批次约 3.3 万瓶婴儿爽身粉。2020 年 5 月，强生公司宣布将逐步停止在美国和加拿大销售其含滑石粉的婴儿爽身粉。自始至终，强生公司都否认有关其含有滑石粉的产品致癌的指控，所采取的一切商业行为都不代表其行为不当，强生公司对于其含有滑石粉产品的安全性的立场也没有改变。

致癌诉讼缠身后，强生公司终于放弃了含滑石粉的婴儿爽身粉。2022 年 8 月，强生公司表示 2023 年将停止在全球销售含有滑石粉的婴儿爽身粉，并决定将产品调整到以玉米淀粉为基础原料进行生产，但同时又称，这只是一个商业决定。

2023 年 4 月 4 日，强生公司表示，计划在未来 25 年内支付 89 亿美元，以应对其婴儿爽身粉及其他含有滑石粉产品涉嫌致癌案件的相关索赔。

观点探讨

企业生产的产品若出现质量问题，将面临哪些风险？

因产品质量问题而导致的企业风险是多方面、多维度的。

首先，产品质量不合格，企业应当承担法律责任，如召回产品、停止生产、罚款、赔偿消费者，相关责任人甚至可能承担刑事责任。如美国强生公司因生产含有滑石粉的婴儿爽身粉，导致诉讼缠身，并且将在未来 25 年内支付 89 亿美元赔款。

其次，企业会面临道德谴责，成为公众、媒体的批判对象，对企业品牌、社会形象甚至长远发展造成严重的损害。强生公司的婴儿爽身粉等产品陷入致癌风波，已经严重影响了强生公司产品在全球市场的销量。

最后，企业的产品销售会受到直接的冲击，甚至导致合作伙伴与企业合作的中断，公司业务的持续性将大大受到影响，给经营管理带来不确定性，企业甚至可能面临倒闭。

企业生产的产品若出现质量问题，根据我国法律，将承担怎样的法律责任？

根据我国法律的规定，出现产品质量问题的企业需承担民事、行政甚至刑事责任。

民事责任主要指的是《民法典》里规定的侵权责任。《中华人民共和国产品质量法》（以下简称《产品质量法》）和《中华人民共和国消费者权益保护法》（以下简称《消费者权益保护法》）对生产者都规定了严格的责任原则，也就是生产者不论是否有过错，都要对其产品缺陷所致的损害承担赔偿责任。

如果是质量不合格的商品，消费者要求退货的，经营者应当负责退货；有欺诈行为的，应当按照消费者的要求增加赔偿其受到的损失，增加赔偿的金额为消费者购买商品价款的三倍；经营者明知商品或者服务存在缺陷，仍然向消费者提供，造成消费者或者其他受害人死亡或者健康严重损害的，有权要求所受损失二倍以下的惩罚性赔偿。另外，根据《消费者权益保护法》，对侵害众多消费者合法权益的行为，相关消费者协会可以提起公益诉讼。

行政责任主要指的是企业生产、销售不符合保障人体健康和人身、财产安全的国家标准、行业标准产品，在产品中掺假，以假充真、以次充好，企业将面临没收违法所得、产品货值金额三倍以下的罚款，直至吊销营业执照。

针对企业的违法行为，市场监督管理部门或者其他有关行政部门可责令其改正，可以根据情节单处或者并处警告、没收违法所得、处以违法所得一倍以上十倍以下的罚款，没有违法所得的，处以五十万元以下的罚款；情节严重的，责令停业整顿、吊销营业执照。经营者受到处罚的，处罚机关应当记入信用档案，向社会公布。

刑事责任主要涉及食品安全领域，还可能构成危害公共安全罪。例如《刑法》第一百四十四条规定的生产、销售有毒、有害食品罪。

企业的产品质量合规包括哪些内容？

企业的产品质量合规内容包括标准性产品质量合规内容和程序性产品质量合规内容。

标准性产品质量合规内容

产品质量要符合国家法律、法规、部门规章等强制性法令，行业协会要求以及企业已有的、对具体产品的技术性要求。

根据《产品质量法》的相关规定，标准性合规至少应当满足下列要求：

1. 产品质量。不存在危及人身、财产安全的不合理的危险，有保障人体健康和人身、财产安全的国家标准、行业标准的，应当符合该标准；具备产品应当具备的使用性能。

2. 产品标识。产品或者其包装上的标识必须真实，并符合下列要求：

有产品质量检验合格证明。

有中文标明的产品名称、生产厂厂名和厂址。

根据产品的特点和使用要求，需要标明产品规格、等级、所含主要成分的名称和含量的，用中文相应予以标明；需要事先让消费者知晓的，应当在外包装上标明，或者预先向消费者提供有关资料。

限期使用的产品，应当在显著位置清晰地标明生产日期和安全使用期或者失效日期。

使用不当，容易造成产品本身损坏或者可能危及人身、财产安全的产品，应当有警示标志或者中文警示说明。

裸装的食品和其他根据产品的特点难以附加标识的裸装产品，可以不附加产品标识。

对于特定产品的标识，相关部门颁布了具体的规定，例如《化妆品标识管理规定》《食品标识管理规定》《保健食品标识规定》等。这些规定对产品标识提出了强制性要求。

3. 危险品包装质量要求。易碎、易燃、易爆、有毒、有腐蚀性、有放射性等危险物品以及储运中不能倒置和其他有特殊要求的产品，其包装质量必须符合相应要求，依照国家有关规定作出警示标志或中文警示说明，标明储运注意事项。

4. 产品生产者生产产品的强制性要求。《产品质量法》第二十九条至第三十二条对生产者生产产品作出了规定，即生产者不得生产国家明令淘汰的产品；生产者不得伪造产地，不得伪造或者冒用他人的厂名、厂址；生产者不得伪造或者冒用认证标志等质量标志；生产者生产产品不得掺杂、掺假，不得以假充真、以次充好，不得以不合格产品冒充合格产品。

程序性产品质量合规内容

产品质量程序性标准主要是指外部法令、相关规范或者企业内部规定，对产品质量的程序性要求或者对产品质量问题的处理程序。

程序性产品质量合规内容包括不直接针对成品质量、着眼于生产中的程序性要求的法律、法规、企业规章和其他规范。生产某一产品所需的强制性认证、企业许可证等也属于此类范畴。

1. 产品的强制性认证程序。强制性产品认证，即 CCC 认证。为保护国家安全、防止欺诈行为、保护人体健康或者安全、保护动植物生命或者健康、保护环境，国家规定相关产品必须经过 CCC 认证，并标注认证标志后，方可出厂、销售、进口或者在其他经营活动中使用。

强制性产品认证是依照法律、法规实施的一种产品评价制度，它要求列入国家强制产品目录的产品必须符合国家标准和相关技术规范，取得认证证书。认证证书的有效期是 5 年，期限届满需要延续使用的，认证委托人应当在认证证书有效期届满前 90 天内申请办理。

有条件的企业也可以进行企业质量体系认证和产品质量认证。企业质量体系认证代表有关部门对企业质量保证能力和质量管理水平的认可；通过产品质量认证的产品表明其符合要求，有利于产品质量的合规性审查。

2. 缺陷产品报告及召回程序。根据中华人民共和国国家质量监督检验检疫总局[1]（以下简称国家质检总局）发布的《缺陷消费品召回管理办法》等相关规定，缺陷是指由于设计、制造、警示标识等原因导致的在同一批次、型号或者类别的消费品中普遍存在的不符合国家标准、行业标准中保障人身、财产安全要求的情形或者其他危及人身、财产安全的不合理的危险。召回是指消费品生产者对存在缺陷的消费品采取措施消除缺陷或降低、消除安全风险的活动。

经营者发现其提供的商品或者服务存在缺陷，有危及人身、财产安全危险的，应当立即向有关行政部门报告并告知消费者，并采取停止销售、警示、召回、无害化处理、销毁、停止生产或者服务等措施。

生产者实施召回，应当按照国家质检总局的规定制订召回计划，并按召回计划实施召回。生产者应当制作并保存完整的召回记录台账，保存期不得少于 5 年。对实施召回的消费品，生产者应当及时采取修正或者补充标识、修理、更换、退货等措施消除缺陷或降低、消除安全风险，并承担消除缺陷的费用。

3. 产品质量案件诉讼程序。因产品质量发生民事纠纷时，当事人可以通过协商或调解解决，协商调解不成，可申请仲裁；当事人各方没有达成仲裁协议或者仲裁协议无效的，可以直接向人民法院起诉。消费者因产品质量案件起诉后，生产者、销售者需要按照法定程序应诉、举证、质证。

1 中华人民共和国国家质量监督检验检疫总局已于 2018 年改为中华人民共和国国家市场监督管理总局。

合规启示

01. 塑造企业产品质量合规文化

企业应当明确自身所处的行业领域和行业地位，由管理人员与法律人士、技术人士共同收集、梳理、研究针对本企业生产产品的相关要求，将产品质量的法律、法规要求通过企业内部规章制度的形式体现出来，目的是引起各级员工重视，加强产品质量监督。

02. 搭建产品质量合规组织架构，完善人员配置

企业应当建立产品质量的第一责任人制，企业的最高领导应当对产品质量负最终责任，并设立专门的部门或岗位来监督落实产品质量合规要求。企业的产品质量部门还应聘请专业人士作为产品质量方面的合规顾问，以保障质量合规建设和管理。

03. 建立符合企业实际情况的产品质量合规管理制度

企业应从产品本身的设计、制造、库存、销售、包装等方面建立产品质量合规制度，特别是一整套解决产品质量问题的程序性要求及规范，如产品的强制性认证程序、产品质量案件诉讼程序、召回程序、质检抽查制度等。

结语

2023年2月6日，中共中央、国务院印发《质量强国建设纲要》（以下简称《纲要》），聚焦于质量与效益提升，统筹推进质量强国建设，全面提高我国质量总体水平。《纲要》对包括产品质量在内的质量建设和质量治理提出了具体要求。因此，包括产品质量在内的质量建设与质量合规管理，不仅是企业内部的事情，更是彰显企业社会责任的社会治理工程。建立产品质量合规管理体系，控制产品质量风险，提供合规的产品，既是符合法律、法规的相关要求，又是企业可持续发展的基础，更是企业履行社会责任的根本体现。

相关法律、法规

《民法典》第一百八十六条、第一千一百六十五条

《刑法》第一百四十四条

《消费者权益保护法》第二十三条、第三十五条、第五十五条、第五十六条

《产品质量法》全文

《缺陷消费品召回管理办法》第三条

专家团队

郭小明
深圳市鹏城法律合规研究院院长

潘艳
深圳市光明区中科合规法律研究院理事

四、劳动用工合规

从某种意义上来说，管好一家企业，就是要管好企业里的人，即劳动者。作为企业最基本的组成部分，劳动者在企业的生产和发展中有着极为重要的作用。一方面，劳动者是企业不断进步的根本动力；另一方面，劳动者若是和企业发生矛盾纠纷，处理不好可能会给企业的发展埋下隐患，甚至发展成更大型的群体事件，乃至加剧社会矛盾，企业也可能因此遭受行政处罚，甚至声誉受损。因此，重视劳动用工合规，有利于保障企业的良性运转，减轻因劳动纠纷给企业的日常管理、社会形象以及业务经营带来的不利影响。

案说

案例：员工王某被违法解除劳动合同纠纷案[1]

王某系某技术公司人力资源专员兼运营管理部专员。2020 年 10 月 24 日（周六）20 时 56 分，该公司相关人员在微信上通知王某第二天到广州出差。10 月 25 日 9 时 56 分，王某回复称“昨天身体不舒服，很早就睡了，没接到电话”，随后表示因家里有事无法前往广州。

该公司认为王某的行为属于公司规章制度中的“对来自公司同事的协作要求不理不睬或敷衍、推诿”，因此给予其严重警告处分，并扣 4 分。后公司以王某多次违反规章制度，累计扣分达到公司规定的解雇条件为由，与其解除劳动关系。

2020 年 12 月，王某申请劳动仲裁，要求某技术公司支付解除劳动合同的赔偿

1　案例来自《未及时回复加班通知，男子被辞退！深圳法院判决》，https://www.sohu.com/a/644322013_161795。

金，未获支持后诉至深圳市福田区人民法院。福田区人民法院认定某技术公司应当支付解除劳动合同的赔偿金。一审判决后，双方又上诉至深圳市中级人民法院。

深圳市中级人民法院审理后认为，公司的规章制度一般规范的系工作时间、工作场所内的行为，该公司“对来自公司同事的协作要求不理不睬或敷衍、推诿”亦应限定在工作时间内，而不应扩大到工作时间之外的休息时间。王某在周末因合理理由没有接到公司关于休息日加班及出差的指令，该情形与工作时间内对公司实时指令、同事协作要求不予理睬不能等同。

按照《中华人民共和国劳动法》（以下简称《劳动法》）的规定，如非法定情形，用人单位经与劳动者协商后可以延长工作时间，即劳动者可以拒绝用人单位的加班要求。该公司事后以王某未能前往出差为由，认为王某推诿同事协作要求，系对王某拒绝加班的惩罚。

法院认为，该次惩罚不当，不予支持，并认为王某不存在多次违反规章制度的行为，判决某技术公司系违法解除劳动合同，应当支付王某解除劳动合同的赔偿金。

法官表示，互联网时代智能手机的普及、各种即时通信软件的广泛应用，使得劳动者在线加班、在线待岗成为常态，不少用人单位通过工作微信群、QQ 群、电子邮件等方式在休息时间向劳动者发出工作指令。即使该工作指令可能仅需劳动者回复或者线上简单操作，也毫无疑问地侵犯了劳动者休息的权利。

《中华人民共和国宪法》《劳动法》均规定劳动者享有休息的权利，劳动者的休息权应当受到保护。用人单位应当充分尊重并保护劳动者的休息权，不在休息时间发布工作指令、工作要求。此外，根据实际情况，用人单位可事先与劳动者约定在某些特殊或者紧急情况下，保持通信设备畅通以接收紧急的工作指令，并在此种随时待命的情况下，给予劳动者适当补偿。劳动者在不影响休息的情况下，秉持诚信原则，对用人单位的工作给予必要的协助和配合。

观点探讨

案例中，单方解除劳动合同的公司存在怎样不合规的操作？

劳动合同解除根据解除依据的不同可以分为法定解除和约定解除；根据双方当事人是否有合意，劳动合同解除可以分为单方解除与协商解除。

《劳动法》第二十五条规定：

劳动者有下列情形之一的，用人单位可以解除劳动合同：（一）在试用期间被证明不符合录用条件的；（二）严重违反劳动纪律或者用人单位规章制度的；（三）严重失职，营私舞弊，对用人单位利益造成重大损害的；（四）被依法追究刑事责任的。

公司以当事人王某的行为违反规章制度为由，与其解除劳动合同，这样的理由既不合理，也不合法。如非法定情形，劳动者对用人单位加班的要求可以拒绝。因此，王某在周末因合理理由没有及时回复加班通知，并拒绝加班出差的行为，不属于违反用人单位规章制度的行为。

因此，法院判决用人单位属于违法解除劳动合同，应当支付当事人王某解除劳动合同的赔偿金。

根据相关法律规定，用人单位该怎么保障劳动者的休息权？

《劳动法》第三十六条至第四十五条规定了工作时间和休息休假。

首先是关于工作时间。我国实行工时制，劳动者的工作时间每天不超过 8 小时，每周平均不超过 44 小时。对实行计件工作的劳动者，用人单位应当根据本法第三十六条规定的工时制度合理确定其劳动定额和计件报酬标准。

其次是关于休息的时间。用人单位应当保证劳动者每周至少休息一日。如果企业因生产特点不能满足上述工作时间和身体休息时间的限制，经劳动行政部门批准，可以实行其他工作和休息办法。

用人单位由于生产经营需要，经与工会和劳动者协商后可以延长工作时间，一般每日不得超过 1 小时；因特殊原因需要延长工作时间的，在保障劳动者身体健康的条件下延长工作时间每日不得超过 3 小时，但是每月不得超过 36 小时。在特殊情形下，例如发生自然灾害、事故或者因其他原因，威胁劳动者生命健康和财产安全，需要紧急处理的；生产设备、交通运输线路、公共设施发生故障，影响生产和公众利益，必须及时抢修的；法律、行政法规规定的其他情形，延长工作时间不受上述规定的限制。

安排劳动者加班的，用人单位应当支付高于劳动者正常工作时间工资的工资报酬：（一）安排劳动者延长工作时间的，支付不低于工资的百分之一百五十的工资报酬；（二）休息日安排劳动者工作又不能安排补休的，支付不低于工资的百分之二百的工资报酬；（三）法定休假日安排劳动者工作的，支付不低于工资的百分之三百的工资报酬。

最后是关于休假的规定。用人单位应当在元旦、春节、国际劳动节、国庆节，法律、法规规定的其他休假节日依法安排劳动者休假。劳动者连续工作一年以上的，享受带薪年休假。

企业在劳动用工方面要注意哪些风险？

劳动用工风险是指企业违反劳动法律、法规而用工的风险，主要包括两个方面：一方面，因违反劳动合同而面临的违约风险；另一方面，因不遵守《劳动法》而面临的劳动行政部门检查、监督的风险。用人单位违反劳动法律、法规的，劳动行政部门可以根据危害程度对其进行罚款或采取其他措施，甚至追究违法者的刑事责任。

与劳动者订立劳动合同所面临的风险

企业与劳动者之间订立劳动合同是企业的法定义务，它确立了企业与劳动者之间的权利和义务。在这个阶段，企业可能面临以下风险：企业是否和劳动者之间签订了书面劳动合同、签订劳动合同的程序是否符合法定程序、劳动合同的主要条款是否符合法律对劳动合同条款的基本要求。

例如，用人单位自用工之日起即与劳动者建立劳动关系，应当订立书面劳动合同，最迟不能超过一个月。

招聘时的就业歧视风险

我国法律明确规定保障劳动者平等就业权利，禁止就业歧视。用人单位在招聘环节需要做好审查工作，避免出现歧视性信息，侵犯劳动者平等就业权。

例如，企业单凭喜好，在发布的招聘信息中错误规定一些歧视性条件，在没有考虑岗位实际情况及工作要求下用“只招用男性”“已婚已育”“××籍贯”等条件进行限制，这不仅侵害了劳动者的公平就业权，还涉嫌侵犯劳动者的人格权，需要承担侵权赔偿责任。

对劳动者工作时间、休息休假的执行风险

企业制定劳动者工作时间、休息休假的标准必须符合法律规定。

首先，企业必须注意劳动者的标准上班时间；其次，对于一些实行缩短工时制、不定期工时制和计件工时制的特殊行业和特殊岗位，企业还应注意非标准工时制

的规定；最后，如果企业需要在劳动者的法定休息、休假日安排工作，应征得劳动者的同意，对休息日可以给予补休或支付工资报酬补偿，法定休假日需给予工资报酬补偿。

支付劳动者工资所面临的风险

《劳动法》规定的工资制度是指工资基准和工资协商。工资基准主要包括最低工资基准、工资保障基准和其他工资基准。

首先，企业应注意工资的构成，工资不仅包括基本工资，还包括绩效工资、奖金、津贴、补贴等。其次，不同形式的工资支付有不同的规定，企业还要特别注意支付工资的时间。

深圳有一个案例，一家公司与员工莫某签订劳动合同，约定工资发放日为每月20日。然而实际上，工资的到账时间经常晚于20日。员工以公司未按照规定及时足额支付劳动报酬为由，要求解除劳动关系，并要求公司支付经济赔偿金。双方因此对簿公堂。案件经过仲裁、一审、二审，一直到广东省最高人民法院审理，最终法院判决公司败诉。根据《深圳市员工工资支付条例》的规定，月薪制的劳动合同，约定的工资支付日不得超过下个月的第七天；用人单位因故不能在约定的工资支付日支付工资的，可以延长5天，但最长不得超过15天。也就是说，如果以一个自然月为工资支付周期，那么在下个月7日前，用人单位必须发工资。在劳动合同中约定每月20日发工资，用人单位已经违反了《深圳市员工工资支付条例》的相关规定，而该公司甚至没有按照合同约定的20日发放工资，属于拖欠工资的违法行为。

缴纳各项社会保险费所面临的风险

根据我国法律规定，企业必须为职工缴纳养老、医疗、工伤、失业和生育5种保险项目。企业在缴纳相关费用时可能面临以下风险：是否为符合条件的实体投保；是否足额缴纳了保险费；是否按时履行了缴纳义务。

合规启示

01. 创建以合规为核心的企业文化

企业决策层在日常经营运作过程中需要树立合规意识和思维，形成合规运营模式。

02. 构建完善的人力资源合规制度

企业应摸清在人力资源管理方面可能存在的风险因素，并根据不同的风险因素，提出有效的应对措施。企业可以根据自身规模设立合规部门或合规岗位，专人专职负责落实人力资源合规制度。

对于建立劳动关系后用工的，企业应当及时与职工签订劳动用工类合同，并严格落实工资报酬、劳动安全、休息及社保等劳动保护措施；对于非劳动关系用工的，应当与从业人员签订书面协议，明确企业、从业人员以及关联单位的权利和义务，同时做好用工资料留存，避免用工争议。

03. 及时关注掌握相关法律及政策法规

具体实施部门要严控企业内部运作流程与技术合规，及时关注与每个部门息息相关的规范性文件的落地和实施，及时更新企业的人力资源制度。

04. 寻求专业的人力资源法律服务

对于法律、法规政策的动态更新，专业人员一般都会作出更新提示与解读，并在企业遭遇风险时，给出相应的专业建议，为企业合规经营和管理保驾护航。

结语

企业的发展源于每个员工的劳动和创造，因此，人力资源管理是企业合规的重要方面。忽视合规要求，企业可能面临罚款、赔偿、声誉受损以及员工流失率激增等问题。劳动用工领域所涉及的法律、部门规章、政策性文件多不胜数，多为对用人单位义务的规定，属于合规管理的重点领域。在法律、法规的框架下，企业对人力资本的经营进行优化管理，使它更加满足国家、企业和个人的利益诉求，这正是劳动用工合规管理的根本之义。

相关法律、法规

《劳动法》第二十五条、第三十六条至第四十五条、第七十二条

《中华人民共和国劳动合同法》第十条

《深圳市员工工资支付条例》第十一条

专家团队

李文华
深圳市光明区中科合规法律研究院高级顾问

杜舒寒
广东中熙律师事务所副主任

五、财务管理合规

人无信而不立，企业更是如此。任何时候，依法诚信经营都是企业安身立命之本。特别是在财务管理方面，企业若是被揭露造假，就会陷入“狼来了”的窘境。一个企业要做大、做强，首先要确保做实，而做实的含义就是财务数据准确、资产质量真实可靠。企业需要通过一系列的保障机制，对与财务报告相关的各项经济活动进行监督与控制，杜绝违反财务制度的行为，确保企业的财务安全和稳健发展。

案说

案例一：康得新、康美药业、獐子岛财务造假案[1]

康得新财务造假案是一起上市公司连续多年财务造假的典型案件。2015—2018年，康得新复合材料集团股份有限公司通过编造虚假合同、单据虚增收入和成本费用，累计虚增利润115亿元。本案表明，财务舞弊严重破坏市场诚信基础和信息披露制度的严肃性，严重影响投资者的信心，监管部门坚决依法从严查处上市公司财务造假等恶性违法行为。

康美药业股份有限公司在2016—2018年也存在财务造假行为。该公司实际控制人、董事长等通过虚开和篡改增值税发票、伪造银行单据，累计虚增货币资金887亿元，虚增收入275亿元，虚增利润39亿元。本案表明，上市公司财务信息披露的真实、准确和完整是市场健康发展的基础，大股东、实际控制人和董事、监事、

1　案例来自《证监会披露20大典型违法案例，财务造假占6席》，https://baijiahao.baidu.com/s?id=1690230812705807250&wfr=spider&for=pc。

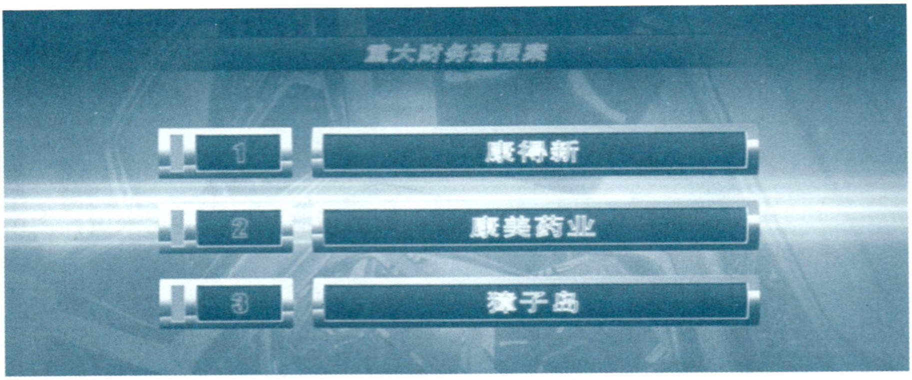

高级管理人员要讲真话、做真账，维护信息披露制度的严肃性。

獐子岛财务造假案是一起上市公司“寅吃卯粮”、调节利润的恶性舞弊案件。獐子岛集团股份有限公司（以下简称獐子岛）通过少报当年扇贝采捕海域、少计成本，虚增 2016 年利润；随后将上一年度已经采捕但未结转成本的虚假库存一次性核销，虚减 2017 年利润。獐子岛连续两年财务报告严重失实。本案表明，上市公司财务造假的背后是法人治理缺位、内控管理混乱，必须压实大股东、实际控制人和董事、监事、高级管理人员等关键少数人的法定责任。

观点探讨

上述案例都是中国证监会办理的财务造假案件。通常来说，上市公司财务造假的动机是什么？

利益驱使是财务造假的根本动因。在利润为王的资本市场，上市公司都希望通过“漂亮的”财报数据获得投资人的青睐，提高在证券市场上的地位，谋求更多的经济利益。一些上市公司为了市值管理及再融资，铤而走险，以虚增收入和利润等方式粉饰财务报表，以实现这一目的。

财务造假指的是企业违反国家法律、法规、制度的规定，采用各种欺诈手段在会计账务中伪造或变造会计事项，掩盖企业真实的财务状况、经营成果与现金流量情况的行为。

常见的财务造假方法包括：

1. 虚增销售收入，虚构财务报表上的收入总额数据；

2. 成本确认不合理，通过减少或者虚增成本的方式，减少或虚增利润，以达到偷税或者粉饰财务报表的目的；

3. 虚构递延费用，通过混淆利息资本化与费用化的界限，将期间费用以及应当与本期收入配比的营业成本等项目故意列作长期资产，以此虚增企业利润；

4. 利用关联方交易虚增利润，使关联交易非关联化，以此欺骗审计人员；

5. 隐瞒重大担保、重要或有事项等严重影响企业持续经营的活动，使审计人员对重大信息的分析产生误解。

企业财务造假，需要承担怎样的法律后果？

2019 年 12 月修订后实施的《中华人民共和国证券法》（以下简称《证券法》）规定了上市公司承担严格的信息披露义务。根据第七十八条第一款的规定，发行

人及法律、行政法规和国务院证券监督管理机构规定的其他信息披露义务人，应当及时依法履行信息披露义务。

按照我国对上市公司的信息披露制度的相关规定，上市公司必须定期发布其财务报告。我国对上市公司的监管非常严格，相关部门一旦发现上市公司财务造假，即会对上市公司进行处罚。

财务造假不仅违背了数据真实的要求，产生财务合规风险，上市公司和个人还会承担信誉丧失、民事赔偿、行政处罚和刑事处罚等合规责任。

根据《中华人民共和国会计法》(以下简称《会计法》)第四十三条的规定，伪造、变造会计凭证、会计帐簿，编制虚假财务会计报告，构成犯罪的，依法追究刑事责任。有前款行为，尚不构成犯罪的，由县级以上人民政府财政部门予以通报，可以对单位并处五千元以上十万元以下的罚款；

根据《会计法》第四十五条的规定，授意、指使、强令会计机构、会计人员及其他人员伪造、变造会计凭证、会计账簿，编制虚假财务会计报告或者隐匿、故意销毁依法应当保存的会计凭证、会计账簿、财务会计报告，构成犯罪的，依法追究刑事责任；尚不构成犯罪的，可以处五千元以上五万元以下的罚款。

案说

案例二：安然公司事件[1]

1985 年，美国得克萨斯州的休斯敦天然气公司与内布拉斯加州的北方内陆天然气公司合并，成立安然公司。1989 年，安然公司开始开展天然气商品交易。从 1990 年到 2000 年的 10 年间，安然公司的年销售收入从 59 亿美元上升到鼎盛时期的超千亿美元，雇用员工 2 万多人。

2001 年 7 月 12 日，安然公司公布的第二季度财务状况受到了投资者的质疑；8 月中旬，公司首席执行官杰弗里·斯基林突然辞职；10 月 16 日，安然公司公布第三季度财务状况，称营运利润每股 43 美分，但扣除 10 亿美元的一次性重组费后，每股亏损 1.11 美元，公司亏损 6.18 亿美元。在接下来的时间里，美国众多的投资人和新闻媒体不断披露安然公司、关联企业及其内部交易等问题。

2001 年 10 月 22 日，美国证券交易委员会（以下简称美国证交会）对安然公司展开调查。2001 年 11 月 6 日，安然公司股价首次跌破 10 美元；11 月 8 日，在政府监管部门、媒体和市场的强大压力下，安然公司向美国证监会递交文件，承认做了假账：从 1997 年到 2001 年，安然公司共虚报利润 5.86 亿美元，并且未将巨额债务入账。11 月 26 日，安然公司股价收市于 4.01 美元；11 月 28 日，股价跌破 1 美元；11 月 30 日，股票又跌至每股 0.26 美元，市值仅为 2.68 亿美元。

2001 年 12 月 2 日，根据《美国破产法》第 11 章，安然公司正式向法庭申请破产保护，列出的资产为 498 亿美元，负债为 312 亿美元，这是当时美国有史以来最大宗的破产申请案。2002 年 1 月 15 日，纽约证券交易所正式宣布，根据有关规定，由于安然公司股票交易价格在过去 30 个交易日中持续低于 1 美元，将安然公司股票从道·琼斯工业平均指数成分股中除名，并停止安然公司股票的相关交易。

1 案例来自《曾经的辉煌都已荡然无存——美国安然公司的做假及其毁灭性后果》，https://baijiahao.baidu.com/s?id=1663366510821439222&wfr=spider&for=pc。

至此，安然公司这个曾经辉煌一时的能源巨人完全崩塌。

安然公司破产案中，共有 13 名高管被起诉，7 人被判刑。安然公司破产的连带效应之一是，当时的世界五大会计师事务所之一安达信，长期负责安然公司的外部审计、内部审计和咨询业务，在安然公司破产后受到社会的广泛质疑。2002 年 3 月 14 日，美国司法部对安达信提出妨碍司法的犯罪指控，原因是安达信公司故意销毁大量有关安然公司的文件；6 月 15 日，陪审团一致认定安达信阻碍司法调查的罪名成立；10 月 16 日，休斯敦联邦地区法院对安达信妨碍司法调查作出判决，罚款 50 万美元，并禁止它在 5 年内从事相关业务，成为美国历史上第一家被判有罪的大型会计师事务所。至此，有着 90 年历史的安达信解体并倒闭。

2002 年 7 月 25 日，美国国会参众两院通过了《2002 年公众公司会计改革和投资者保护法案》（即《萨班斯 - 奥克斯利法案》），该法案被视为美国商业界影响最为深远的改革法案，对公司治理、会计职业监管、证券市场监管等方面作出了许多全新的规定，是现行美国上市公司最重要的合规性指导文件。

观点探讨

美国安然公司破产事件，直接导致美国出台《萨班斯 - 奥克斯利法案》。这一法案对打击财务造假，加强对公司行为的监管，起到了哪些实质性的作用？

安然公司事件彻底暴露了美国上市公司在财务管理方面存在的严重问题。因此，《萨班斯 - 奥克斯利法案》对其财务监管增加了许多专门规定：

一是建立一个独立的公司会计监督委员会，对上市公司的审计进行监管；

二是通过负责合伙人轮换制度以及咨询与审计不兼容等方式提高审计的独立性；

三是限定公司高管的行为，改善其治理结构，以便增强公司的报告责任；

四是严刑峻法，比如犯证券欺诈罪的，个人最高刑期可达 25 年，个人罚金最高可达 500 万美元，而公司罚金则可高达 2500 万美元。

同时，这项法案的实施代表了美国治理上市公司基本理念的转变，也就是从简单的信息披露走向实质性的监管。其中，最主要的监管方式就是督促公司建立内部控制体系，要求公司管理层承担其建立、运行、评估、披露内部控制体系的责任。

管理层的责任主要包括：记录与所有财务报表会计科目和披露事项认定有关的内控设计；测试相关的内控体系，并涵盖内部控制的全部要素；执行适当程序以获得充分的证据并保留相关记录，以便支持对内控体系有效性的评估；内部控制体系评估应由公司管理层负责实施，可取得内部审计师、公司其他人员和第三方的协助，但不可直接委派给外部审计师或其他任何第三方；遇有一个或多个严重不合格的情况，管理层就不应认定内控体系的有效性；管理层报告应披露所有严重不合格的情况。

安然公司破产后，为他们提供服务的安达信会计师事务所也受到了调查，并被判决阻碍司法调查的罪名成立。这给会计师事务所的经营带来了什么样的警示？

会计师事务所应当加强合规经营，规避财务造假风险：

一是建立一个独立的公司会计监督委员会，对上市公司的审计进行监管；

二是通过负责合伙人轮换制度以及咨询与审计不兼容等方式，提高审计的独立性；

三是限定公司高管的行为，以便增强公司的报告责任；

四是加强财务报告的披露；

五是通过增加拨款和雇员来提高美国证交会的执法能力。

与此同时，该法案针对公司高管和白领犯罪划定了更为严厉的刑事责任。为了提高财务报告的可靠性，该法案还要求建立一个独立机构来监管上市公司的审计工作，审计师定期轮换，全面修订会计准则，确定审计委员会成员的构成标准，提出管理层即时评估内部控制和及时财务报告的要求，等等。

实际上，不仅是国外，国内法院对上市公司财务造假的案件也有类似判决。判决书显示，因上市公司财务造假，遭受损失的股民，可以要求投行、会计师事务所承担连带责任，全额赔偿。

根据《证券法》第一百六十三条的规定，证券服务机构制作、出具的文件有虚假记载、误导性陈述或者重大遗漏，给他人造成损失的，应当与委托人承担连带赔偿责任。

这就要求会计师事务所一是要勤勉尽责，保持独立性，严格核查验证审计报告所依据的文件资料内容的真实性、准确性、完整性；二是要建立完整的合规风险防控体系，有效评估预警，应对审计业务风险，落实完善审计项目终身责任制；三是要摒弃侥幸心理，牢记诚信根本，坚持不懈地开展信用制度建设。

合规启示

财务的合规管理有利于规范企业运行，做大、做强，同时为企业树立良好的外部形象，避免处罚的同时博得更多优质投资者的青睐。

因此，财务合规是企业合规管理的重点领域。企业应当积极回应国家合规建设要求，尽早制订有效财务合规计划，管理层要做出严肃的财务合规承诺，并言行一致、身体力行；要确保财务合规人员和机构的独立性，强化其权威性；要建立健全报告、考评、举报和激励等财务合规管理制度，确保落地见效；还要塑造财务合规文化，校正违规动机，以财务合规带动企业合规建设。

企业制订财务合规计划应包括以下内容：

1. 培育合规文化，树立财务人员合规经营理念；

2. 全面梳理制度，构建财务合规机制和风险防控机制；

3. 注重队伍建设，强化财务制度执行力；

4. 落实违规问责，提高财务监督检查风险防控效果。

结语

“行于诚，立于信”，这不仅是做人的信条，也是做企业的准则。而真实、完整地反映自身的财务会计情况，更是所有企业的法定义务。在财务管理上，不仅经营者要树立合规意识，监管者也需加大力度，打击违法、违规行为。只有这样，企业才能真正维护好市场秩序，保护投资者的合法权益。

相关法律、法规

《证券法》第七十八条、第一百六十三条、第一百九十七条

《刑法》第一百六十条、第一百六十一条

专家团队

谢琳
深圳市光明区
中科合规法律研究院
高级顾问

贾焕银
山东大学法学院
教授、审计署特约
审计员

六、税务管理合规

现在不论企业的规模是大还是小，经营过程中一旦涉及税务问题，就一定要慎之又慎。因为国家税收具有强制性，所以不管企业是盈利还是亏损，都有缴纳税款的义务。然而如今的税收政策复杂，项目繁多，企业若是不注意，或者想在其中钻空子，都有可能引发风险。对于企业来说，想要避免税务管理风险，基本要求就是合规，在不违背税法的前提下，正确计算出税款并按时缴纳，不出现少缴、迟缴的情况，也避免因多缴纳税款而背上不必要的负担。

案说

案例：郑爽偷逃税案[1]

2021 年 8 月 27 日，国家税务总局发布通告，表示将依法严肃查处郑爽偷逃税案件。

时间回到 2021 年 4 月初，上海市税务局第一稽查局依法受理了关于郑爽涉嫌偷逃税问题的举报。国家税务总局高度重视，指导天津、浙江、江苏、北京等地税务机关密切配合上海市税务局第一稽查局，针对郑爽利用阴阳合同涉嫌偷逃税的问题，以及 2018 年规范影视行业税收秩序以后，郑爽参加的演艺项目和相关企业及人员的涉税问题，以事实为依据，以法律为准绳，依法依规开展全面深入的调查。

1 案例来自《国家税务总局：依法严肃查处郑爽偷逃税案件》，http://www.chinatax.gov.cn/chinatax/n810219/n810724/c5168457/content.html。

经调查，2019 年，郑爽主演电视剧《倩女幽魂》，与制片人约定片酬为 1.6 亿元，实际收取 1.56 亿元，分为两个部分收取。其中，第一部分 4800 万元，将个人片酬收入改变为企业收入进行虚假申报、偷逃税款；第二部分 1.08 亿元，制片人与郑爽实际控股的公司签订虚假合同，以增资的形式支付，规避行业监管，获取天价片酬，隐瞒收入进行虚假申报，偷逃税款。在《倩女幽魂》项目中，根据郑爽的违法事实，上海市税务局第一稽查局认定郑爽偷税 4302.7 万元，其他少缴税款 1617.78 万元。

上海市税务局第一稽查局同时查明，2018 年规范影视行业税收秩序后，郑爽另有其他演艺收入 3507 万元，同样存在以企业收入名义改变个人收入性质、进行虚假申报的问题。根据违法事实，上海市税务局第一稽查局认定郑爽偷税 224.26 万元，其他少缴税款 1034.29 万元。

经合计，郑爽 2019 年至 2020 年未依法申报个人收入 1.91 亿元，偷税 4526.96 万元，其他少缴税款 2652.07 万元。上海市税务局第一稽查局依法对郑爽追缴税款、加收滞纳金并处罚款共计 2.99 亿元。其中，依法追缴税款 7179.03 万元，加收滞纳金 888.98 万元；对改变收入性质偷税部分处以 4 倍罚款，计 3069.57 万元；对收取所谓“增资款”完全隐瞒收入偷税部分处以 5 倍顶格罚款，计 1.88 亿元。

观点探讨

郑爽的行为违反了哪些法律规定？处罚依据是什么？

2018年以来，中共中央宣传部、文化和旅游部、国家税务总局、国家广播电视总局、国家电影局等部门三令五申，严禁影视行业出现天价片酬、阴阳合同。郑爽的行为不仅违反了上述要求，偷逃税主观故意明显，严重扰乱了税收征管秩序，同时也违反了税收相关的法律、法规，税务部门依法予以从严处理。

《中华人民共和国税收征收管理法》（以下简称《税收征收管理法》）第六十三条第一款规定：对纳税人偷税的，由税务机关追缴其不缴或者少缴的税款、滞纳金，并处不缴或者少缴的税款百分之五十以上五倍以下的罚款。因此，郑爽不仅被依法追缴税款和滞纳金，而且针对改变收入性质偷税部分，被处以4倍罚款；针对收取所谓增资款完全隐瞒收入的偷税部分，被处以5倍的顶格罚款。

根据《刑法》第二百零一条的规定，纳税人有逃避缴纳税款行为的，经税务机关依法下达追缴通知后，补缴应纳税款，缴纳滞纳金，已受行政处罚的，不予追究刑事责任；但是，五年内因逃避缴纳税款受过刑事处罚或者被税务机关给予二次以上行政处罚的除外。由于本案中，郑爽属于首次被税务机关按偷税予以行政处罚，且此前未因逃避缴纳税款受过刑事处罚，相应的税款及滞纳金已在规定期限内全部缴清，因此可以依法不予追究刑事责任。

企业常见的税务风险有哪些？

偷税

根据《税收征收管理法》的第六十三条的规定，偷税是指纳税人伪造、变造、隐匿、擅自销毁账簿、记账凭证，或者在账簿上多列支出或者不列、少列收入，或者经税务机关通知申报而拒不申报或者进行虚假的纳税申报，不缴或者少缴应纳税款的行为。

只要具备三种行为（纳税人伪造、变造、隐匿、擅自销毁账簿、记账凭证，或者在账簿上多列支出或者不列、少列收入，或者经税务机关通知申报而拒不申报或者进行虚假的纳税申报）、一个结果（不缴或者少缴应纳税款），还有一个主观故意，就会构成偷税，面临补缴税款、滞纳金和百分之五十到五倍罚款的行政责任。

逃税

根据《刑法》第二百零一条的规定，纳税人采取欺骗、隐瞒手段进行虚假纳税申报或者不申报，逃避缴纳税款数额较大并且占应纳税额百分之十以上的，处三年以下有期徒刑或者拘役，并处罚金；数额巨大并且占纳税额百分之三十以上的，处三年以上七年以下有期徒刑，并处罚金。扣缴义务人采取前款所列手段，不缴或者少缴已扣、已收税款，数额较大的，依照前款的规定处罚。

漏税

《税收征收管理法》第三十二条规定：纳税人未按照规定期限缴纳税款的，扣缴义务人未按照规定期限解缴税款的，税务机关除责令限期缴纳外，从滞纳税款之日起，按日加收滞纳税款万分之五的滞纳金。

第五十二条规定：因税务机关的责任，致使纳税人、扣缴义务人未缴或者少缴税款的，税务机关在三年内可以要求纳税人、扣缴义务人补缴税款，但是不得加收滞纳金。

因纳税人、扣缴义务人计算错误等失误，未缴或者少缴税款的，税务机关在三年内可以追征税款、滞纳金；有特殊情况的，追征期可以延长到五年。

第六十四条第二款规定：纳税人不进行纳税申报，不缴或者少缴应纳税款的，由税务机关追缴其不缴或者少缴的税款、滞纳金，并处不缴或者少缴的税款百分之五十以上五倍以下的罚款。

欠税

《税收征收管理法》第四十四条规定：欠缴税款的纳税人或者他的法定代表人需要出境的，应当在出境前向税务机关结清应纳税款、滞纳金或者提供担保。未结清税款、滞纳金，又不提供担保的，税务机关可以通知出境管理机关阻止其出境。

第四十五条规定：税务机关征收税款，税收优先于无担保债权，法律另有规定的除外；纳税人欠缴的税款发生在纳税人以其财产设定抵押、质押或者纳税人的财产被留置之前的，税收应当先于抵押权、质权、留置权执行。纳税人欠缴税款，同时又被行政机关决定处以罚款、没收违法所得的，税收优先于罚款、没收违法所得。

第五十条规定：欠缴税款的纳税人因怠于行使到期债权，或者放弃到期债权，或者无偿转让财产，或者以明显不合理的低价转让财产而受让人知道该情形，对国家税收造成损害的，税务机关可以依照规定行使代位权、撤销权。

根据《刑法》第二百零三条的规定，纳税人欠缴应纳税款，采取转移或者隐匿财产的手段，致使税务机关无法追缴欠缴的税款，数额在一万元以上不满十万元的，处三年以下有期徒刑或者拘役，并处或者单处欠缴税款一倍以上五倍以下罚金；数额在十万元以上的，处三年以上七年以下有期徒刑，并处欠缴税款一倍以上五倍以下罚金。

骗税

骗税主要是骗取出口退税。根据情节严重程度，针对骗取出口退税的行政责任和骗取出口退税罪的刑事责任的主要法律规定如下：

《税收征收管理法》第六十六条规定：以假报出口或者其他欺骗手段，骗取国家出口退税款的，由税务机关追缴其骗取的退税款，并处骗取税款一倍以上五倍以下的罚款；构成犯罪的，依法追究刑事责任。对骗取国家出口退税款的，税务机关可以在规定期间内停止为其办理出口退税。

《刑法》第二百零四条规定：以假报出口或者其他欺骗手段，骗取国家出口退税款，数额较大的，处五年以下有期徒刑或者拘役，并处骗取税款一倍以上五倍以下罚金；数额巨大或者有其他严重情节的，处五年以上十年以下有期徒刑，并处骗取税款一倍以上五倍以下罚金；数额特别巨大或者有其他特别严重情节的，处十年以上有期徒刑或者无期徒刑，并处骗取税款一倍以上五倍以下罚金或者没收财产。

抗税

抗税将面临行政责任和刑事责任，主要法律规定如下：

《税收征收管理法》第六十七条规定：以暴力、威胁方法拒不缴纳税款的，是抗税，除由税务机关追缴其拒缴的税款、滞纳金外，依法追究刑事责任。情节轻微，未构成犯罪的，由税务机关追缴其拒缴的税款、滞纳金，并处拒缴税款一倍以上五倍以下的罚款。

《刑法》第二百零二条规定：以暴力、威胁方法拒不缴纳税款的，处三年以下有期徒刑或者拘役，并处拒缴税款一倍以上五倍以下罚金；情节严重的，处三年以上七年以下有期徒刑，并处拒缴税款一倍以上五倍以下罚金。

虚开增值税发票

虚开增值税发票，整体上分为虚开增值税专用发票和虚开增值税普通发票。虚开增值税发票面临行政责任和刑事责任。行政责任方面，根据《中华人民共和国发票管理办法》的规定，可处50万元以下的罚款。虚开增值税专用发票情节严重的，构成虚开增值税专用发票罪，承担刑事责任，最高可面临无期徒刑；虚开增值税普通发票，情节严重，构成虚开发票罪，最高面临七年有期徒刑。

法律上对“虚开增值税发票罪”是如何认定的？

虚开增值税发票罪，在客观方面表现为为他人虚开、为自己虚开、让他人为自己虚开、介绍他人虚开增值税专用发票或者用于骗取出口退税、抵扣税款的其他发票的行为。

虚开增值税专用发票，是指开票人为了取得非法所得或者牟取其他私利，在本人没有货物销售或没有提供应税劳务的情况下而开具专用发票，或者即使有货物销售或者提供了应税劳务但开具内容不实的专用发票直接给受票方，用以骗取抵扣税款或出口退税的行为。具有下列行为之一的，属于虚开增值税专用发票：

1. 没有货物购销或者没有提供或接受应税劳务而为他人、为自己、让他人为自己、介绍他人开具增值税专用发票；

2. 有货物购销或者提供或接受了应税劳务但为他人、为自己、让他人为自己、介绍他人开具数量或者金额不实的增值税专用发票；

3. 进行了实际经营活动，但让他人为自己代开增值税专用发票。

虚开增值税专用发票或者虚开用于骗取出口退税、抵扣税款的其他发票，虚开的税款数额在一万元以上或者致使国家税款被骗数额在五千元以上的，应予立案追诉。

虚开增值税发票罪在主观上表现为故意，包括直接故意和间接故意。行为人因过失而误开、错开增值税专用发票的，不构成犯罪。

合规启示

税务合规是指企业按照国家有关税收法律、法规和政策要求，遵守税收法律、法规，履行纳税义务，防止因税务问题而引发的商业信誉风险、法律风险等问题，具体包括以下几个方面：

01. 及时、准确纳税

企业应建立完善的税务合规管理制度，明确各项税务合规管理工作的流程和要求，规范企业的税务合规行为。纳税申报企业应按照相关法律、法规和政策规定，及时、准确地进行纳税申报，避免漏报、错报和迟报等情况的发生。

02. 加强税务风险管理

企业应建立健全的税务风险管理制度，规范税务风险评估和管控，防范税务风险的发生。同时，企业还应加强对税务风险的跟踪和评估，及时调整税务合规管理策略。

03. 建立内部控制制度

为确保各项税务合规管理工作的顺利实施，企业应开展内部审计工作，对税务合规管理制度和程序的有效性和合理性进行审查和评估，及时发现问题和风险，并提出改进措施。

04. 完善预警机制

企业应完善税务风险预警机制，及时发现和识别潜在的税务风险，采取相应的措施加以应对，一旦发生潜在诉讼风险，要积极配合税务机关的监管。

05. 开展税务合规培训

企业应提高公司管理层和员工的税务合规意识，加强他们对税务合规管理制度和程序的理解和掌握。同时，企业还应加强对员工的考核和评价，激励员工积极参与到税务合规管理工作当中。

结语

随着数字经济、人工智能和大数据的发展，国家对税务的监管正不断升级。现如今，税务部门已经可以通过金税工程等相关技术手段，精准打击虚开发票等涉税违法、违规行为。过去常听说的逃税手段，现已成为企业经营的“定时炸弹”，若等到问题曝光，企业不仅面临补税、罚款等行政处罚，相关责任人还可能涉嫌刑事犯罪。别为了一时之利，拿自己的未来、企业的前途作赌注。规范税务，合规经营，就从现在做起。

相关法律、法规

《刑法》第二百零一条、第二百零二条、第二百零三条、第二百零四条、第二百零五条

《税收征收管理法》第三十二条、第四十四条、第四十五条、第五十条、第五十二条、第六十三条、第六十四条、第六十六条、第六十七条

《中华人民共和国发票管理办法》第二十二条、第三十七条

《中华人民共和国个人所得税法》第二条、第十条、第十一条

《中华人民共和国增值税暂行条例》第一条、第十九条

专家团队

蒋路生
深圳市光明区
中科合规法律研究院
理事

刘润兴
深圳市鹏城
法律合规研究院
副院长

七、广告宣传合规

广告宣传是联结企业和消费者之间的重要纽带，不仅与企业的发展息息相关，同时也是企业打造品牌、占领市场、商业竞争的重要阵地。对于广大消费者而言，广告是他们了解企业以及企业产品、服务的重要信息途径。

优质的广告能给企业带来巨大的利益和增值，相反，广告宣传的不合规往往会使企业遭受来自行政主管部门的处罚，甚至可能被追究民事侵权责任、刑事责任，还可能导致企业的相关资格、资质被削减或取消，企业的商业信誉被损坏，企业的市场份额萎缩等更为严重的问题。因此，广告宣传的合规审查，不仅是对企业品牌形象及价值的保护，也是助力企业实现可持续增长的重要保障。

案说

案例：景甜违法广告代言案件[1]

2022年5月28日，广州市市场监督管理局发布公告：2021年底，国家市场监督管理总局广告监测发现演员景甜为广州无限畅健康科技有限公司相关商品的广告代言涉嫌违反《中华人民共和国广告法》（以下简称《广告法》）有关规定，按工作流程将有关线索派发广东省广州市市场监管部门依法核查处理。

广州市市场监督管理局随即组织力量对相关线索进行核查，并由广州市天河区市场监督管理局立案调查。经查明，广州无限畅健康科技有限公司选用景甜为其生产经营的果蔬类食品作广告代言，相关果蔬类食品为普通食品，该公司无有

1　案例来自广州市市场监督管理局发布的《广州市市场监管部门对演员景甜违法广告代言行为作出行政处罚》，http://scjgj.gz.gov.cn/zwdt/gzdt/content/post_8309527.html。

效证据证实其具有阻止油脂和糖分吸收的功效。景甜在应知法律、法规规定普通食品依法不得进行治疗、保健等功效宣传，且未经有效途径对代言商品有关功效进行核实的情况下，仍以自身名义和形象在广告中宣称代言商品具有阻止油脂和糖分吸收的功效，其行为已违反《广告法》有关规定。景甜上述广告代言违法所得共计 257.9 万元。广州市天河区市场监督管理局依据《广告法》第六十一条的规定，对景甜作出没收违法所得，罚款 464.22 万元（罚没金额合计 722.12 万元）的行政处罚决定。

对于广州无限畅健康科技有限公司相关违法行为，广州市市场监管部门已按照有关法律规定处理。

对此，国家市场监督管理总局发布公告[1]，表示坚决支持依法查处景甜违法广告代言案件。广告法律、法规对广告代言活动有明确规范，明星作为公众人物，应当严格依法开展广告代言活动，切实履行文艺工作者社会责任，努力创作品质优良、内容真实合法的广告代言作品。

1　国家市场监督管理总局《市场监管总局坚决支持依法查处景甜违法广告代言案件》，https://www.samr.gov.cn/xw/zj/art/2023/art_41e173c0299645508d530eb25ab1cf26.html。

观点探讨

“广告”的相关法律概念

1. 广告：在中华人民共和国境内，商品经营者或者服务提供者通过一定媒介和形式直接或者间接地介绍自己所推销的商品或者服务的商业活动。

2. 广告主：为推销商品或者服务，自行或者委托他人设计、制作、发布广告的自然人、法人或者其他组织。

3. 广告经营者：接受委托提供广告设计、制作、代理服务的自然人、法人或者其他组织。

4. 广告发布者：为广告主或者广告主委托的广告经营者发布广告的自然人、法人或者其他组织。

5. 广告代言人：广告主以外的，在广告中以自己的名义或者形象对商品、服务作推荐、证明的自然人、法人或者其他组织。

案例中，广告主及广告代言人的不合规行为

案例中，广告主是广州无限畅健康科技有限公司，广告代言人是景甜。

景甜为广州无限畅健康科技有限公司相关商品的广告代言涉嫌违反广告法有关规定，即“普通食品不得进行治疗保健功效宣传”。

《广告法》第十七条规定：除医疗、药品、医疗器械广告外，禁止其他任何广告涉及疾病治疗功能，并不得使用医疗用语或者易使推销的商品与药品、医疗器械相混淆的用语。

由于广告主违反了上述规定，根据《广告法》第五十八条的规定，将由市场监督管理部门责令其停止发布广告，责令广告主在相应范围内消除影响，处广告费用一倍以上三倍以下的罚款，广告费用无法计算或者明显偏低的，处十万元以

上二十万元以下的罚款；情节严重的，处广告费用三倍以上五倍以下的罚款，广告费用无法计算或者明显偏低的，处二十万元以上一百万元以下的罚款，可以吊销营业执照，并由广告审查机关撤销广告审查批准文件、一年内不受理其广告审查申请。

而广告代言人在应知法律、法规规定普通食品依法不得进行治疗、保健等功效宣传，且未经有效途径对代言商品有关功效进行核实的情况下，仍以自身名义和形象在广告中宣称代言商品具有阻止油脂和糖分吸收的功效，其行为违反了《广告法》第三十八条的规定。而广告代言人违规代言，将会被追究行政责任。

根据《广告法》第六十一条第三项、第四项的规定，广告代言人若存在为其未使用过的商品或者未接受过的服务作推荐、证明的情形，明知或者应知广告虚假仍在广告中对商品、服务作推荐、证明的情形，由市场监督管理部门没收违法所得，并处违法所得一倍以上二倍以下的罚款。这意味着明星收取的广告代言费越高，今后可能面临的处罚金额越大。

此外，《广告法》第三十八条规定：对在虚假广告中作推荐、证明收到行政处罚未满三年的自然人、法人或者其他组织，不得利用其作为广告代言人。

广告宣传中的不合规操作有哪些？

虚假广告

广告不得含有虚假或者引人误解的内容，不得欺骗、误导消费者（《广告法》第二条、第四条）。

法律责任包括行政、民事、刑事三种。民事责任主要是侵权类责任；行政责任主要由《广告法》第五十五、五十六、六十一、六十九条等进行规定，后果包括停止发布广告、消除影响、罚款直至吊销相关资质证照等；刑事责任由《刑法》第二百二十二条规定的“虚假广告罪”进行判定。

绝对化用语

绝对化用语在广告宣传中十分常见，也是容易被行政处罚的情况之一。根据

《广告法》第九条第三项的规定可知，广告不得使用“国家级”“最高级”“最佳”等用语。绝对化用语在广告中的禁用情形可简要分类总结如下：

1.“最”：最佳、最高、最低、最受欢迎、最优、最先进等；

2.“第一”：世界第一、全国第一、销量第一等；

3.“级别”：国家级、国际级、世界级等；

4.“极限”：顶级、绝佳、完美、至尊、绝版等；

5.“独家”：独家、独创、不可复制等。

造成不良影响

《广告法》第九条还规定了其他广告禁用情形，可能涉及在国家、社会层面造成不良影响的广告禁用情形主要有以下几种：

1. 使用或者变相使用中华人民共和国的国旗、国歌、国徽，军旗、军歌、军徽；

2. 使用或者变相使用国家机关、国家机关工作人员的名义或者形象；

3. 损害国家的尊严或者利益，泄露国家秘密；

4. 妨碍社会安定，损害社会公共利益；

5. 妨碍社会公共秩序或者违背社会良好风尚；

6. 含有民族、种族、宗教、性别歧视的内容。

其中，违背社会良好风尚在近期的行政监管层面是热点问题，如某些医美、化妆品广告涉及制造外貌焦虑的问题。

违反禁用规定

1. 危害人身、财产安全，泄露个人隐私；

2. 含有淫秽、色情、赌博、迷信、恐怖、暴力的内容；

3. 妨碍环境、自然资源或者文化遗产保护；

4. 法律、行政法规规定禁止的其他情形。

根据《广告法》第五十七条的规定，若在广告中出现除虚假内容外的法定禁用情形，相应主体所要承担的行政责任具体为：

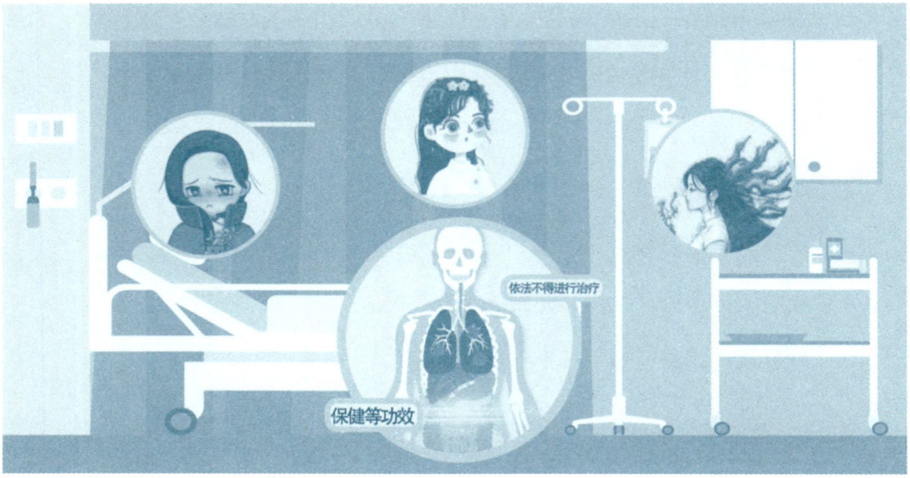

由市场监督管理部门责令停止发布广告，对广告主处二十万元以上一百万元以下的罚款，情节严重的，并可以吊销营业执照，由广告审查机关撤销广告审查批准文件、一年内不受理其广告审查申请；对广告经营者、广告发布者，由市场监督管理部门没收广告费用，处二十万元以上一百万元以下的罚款，情节严重的，并可以吊销营业执照。

合规启示

01. 警惕绝对化用语

绝对化用语禁止使用情境包括但不限于：商品列表页，商品的标题、副标题、主图以及详情页，商品包装，等等。需要注意的是，随着电商直播带货的兴起，主播在介绍、售卖产品时的口播内容也会被纳入该禁止范畴。

02. 警惕夸大用语

各行各业的广告宣传中，利用优秀的文案正确宣传与利用夸张语言夸大宣传往往只是一线之隔，企业很容易因此进入雷区。为了吸引顾客，有些企业会冒险一试，对其产品的功效作夸大性的、渲染性的宣传。这种夸大效用的措辞很有可能会触及法律的红线，成为《广告法》禁止的内容。

03. 遵循社会良好风尚

广告想要获得用户关注，不能靠对消费者的丑化实现广告创意，也不能靠“擦边球”博眼球。在品牌价值观的传递上，广告主更是要坚持符合消费者精神需求，以及正向、主流的价值观导向。只有这样，企业才能最大限度地规避品牌价值受损的风险，在激烈的市场竞争中保持活力、健康发展。

04. 建立合规管理流程

企业须对标上述常见违法事项，自查有关广告宣传行为，并尽早落实相应整改措施；构建内部审核流程，即企业商业宣传活动的信息制作及发布方案应当经过内部管理机构的审核，内部管理机构可以由企业宣传部门的负责人、律师、广告公司负责人等人员共同组成。经过三方审核后，广告才允许对外正式发布。

结语

广告与企业运营息息相关。虽说广告宣传很容易，但要防范违规风险可不简单：不仅广告的内容要合规，宣传角度要恰当，就连广告文案也要注意措辞。广告之父大卫·奥格威曾说：“每一则广告，都是为建立品牌个性所作的长期投资。”我们期待在广告中看到更多创意和奇思妙想，但这不意味着低俗猎奇、虚假夸大。企业若是为了营销，不断挑战公众底线，最终只能阴沟里翻船，自食其果。

相关法律、法规

《广告法》第二条、第四条、第九条、第十七条、第二十八条、第三十八条、第五十五条、第五十六条、第五十七条、第五十八条、第六十一条、第六十二条、第六十九条

《刑法》第二百二十二条

专家团队

黄聪英

深圳市光明区
中科合规法律研究院
理事

黄冉

深圳市华商
合规法律服务中心
秘书长

八、价格管理合规

截至 2022 年 12 月，我国网络购物用户规模达 8.45 亿，较 2021 年 12 月增长 319 万，占网民整体的 79.2%。快递服务业发展迅猛，业务量位居世界第一。电商“蛋糕”越做越大，但问题也不少。比如，部分商品出现虚构原价、先涨价后降价等促销套路，在满减红包、品牌直降等优惠名目下隐藏各种限制条件……这些行为让低价促销的购物节变成了消费者与某些商家斗智斗勇的一场“算术斗法”。购物节变成套路节，对消费者将逐渐失去吸引力，也会损害用户对电商平台的信任度。

由于影响市场价格变化的因素多、情况复杂，因此企业能否做好价格管理，会直接影响企业的经营效果。现如今，在激烈的市场竞争中，企业若是想在其中玩儿猫腻、做手脚，很可能遭到监管部门的调查和处罚。企业要想在严格的市场监管中脱颖而出，做到诚信经营，建立健全价格合规管理体系必不可少。

案说

案例：企业先抬价再打折行为构成价格欺诈[1]

2020 年 8 月，洪先生在京东商城看到晟米公司经营的“小米爆米花专卖店”的空调优惠非常吸引人——商品页面用醒目的红色字体标注着“闪降 2700 元”和“闪降 1860 元”，这两款空调页面原价分别为 6669 元和 4329 元，优惠下来每台分别只需支付 3969 元和 2469 元。看到优惠力度如此之大，洪先生随即下单购买了四台空调。

可过了没多久，洪先生就发现自己上当了。原来，他在浏览小米官网时发现

1　案例来自《以案说法：先抬价再打折属欺诈 晟米公司被判赔顾客 5000 元》，https://baijiahao.baidu.com/s?id=1747190310968396751&wfr=spider&for=pc。

了同款空调，售价分别只有 4999 元和 2699 元，比晟米公司所说的原价低了不少。跟官方价格相比，洪先生只享受到了 1030 元和 230 元的优惠，并不是卖家标在页面上的优惠额度。

洪先生在疑惑中拨打了小米官方热线，询问了这两款空调的真实价格。据了解，洪先生购买的这两款空调是 2020 年上市的，发布时的官方指导价格就是 4999 元和 2699 元，官方也从未提高过指导价格。

得知空调的真实指导价格后，洪先生认为晟米公司虚构了原价并编造了降价的不实信息，利用信息的不对称误导了自己，属于欺诈行为。在与商家协商赔偿无果后，洪先生向青岛市黄岛区人民法院提起了诉讼，要求晟米公司退货退款 11776 元，并支付三倍赔偿 35328 元。但晟米公司认为，空调是洪先生自愿购买的，公司也没有违反法律规定，洪先生无权要求退货退款。

黄岛区人民法院认为，洪先生既然可以在事后查询小米官网的价格，同样也可以在购买前查询到，做到货比三家，因此洪先生并非在陷入了认知陷阱后购买了空调。另外，晟米公司的实际销售价格低于小米官网的指导价，洪先生也没有因此受到损失，因此黄岛区人民法院驳回了洪先生的诉讼请求。

洪先生对于这一判决并不满意，认为一审法院根据实际购买价格判断商家是否违法属于适用法律错误。随后，洪先生向青岛市中级人民法院提起了上诉。

青岛市中级人民法院查明后认为，根据《中华人民共和国价格法》（以下简称《价格法》）和《禁止价格欺诈行为的规定》的规定，其他商家的价格应参考官方价格，不得虚标价格。而晟米公司这两款空调的标注价格均高于官方价格，然后再降价销售，这足以诱导消费选择更高的优惠与其进行交易，构成了价格欺诈。

根据《消费者权益保护法》的相关规定，晟米公司应当支付给洪先生惩罚性赔偿金。惩罚性赔偿金的目的不仅是弥补消费者实际损失，也是惩戒有欺诈经营行为的经营者。青岛市中级人民法院综合考虑各项因素，酌情判决晟米公司承担惩罚性赔偿金 5000 元。

最终，青岛中级人民法院判决洪先生返还空调，晟米公司返还空调款 11776 元并支付洪先生惩罚性赔偿金 5000 元。

观点探讨

案例中，企业在价格管理方面存在哪些不合规操作？

案例中的企业违反了《价格法》第十四条的规定，也就是“利用虚假的或者使人误解的价格手段，诱骗消费者或者其他经营者与其进行交易”。

根据《消费者权益保护法》第五十五条的规定，经营者提供商品或者服务有欺诈行为的，应当按照消费者的要求增加赔偿其受到的损失，增加赔偿的金额为消费者购买商品的价款或者接受服务的费用的三倍；增加赔偿的金额不足五百元的，为五百元。法律另有规定的，依照其规定。

经营者在价格标注时要注意哪些问题？

明码标价

明码标价是指经营者在销售、收购商品和提供服务过程中，依法公开标示价格等信息的行为。明码标价不能简单理解为仅标示价格，经营者还应当标示与价格密切相关的其他信息，包括商品的品名、价格和计价单位，提供服务应当标示服务项目、服务内容和价格或者计价方法，尽可能减少信息不对称，使消费者和其他经营者对价格所对应的商品或者服务价值有更为清晰的认识。之前频繁登上热搜的“雪糕刺客”，正是因为标价不明，备受消费者诟病。

经营者在销售商品或者提供服务时，不得在标价之外加价出售商品或者提供服务，不得收取任何未予标明的费用。一些商家在收费时反向抹零的行为，就违反了这一规定，将被监管部门处责令整改、没收违法所得、并处五千元以下罚款的行政处罚。

经营者通过网络等方式销售商品或者服务的，应当通过网络页面，以文字、图像等方式进行明码标价。

禁止价格欺诈

《明码标价和禁止价格欺诈规定》第十九条列举了七种典型价格欺诈行为：

一是谎称商品和服务价格为政府定价或者政府指导价。

二是以低价诱骗消费者或者其他经营者，以高价进行结算。

三是通过虚假折价、减价或者价格比较等方式销售商品或者提供服务。

四是销售商品或者提供服务时，使用欺骗性、误导性的语言、文字、数字、图片或者视频等标示价格及其他价格信息。

五是无正当理由拒绝履行或者不完全履行价格承诺。

六是不标示或者显著弱化标示对消费者或者其他经营者不利的价格条件，诱骗消费者或者其他经营者与其进行交易。例如，某饭店宣称某菜品打八折销售，但消费者结账时才被告知须“达到最低消费标准”方可享受八折优惠。

七是通过积分、礼券、兑换券、代金券等折抵价款时，拒不按约定折抵价款。

考虑到价格欺诈的手段多种多样，难以全面列举，《明码标价和禁止价格欺诈规定》第十九条第八项规定了“其他价格欺诈行为”作为兜底条款。

《明码标价和禁止价格欺诈规定》第二十一条规定了不属于价格欺诈的三类情形：一是经营者有证据足以证明没有主观故意；二是实际成交价格能够使消费者或者与其进行交易的其他经营者获得更大价格优惠；三是成交结算后，实际折价、减价幅度与标示幅度不完全一致，但符合舍零取整等交易习惯。

经营者违反《明码标价和禁止价格欺诈规定》，需承担怎样的法律责任？

经营者违反《明码标价和禁止价格欺诈规定》的，将依据《价格法》和《价格违法行为行政处罚规定》有关规定被判处罚。

经营者违反本规定，但能够主动消除或者减轻危害后果，及时退还消费者或者其他经营者多付价款的，依法从轻或者减轻处罚。

经营者违反本规定，但未实际损害消费者或者其他经营者合法权益，违法行为轻微并及时改正，没有造成危害后果的，依法不予处罚；初次违法且危害后果轻微并及时改正的，可以依法不予处罚。

合规启示

01. 确定定价策略和方向

企业可以根据自身战略规划及营销目标来确定产品定价策略：一方面通过市场同类产品的市场价格情况来确定产品的大致价位；另一方面根据竞争对手的产品价位并结合本企业的实际情况来制定最终售价范围。要特别注意，如果产品或者服务是有政府指导价的，企业应当严格遵守相关政策法规。

02. 建立完善的企业内部管理制度

企业应识别和排查日常经营和促销活动中可能存在的违法、违规行为，做到明码标价，禁止一切价格欺诈行为，包括规范折价、减价宣传和行为，不虚构原价、降价原因、优惠折扣，不谎称降价或提价诱骗他人购买。特别标示的价格（如最低价、出厂价、批发价、特价、极品价等），企业应有价格依据或价格比较依据，避免受到相关行政处罚，甚至面临民事赔偿。

企业还应建立和完善价格标示常态化管理机制，制定严格的审查流程，加强对管理人员和业务人员的合规培训，做好价格管理合规工作。

03. 注重售后保障

企业应建立完善的客户咨询渠道，方便顾客了解相关产品及服务的价格信息，并提供投诉反馈的售后渠道，及时解决价格方面的问题及纠纷。

结语

部分经营者唯利是图，缺失诚信经营思想，实施隐蔽宰客行为，或为自己的投机行为开脱，严重损害公平交易的原则。那些标价不清晰、计价不透明、事先不告知等违背公平诚实交易原则的不良现象，只可能得逞一时，注定是得不到法律支持以及消费者的认同的，终将被市场抛弃。

明码标价、禁止价格欺诈，这不单单是商家诚信经营的体现，更是商家承担的法律义务，目的是更好地维护消费者的知情权、选择权和公平交易权。商家不管做什么生意，都要谨记合规经营，方能行稳致远。

相关法律、法规

《价格法》第十三条、第十四条、第四十一条、第四十二条

《消费者权益保护法》第五十五条

《明码标价和禁止价格欺诈规定》第十九条

《价格违法行为行政处罚规定》第七条

CHAPTER

03

第三章

注重权利保护合规

一、著作权合规管理

著作权是知识产权的一个重要组成部分，对著作权的保护不仅能让原创作品更受尊重、更具价值，也更能激发创作者的信心和积极性。对于企业来说，做好著作权的合规管理，不仅是在维护自身的著作权利益，避免受到侵害，也是尊重和保护他人的著作权，在日常经营中，避免损害他人的著作权利益。否则，企业的声誉不仅会受到影响，企业还可能承担民事侵权责任，严重时相关责任人甚至会承担刑事责任。

案说

案例：人人影视字幕组侵犯著作权案[1]

2021年11月22日，上海市第三中级人民法院（以下简称上海三中院）公开审理了被告人梁永平涉嫌侵犯著作权罪一案，并当庭作出一审判决，以侵犯著作权罪判处被告人梁永平有期徒刑三年六个月，并处罚金人民币一百五十万元；违法所得予以追缴，扣押在案的供犯罪所用的本人财物等予以没收。

经审理查明，自2018年起，被告人梁永平先后成立武汉链世界科技有限公司、武汉快译星科技有限公司，指使王某航（另案处理）雇用万某某、徐某、熊某、姜某某、田某、温某、文某、王某如、胡某某、阳某某（上述人员均另案处理）等人作为技术、运营人员，开发"人人影视字幕组"网站及Android、IOS、Windows、MacOSX、TV等客户端，由谢某洪（另案处理）等人组织翻译人员，

1　案例来自中国法院网《"人人影视字幕组"侵权案一审宣判》，https://www.chinacourt.org/article/detail/2021/11/id/6383003.shtml。

从境外网站下载未经授权的影视作品，翻译、制作、上传至相关服务器，通过所经营的“人人影视字幕组”网站及相关客户端向用户提供在线观看和下载服务。

经审计及鉴定，“人人影视字幕组”网站及相关客户端内共有未授权影视作品 32824 部，会员数量共计约 683 万。

在此期间，被告人梁永平以接受捐赠的名义通过涉案网站及客户端收取会员费，指使谢某翔（另案处理）以广西三江县海链云科技有限公司等公司的名义，对外招揽广告并收取广告费用；指使丛某某（另案处理）对外销售拷贝未授权影视作品的移动硬盘。

经审计，自 2018 年 1 月至案发，通过上述各渠道，“人人影视字幕组”网站及相关客户端非法经营额总计人民币 1200 余万元。

上海三中院经审理认为，被告人梁永平以营利为目的，未经著作权人许可，复制发行他人作品，属于有其他特别严重情节，其行为已构成侵犯著作权罪，依法应予惩处。在共同犯罪中，被告人梁永平起主要作用，系主犯，应按照其所参与的或者组织、指挥的全部犯罪行为予以处罚。被告人梁永平到案后如实供述自己的罪行，系坦白，可以从轻处罚。被告人梁永平到案后自愿认罪认罚，并预缴了部分罚金，可以从宽处理。综合本案的犯罪事实、性质、情节和对社会的危害程度等，上海三中院决定对梁永平从轻处罚，遂作出上述判决。

观点探讨

根据《中华人民共和国著作权法》（以下简称《著作权法》）及《刑法》的有关规定，侵犯著作权可能面临哪些法律风险？

根据我国《著作权法》的规定，未经著作权人允许，翻译以及通过信息网络向公众传播他人作品，都属于侵犯他人著作权的行为，相关责任人需依法承担相应民事责任。

此外，由于案例中被告人梁永平是以营利为目的，未经著作权人许可，复制发行他人作品，非法经营额总计人民币1200余万元，属于有其他特别严重情节，其行为已构成《刑法》规定的侵犯著作权罪，依法应予惩处。

下述侵犯著作权的行为可能面临刑事风险：

（一）未经著作权人许可，复制发行、通过信息网络向公众传播其文字作品、音乐、美术、视听作品、计算机软件及法律、行政法规规定的其他作品的；

（二）出版他人享有专有出版权的图书的；

（三）未经录音录像制作者许可，复制发行、通过信息网络向公众传播他人制作的录音录像的；

（四）未经表演者许可，复制发行录有他人表演的录音录像制品，或者通过信息网络向公众传播其表演的；

（五）制作、出售假冒他人署名的美术作品的；

（六）未经著作权人或者与著作权有关的权利人许可，故意避开或者破坏权利人为其作品、录音录像制品等采取的保护著作权或者与著作权有关的权利的技术措施的。

企业在著作权合规管理方面的审核重点有哪些？

1. 是否适时登记著作权。根据我国《著作权法》的规定，虽然作者在作品创作完成之日起自动享有对该作品的著作权，不须经过任何批准或登记手续，但是经过登记之后，著作权的归属更明确，也更有利于企业切实地开展维权工作。因此在实际操作中，著作权人应严格按照相关规定，依据特定的程序、可登记的作品范围等，向国家知识产权局申请作品著作权登记。

2. 是否明确职务作品、委托作品、合作作品等著作权及与著作权有关的权利权属。

3.是否保留作品创作过程的记录。保留作品的相关证据材料是非常重要的工作，如利用物质技术条件进行创作的证据，包括资金、设备、图纸、资料、技术等。如果是职务作品的话，著作权人还要保留本职工作活动的证据，包括营业执照、事业单位法人证书、相关行政审批手续、劳动合同、人事关系证明、纳税证明等。

4.是否保障作品作者的署名权。

5.是否及时发现和监控著作权及与著作权有关的权利被他人侵犯的情况。

6.是否存在侵犯他人著作权及与著作权有关的权利的情况。

企业在经营的各个环节，特别是在宣传环节中，要特别注意做好著作权合规管理，这里包括：

（1）防止图片侵权。企业在设计产品包装、企业网页或者宣传资料时，企业的设计部门或者广告公司可能会借鉴他人的图片素材，并将他人的图片素材直接或者间接地应用在产品包装、企业网页或者宣传资料上，从而造成侵权。

尤其值得注意的是，随着新媒体宣传的普遍应用，企业在互联网社交平台上发布的宣传文章同样可能涉及图片侵权的问题。

（2）避免使用他人文字作品。如今，微信公众号、微博或者网页等平台及渠道已经成为企业重要的宣传阵地，而为了扩大宣传效果，企业常常会蹭热点，转载一些他人的文章或者文字作品，然而，未经他人许可的文章转载很可能涉及侵犯他人的著作权。

这里要提醒的是，先授权后转载是著作权法的强制性规定，即使文章中没有标注“未经许可，严禁转载”，也不意味着这篇文章就可以被任意转载使用。即便企业在宣传材料转载时注明了作者和文章来源，也不能否认未获得作者许可的侵权事实。此外，很多企业会在转载文章后标注“如涉及侵权，请联系删除”的字样，但是这样的免责声明对企业来说，并不能起到规避侵权风险的作用。

（3）避免字体侵权。在宣传过程中的字体侵权是最容易被企业忽略的，特别是一些富有美感或者设计独特的字体往往享有著作权。另外，使用一些编辑软件内的包装字体，也容易有侵权风险。对此，企业要注意免费下载或者合法购买的字库中的字体，是否对使用范围有限制。为避免侵权风险，企业可以使用自己原创设计或者经过合法授权的字体，或者使用常见的、进入公众领域的免费字体。

（4）购买使用正版计算机软件。企业使用办公软件时，切不可安装使用未经商业授权的盗版软件，即便是购买了正版计算机软件，也要注意使用的限制，避免超范围使用引发侵权风险。

合规启示

首先，在频繁涉及著作权归属、使用等事项的行业，如图书出版、音视频播放、网络游戏等，企业应该关注以何种形式表现的智力成果可能落入著作权法保护的作品范畴，从而保护、主张己方的著作权或与著作权相关的权利。在形成他方的著作权或与著作权相关的权利时，企业要注意限制己方的使用。

其次，司法实践对合理使用（即允许作品不经著作权人许可使用）的认定已采取“三步检验法”，即在适用范围上要限于特例、使用方式上不与作品的正常使用冲突、使用结果上没有不合理的侵害著作权人的合法权益。企业在对特定作品合理使用，或者以合理使用进行不侵权抗辩时，应采取谨慎态度，评估可行性。

最后，企业作为权利人向法院主张被侵犯著作权时，应尽可能搜集证据对赔偿数额进行举证，一方面是为了申请让法院责令侵权人提供由其掌握的相关账簿、资料；另一方面，如果侵权人不能提供或者提供虚假的文件时，法院就可能选择参考权利人举证的赔偿数额。而企业作为被诉侵权人时，可就权利人没有尽到必要的举证责任、已经取得许可或不构成侵权等进行抗辩。

结语

免费的可能是最贵的，因为免费往往导致无人创作与生产。而对著作权的合规管理，正是通过保护创作来推动智力产品生产的可持续性。在这样的背景下，大批影视、图片、文学、音乐等才能得到长足、健康的发展。未来，国家将继续加强对著作权等知识产权的保护工作，带动创新活力全面提升，为高质量发展提供有力支撑。

相关法律、法规

《著作权法》全文

《刑法》第二百一十七条

专家团队

杜金
海能达通信股份有限公司
总法律顾问

郭小明
深圳市鹏城法律合规研究院
院长

二、专利权合规管理

专利权，作为知识产权的一种，早已成为企业间竞争的有力武器。国内的自主品牌要想在海外拓展市场，必须预先进行专利布局。我国知识产权法律制度起步较晚，企业的知识产权管理意识也较为薄弱，因此在应对全球竞争时，难免吃亏。2019 年 11 月 24 日，国家印发了《关于强化知识产权保护的意见》，其中提到：编制发布企业知识产权保护指南，制定合同范本、维权流程等操作指引，鼓励企业加强风险防范机制建设。因此，在这种大趋势下，国内的企业要想获得长远发展，必须重视知识产权合规管理，尤其是要以合规思维筑牢专利保护的城墙。

案说

案例一：摩托罗拉诉海能达侵犯专利案[1]

海能达通信股份有限公司是总部位于深圳的民营公司，1993 年成立，是全球领先的专网设备和解决方案提供商。据其官网介绍，海能达致力于为全球政府、公共安全、轨道交通、能源等行业客户提供智慧融合的专网解决方案。

摩托罗拉系统的前身是摩托罗拉公司的数据传输及电信设备公司，是由 2011 年摩托罗拉的移动通信部门拆分后成立的单独的摩托罗拉移动公司。该公司现有业务包括双向无线电制造、语音及数据传输设备制造、无线局域网安全研究和移动计算设备等。

在双方高度重叠的市场下，摩托罗拉和海能达之间的竞争遍布全球，在美国、

1　案例来自《赔 53 亿！海能达一审败诉，曾被指控窃取摩托罗拉系统机密》，https://baijiahao.baidu.com/s?id=1660737232478761857&wfr=spider&for=pc。

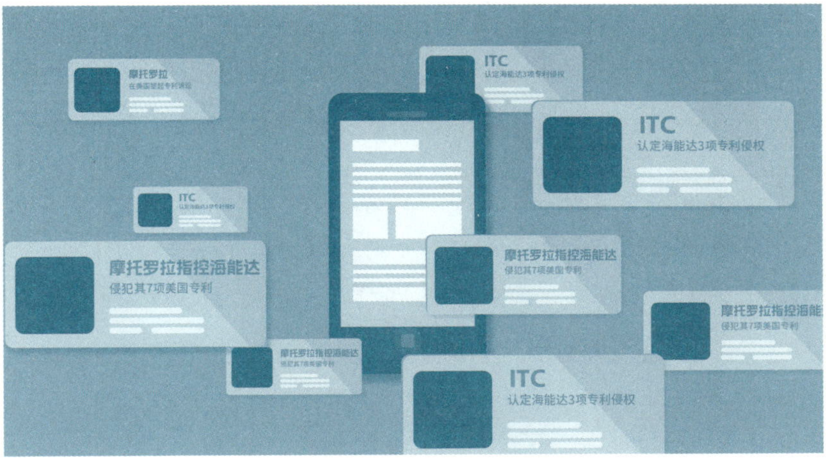

中国、德国和澳大利亚都有法律纠纷。

2017 年 3 月，摩托罗拉向美国国际贸易委员会（ITC）和伊利诺伊州法院提起专利诉讼，指控海能达侵犯其 7 项美国专利，最终 ITC 认定海能达侵犯了摩托罗拉 3 项专利权，并颁发禁令。事实上，除了在美国，摩托罗拉还在德国和澳大利亚起诉海能达专利侵权，德国一审法院也认定海能达构成侵权。

此外，2020 年 3 月 5 日，美国伊利诺伊州法院判决，海能达及其旗下两家全资子公司的部分 DMR（数字媒体接收器）产品侵犯摩托罗拉一项或多项商业秘密及美国版权，应向摩托罗拉支付损害赔偿及惩罚性赔偿共计 7.64 亿美元，总计约合人民币 53.34 亿元。

观点探讨

通过分析案例，国内企业走出国门，在海外市场可能遭遇怎样的专利风险呢？

国内企业如果没有做好前期准备，可能面临的专利风险主要分为两类：

一类是面对非竞争对手，比如个人专利权人、大学等非营利机构，他们多数情况下是希望获得经济性收益，像是海能达就被诉支付损害赔偿和惩罚性赔偿；另一类是面对竞争对手，企业面临的风险属于市场份额的争夺，竞争对手可能会通过专利维权排除国内企业的市场准入。

企业所面对的海外专利风险包括：

1. 由于专利具有地域性，国内企业的产品即使在国内没有遇到专利侵权纠纷，出口后也有可能产生专利纠纷，被指控专利侵权，从而导致其销售平台被限制。例如，国内部分企业的亚马逊账号被封禁，资金被冻结，国外库存被查扣、封存，以及被要求赔偿。

2. 如今，国内企业到海外参展是企业走出国门的重要步骤之一，其中同样存在专利风险，如被指控可能涉嫌侵犯专利权，特别是参展之前或者同期遭遇专利诉讼，则会面临临时禁制令，被要求撤展，被没收参展产品，企业品牌形象遭受严重打击等风险。

3. 企业可能会面临以专利构筑的非关税壁垒风险，遭受到国外竞争对手的全球性知识产权诉讼以及 337 调查[1]，有在全球不同国家被禁售以及高额赔偿的风险。

案说

案例二：爱立信诉小米侵犯专利案[2]

2014 年 12 月 5 日，因涉嫌侵犯爱立信所拥有的 ARM、EDGE、3G 等相关技术的 8 项专利，小米遭到爱立信起诉，案件由印度新德里高等法院审理。爱立信向印度法院提出临时禁令的请求，包括禁止小米应用涉案专利技术的相关产品在

1 根据美国《1930 年关税法》，美国国际贸易委员会可以对进口贸易中的不公平行为发起调查并采取制裁措施。由于其依据的是《1930 年关税法》第 337 节的规定，因此，此类调查一般称为“337 调查”。

2 案例来自《十年小米专利之路》，https://zhuanlan.zhihu.com/p/135221746。

印度市场制造、销售、推广。此请求于同年 12 月 8 日获得印度政府的支持。与此同时，印度政府禁止小米涉案的侵权产品进入印度境内。

其后，爱立信与小米就专利案反复提起诉讼。小米基于市场考虑，以每台设备预缴 100 卢比的方式获准恢复部分类型手机的销售，但多数其他类型的产品依然被禁售。原告爱立信依据小米的专利侵权提出了巨额赔偿金，即以每台手机销售金额的 1% 为赔偿金以弥补其损失。此后，小米一直在反复申诉，但依然没有进展，直到 2016 年，小米获得高通的专利授权这一事实被法院采纳，才结束了近 2 年的小米产品在印度市场的销售禁令。

观点探讨

海外专利布局的重要性体现在哪些方面？

经过近些年海外专利战的洗礼，企业应该意识到，自有品牌产品在海外拓展销售，要预先进行海外专利布局，用专利为产品保驾护航。从被告抗辩的角度来说，企业只有拥有一定数量合理布局的高质量海外专利，才能在面对专利纠纷时拥有足够的谈判筹码。

专利权是一种有期限的，排除他人的合法垄断权。其重要性主要表现在这几个方面：

1. 维持自己产品的独特性，目的在于排除竞争对手。比如无叶风扇，就是一个很好的产品专利范例。

2. 在竞争对手的主要目标市场或者生产地域布局专利，可以有效形成专利震慑，目的在于战略性地制衡对方。比如小米在印度市场份额大，爱立信就选择去印度打专利战。

3. 如果从专利本身的许可费、转让费来看，企业需要从相关专利技术可能获得大规模应用的地域进行布局。专利权覆盖的产业价值越大，专利权自身的价值也越大。

进行海外专利布局是一个量变到质变的过程。企业可以从保护微创新开始，积极了解行业发展趋势、优势技术，提前进行布局，以及通过考虑贯标等手段，进一步保护专利成果，这些对企业都至关重要。

企业该如何突破外国企业的专利壁垒，在海外市场占有一席之地呢？

包括专利权在内的知识产权，只是人为拟制的一种分配方案。专利权的实质是专利权人通过公开专利技术方案，换取政府授予的一定期限的垄断性权利。专利权需要政府授权，具有法域性，没有授权的地方就没有专利权。专利权还要满足当地的法律规定，不能肆意滥用。

首先，企业要积极进行自主创新，增强自身实力，把提高产品的技术含量作为提升企业在世界市场中竞争力的重要举措。一方面，建议企业加大研发投入，掌握核心技术，积极探索技术改进，提高产品附加值，从而获得更多经济利益；另一方面，企业要合理利用现有的知识产权，最大限度地挖掘现有技术的价值，扩大自主知识产权产品的出口规模。

其次，企业要积极保护创新成果，进行技术积累和专利成果积累。有了足够的知识产权积累，企业就可以与竞争对手通过交叉许可的方式突破专利壁垒，获得更大的国际市场份额。

最后，企业还要加强企业间合作以及争取行业协会支持。企业应减少内部恶性竞争，通过共同合作或结成行业联盟的形式，在面临知识产权壁垒时，通力合作、分散风险、降低成本。如果发生专利纠纷，企业应该积极应诉。企业商会、行业协会的建立、完善，尤其是政府部门的参与，也会对企业突破知识产权壁垒产生积极作用。

截至 2021 年，深圳市 PCT（《专利合作条约》）国际专利申请已获得全国十八连冠。深圳市为何能在 PCT 国际专利申请方面取得如此好的成绩？

深圳市获得大量的 PCT 国际专利申请，也获得了大量的产业外汇。企业有更多钱了，就可以更多地投入到国际专利布局中。获得这样正向循环的结果，得益于深圳市政府大力支持科技创新，企业在专利研发方面的大量投入，以及深圳市拥有大量优秀的专利从业人员。深圳市 PCT 国际专利申请的领先正是其尊重市场规律和国际游戏规则，多方努力的结果。

深圳的科技企业多

在深圳，包括华为、中兴通讯、腾讯、OPPO、vivo、平安科技、比亚迪等在内的科技公司和互联网企业众多。企业研发投入大，创新能力强，专利保护的氛围更浓厚，这些都是申请 PCT 的需求来源以及 PCT 申请量能取得好成绩的技术基础。

政府的政策支持

政府出台了一系列政策，例如 2017 年通过的《深圳市关于新形势下进一步加强知识产权保护的工作方案》提到，要率先在全国建立最严格的知识产权保护制度。再如，《深圳建设中国特色社会主义先行示范区综合改革试点实施方案（2020—2025 年）》中提到要“打造保护知识产权标杆城市”。从中国（深圳）知识产权保护中心和深圳南山知识产权保护中心的成立和运营，以及各类专利支持计划、专项资助政策的出台，我们可以看出政府对保护知识产权工作的高度重视和大力支持。

在申请 PCT 国际专利之后，企业还需要做哪些工作，才能获得专利保护，在国际竞争中占有优势呢？

在申请专利之后，企业还要及时跟进，以便获得符合预期的专利授权。专利获得授权后，企业要进行专业的专利管理。企业最初申请专利时，可能基于融资、政府奖励、许可谈判等多种原因，但是要维护专利，企业就要付出年费等成本。对于有效的专利，企业可以依法维权，排除他人使用，也可以收取许可费。对于不符合企业发展需要的专利，企业可以通过转让等方式进行处理，维护专利的资产价值。

此外，为了在国际竞争中占有优势，建议企业构建专利在不同国家的协调性保护，而不仅仅在目标出口国进行专利布局。例如，PCT 专利申请 30 个月后进入国家申请层面，企业要全面选择值得进行专利保护的国家，不仅是出口国、销售地，还包括生产地、组装地等。企业可以聘请专业人士进行申请，以便能在每个国家获得最大程度的专利保护。

在专利的合规管理方面，企业应该从哪些方面着手加强呢？

专利合规是要付出成本的，需要就企业自身的具体情况而论。实体企业可以从以下几个方面着手：

1. 对于商业前景明朗的专利，企业可以深入研究，形成商业秘密、著作权等立体化保护。如果部分前沿领域的研究还没有形成理论成果，更多只是产业经验的话，可以选择不公开，通过商业秘密进行保护。

2. 对于商业前景不明确的领域，或者企业自身可能暂时不进入的相关技术路径，企业可以公开技术，申请专利。比如，小米暂时不涉入基站等系统侧市场，但是可以获得一些系统侧的专利，以便不对称地制衡爱立信。

3. 对于商业竞争对手，企业可以研究预埋或者购买一些专利，形成商业制衡。

4. 针对专利可能存在的侵权风险，企业应当尽早安排专业人员及时处理。通常来说，专利侵权并不涉及道德性的评价，正常情况下，也不涉及刑事风险。对于企业来说，及时依法处理专利侵权可以有效防范系统性风险。即使有问题，也只是部分产品的问题，甚至仅仅是产品部分性能的问题。比如，海能达对专利侵权产品及时进行了调整，避免了产品禁售的风险。

5. 对于他人基于专利的不合理要求，甚至是以专利为幌子的侵权行为，企业可以从反垄断、专利滥用等方面进行研究，依法维护自身利益。

6. 对于来自竞争对手的专利诉讼，特别是海外的专利诉讼，企业要有全局思维。专利诉讼可以在没有商务背景的情况下出现，对方可以通过专利诉讼敲山震虎，获得证据，以便用于潜在的商业秘密诉讼等案件。

合规启示

随着中国企业的技术实力逐年增强，不少企业在其技术领域已经做到了世界领先。在走向国际化的进程中，企业需要在全球范围保护好自己的知识产权，以防止其他企业抄袭并从中获利。这对于任何想开拓国际市场的企业来说都是至关重要的。

01. 梳理企业核心技术，了解研发方向

企业应全面分析企业专利和产业、产品、技术的内在关联，了解是否有核心技术，核心技术的独立性与完整性，核心技术的先进性、稳定性与可持续性，同时全面梳理已有专利情况，核查核心技术是否有完备的专利保护。在此基础上，企业要了解其核心产品、产业上中下游应用场景、企业在自身所处产业中的定位与地位、竞争对手的专利布局等，结合技术与专利生命周期开展技术开发工作。

02. 加强对专利成果的保护

首先，企业可以围绕主要产品、核心技术做好基础专利或核心专利的布局，

同时围绕基础专利或核心专利做好外围专利布局。其次，企业可以采用高价值专利布局策略，从诉讼角度考虑，在核心产品、关键技术领域布局严密的专利网，同时根据外观设计专利和发明专利的不同特点，合理构建专利组合。

03. 营造专利合规文化

企业的专利合规管理应符合企业的整体战略定位。企业应建立健全完善的专利合规管理组织体系，制定符合企业个性化特点的专利合规管理制度，将专利合规管理贯穿于技术开发工作的全过程，营造企业的专利合规文化，来应对系统性风险。

04. 积极应对海外的诉讼

企业应该积极建立内部的海外应诉响应机制，建立其内部技术、取证、决策团队以及规章制度。在海外诉讼发生的时候，企业可以动用内部机制、外部律师事务所以及政府资源积极应诉。

结语

企业的专利，既可以作为“盾”，也可以作为“矛”，对企业的发展具有重要意义。企业拥有专利的数量体现了一个城市，乃至整个国家的创新实力。截至 2021 年，深圳 PCT 国际专利申请数量已经连续十八年排名全国首位，这是深圳市企业创新实力强大的体现，也是政府大力支持的成果。未来，深圳市还将继续强化知识产权全链条保护，为企业的创新发展提供更多保障。

专家团队

王琪林
华商合规
法律服务中心
副主任

扈非
美国布林克斯律师
事务所驻深圳代表处
代表

三、商标权合规管理

商标是一个法律术语，是用以识别和区分商品或者服务来源的标志。品牌或品牌的一部分在政府有关部门依法注册之后，称为“商标”，受到法律的保护，注册者享有专用权。商标是企业品牌价值的核心载体，在维系企业商誉、保护公共利益、促进市场自由竞争方面发挥着重要的作用，凝聚了企业的智慧和心血，是企业重要的无形资产之一，因此，企业对商标的合规管理显得尤为重要。

案说

案例：广药集团与加多宝之间的商标争夺战[1]

加多宝与王老吉的诉讼之争断断续续持续了近十年，双方分别因授权、包装、广告、配方、商标等各种案由对簿公堂。接下来，我们就重点分析“王老吉”商标引发的知识产权纠纷。

广州医药集团有限公司（以下简称广药集团）是注册商标“王老吉”的所有权人，曾于2000年5月签订协议授权加多宝所隶属的鸿道（集团）有限公司（以下简称鸿道集团）使用王老吉商标至2010年5月1日；后又于2002年11月及2003年6月分别签订《王老吉商标许可补充协议》和《关于王老吉商标使用许可合同的补充协议》，合同期限至2020年5月1日。

不过随后，广药集团提出，两份补充协议签订的背景是，时任广药集团总经理的李益民收受了鸿道集团董事长陈鸿道300万港元贿赂。2011年4月，广药集

1　案例来自《加多宝与广药缠斗的这九年》，https://m.huxiu.com/article/306647.html。

团提出仲裁请求；2012 年 5 月，中国国际经济贸易仲裁委员会作出裁决，认定上述两补充协议无效，要求鸿道集团停止使用王老吉商标。

不过，此后鸿道集团并未停止使用王老吉注册商标。广东加多宝作为鸿道集团的全资子公司，是生产销售王老吉的主营企业，其他 5 家加多宝公司均为广东加多宝实际开办的企业，都曾共同生产、销售王老吉相关产品。

因此，2014 年 5 月，广药集团向广东省高级人民法院（以下简称广东高院）提起民事诉讼，请求判令广东加多宝赔偿自 2010 年 5 月 2 日始至 2012 年 5 月 19 日止，因侵犯“王老吉”注册商标造成的经济损失 10 亿元；同时请求浙江加多宝、加多宝中国、福建加多宝、杭州加多宝、武汉加多宝承担连带赔偿损失责任。

随后，广药集团又大幅提高了赔偿金额。2015 年 1 月，广药集团向广东高院提交《变更诉讼请求申请书》，将此前诉请广东加多宝的赔偿金额提高至 29.30 亿元左右。

广东高院经审理认为，该案争议焦点为：加多宝公司是否侵犯了广药集团的“王老吉”注册商标专用权；若构成侵权，应如何确定赔偿数额等。

广东高院经审理认为，2002 年双方签订的补充协议系因鸿道集团向时任广药集团副董事长和总经理李益民行贿得以签订。该协议并非广药集团的真实意思表示，属于“恶意串通，损害国家利益和第三方当事人利益”的无效合同，自始无效。故加多宝公司使用涉案“王老吉”商标的行为，在 2000 年双方签订的协议届满之后，就不再存在合法依据。此外，在广药集团已提起仲裁申请，明确主张 2002 年双方签订的补充协议无效之后，加多宝公司不仅没有立即停止使用被诉标识，反而将一直使用的双面“王老吉”商标标识改成一面“王老吉”、一面“加多宝”的标识，其将原积累于广药集团“王老吉”商标之上的商誉转移到“加多宝”商标的主观恶意明显，故其所谓不存在主观过错、不构成侵权的主张不能成立。

据此，广东高院认为，加多宝公司使用涉案“王老吉”商标的行为既无法律依据，亦无合同依据，加多宝公司并非对两份补充协议毫不知情的善意第三人，广药集团关于加多宝公司被诉行为构成侵权并存在侵权主观恶意的主张有理。

广东高院一审判决，被告方广东加多宝、浙江加多宝、加多宝中国、福建加多宝、杭州加多宝、武汉加多宝 6 家公司赔偿广药集团经济损失及合理维权费用共计 14.41 亿元。案件受理费 1469.26 万元，由原告和被告各负担一半。

加多宝公司不服一审判决，并向最高人民法院提起上诉。2019 年 6 月 17 日，最高人民法院认定一审判决采信的证据在内容与形式上均存在重大缺陷，不能作为认定本案事实的依据，并裁定撤销广东省高级人民法院（2014）粤高法民三初字第 1 号民事判决，案件发回广东省高级人民法院重审。

2023 年 7 月，加多宝发布“关于与广药商标纠纷案一审判决的声明”。声明称，2023 年 7 月 10 日，加多宝收到广东省高级人民法院关于广药集团与加多宝商标权纠纷案的一审判决。该一审判决认定 6 家加多宝公司共同侵权，判决 6 家加多宝公司赔偿 3.17 亿元。加多宝对此判决结果表示遗憾，并将立即向最高人民法院提起上诉。[1]

观点探讨

结合案例，商标权侵权行为主要有哪些？

案例中，广东高院一审判决的依据是认定加多宝公司侵犯了广药集团的“王老吉”注册商标专用权，即未经权利人许可，在同一种或者类似商品或服务中使用与注册商标相同或者近似的商标。

商标侵权这类风险是知识产权侵权风险中最为常见的风险类别，由权利人提起民事诉讼，主张侵权人的商标侵权责任。这类侵权行为一般包括：

1. 未经许可，在同一种商品上使用与其注册商标或未注册驰名商标相同的商标的；

1 央广网《被判赔偿广药集团 3.17 亿元，加多宝将继续上诉》，https://baijiahao.baidu.com/s?id=1771025540249884581&wfr=spider&for=pc。

2. 未经许可，在同一种商品上使用与其注册商标或未注册驰名商标近似的商标，或者在类似商品上使用与其注册商标或未注册商标相同或者近似的商标，容易导致混淆的；

3. 销售侵害商标权的商品的；

4. 伪造、擅自制造他人注册商标标识或者销售伪造、擅自制造的注册商标标识的；

5. 未经商标注册人同意，更换其注册商标并将该更换商标的商品又投入市场的；

6. 故意为侵害他人商标权行为提供便利条件，即为侵权提供仓储、运输、邮寄、印制、隐匿、经营场所、网络商品交易平台等，帮助他人实施侵害商标权行为的；

7. 在同一种商品或者类似商品上将与他人注册商标相同或者近似的标志作为商品名称或者商品装潢使用，误导公众的；

8. 将与他人注册商标相同或者相近似的文字作为企业字号在相同或者类似商品上突出使用，容易使相关公众产生误认的；

9. 将与他人注册商标相同或者相近似的文字注册为域名，并且通过该域名进行相关商品交易的电子商务，容易使相关公众产生误认的；

10. 复制、摹仿、翻译他人注册的驰名商标或其主要部分在不相同或者不相类似商品上作为商标使用，误导公众，致使该驰名商标注册人的利益可能受到损害的。

司法实践中，法院主要考量商品或服务是否相同或近似，在上面使用的商标是否相同或近似，是否存在足以造成相关公众混淆、误认的情况。这是认定是否侵害商标权的重要标准。

商标一般违法的行为有哪些？

2021 年 12 月 13 日，国家知识产权局出台《商标一般违法判断标准》。《商标一般违法判断标准》共计三十五条，如有违反，违反者将受到商标执法部门查处。其中，根据第三条规定，有下列行为之一的，均属商标一般违法：

1. 违反《商标法》第六条规定，必须使用注册商标而未使用的。

2. 违反《商标法》第十条规定，使用不得作为商标使用的标志的。《商标法》第十条规定的情形包括：

（1）同中华人民共和国的国家名称、国旗、国徽、国歌、军旗、军徽、军歌、勋章等相同或者近似的，以及同中央国家机关的名称、标志所在地特定地点的名称或者标志性建筑物的名称、图形相同的；

（2）同外国的国家名称、国旗、国徽、军旗相同或者近似的，但经该国政府同意的除外；

（3）同政府间国际组织的名称、旗帜、徽记等相同或者近似的，但经该组织同意或者不易误导公众的除外；

（4）与表明实施控制、予以保证的官方标志、检验印记相同或者近似的，但经授权的除外；

（5）同“红十字”“红新月”的名称、标志相同或者近似的；

（6）带有民族歧视性的；

（7）带有欺骗性，容易使公众对商品的质量等特点或者产品产生误认的；

（8）有害于社会主义道德风尚或者有其他不良影响的。

县级以上行政区划的地名或者公众知晓的外国地名，不得作为商标。但是，地名具有其他含义或者作为集体商标、证明商标组成部分的除外；已经注册的使用地名的商标继续有效。

3. 违反《商标法》第十四条第五款规定，在商业活动中使用“驰名商标”字样的。

4. 违反《商标法》第四十三条第二款规定，商标被许可人未标明其名称和商品产地的。商标被许可人必须在相应商品上标明被许可人的企业名称和商品产地。违反上述规定，由工商行政管理部门责令限期改正；逾期不改正的，责令停止销售，拒不停止销售的，处十万元以下的罚款。

5. 违反《商标法》第四十九条第一款规定，商标注册人在使用注册商标的过程中，自行改变注册商标、注册人名义、地址或者其他注册事项的。企业在使用注册商标的过程中如果擅自改动商标标识，可能构成不规范使用注册商标或假冒注册商标；未按核准的商品类别使用商标，则会构成假冒注册商标。违者将会被相关部门责令限期改正以及罚款。

6. 违反《商标法》第五十二条规定，将未注册商标冒充注册商标使用的。未注册商标包括未向知识产权局提出注册申请的商标，已提出注册申请但被驳回或者尚未核准注册的商标，被撤销、宣告无效的商标，期满未续展的商标，超出注册商标核定使用的商品或服务的使用商标，改变注册商标显著特征的使用商标等。

7. 违反《商标法实施条例》第四条第二款和《集体商标、证明商标注册和管理办法》第十四条、第十五条、第十七条、第十八条、第二十条、第二十一条规定，未履行集体商标、证明商标管理义务的。集体商标、证明商标注册人在合理合法的前提下，应对集体商标、证明商标的使用进行有效管理或控制。

8. 违反《商标印制管理办法》第七条至第十条规定，未履行商标印制管理义务的。商标印制企业不仅需要审查委托方的商标权利证书，还要通过官网查询是否存在其他相同商标，对商标印制单位提出了更高的要求。

9. 违反《规范商标申请注册行为若干规定》第三条规定，恶意申请商标注册的。

10. 其他违反商标管理秩序的。

《商标一般违法判断标准》第四条明确，卷烟、雪茄烟、有包装的烟丝以及电子烟等新型烟草制品必须使用在中国核准注册的商标，否则不得在中国生产、销售，违者将由地方工商行政管理部门责令改正并处罚款。此次标准明确，在国外注册商标的进口烟草制品业必须使用在中国核准注册的商标。

刑事视角下的商标合规风险有哪些？

针对侵犯商标权的案件，《刑法》中规定了假冒注册商标权罪，销售假冒注册商标的商品罪，非法制造、销售非法制造的注册商标标识罪。

假冒注册商标罪

违反国家商标管理法规，未经注册商标所有人许可，在同一种商品上使用与其注册商标相同的商标，情节严重的行为。

具有下列情形之一的，属于《刑法》第二百一十三条规定的“情节严重”，应当以假冒注册商标罪判处三年以下有期徒刑或者拘役，并处或者单处罚金[1]：

（一）非法经营数额在五万元以上或者违法所得数额在三万元以上的；

（二）假冒两种以上注册商标，非法经营数额在三万元以上或者违法所得数额在二万元以上的；

（三）其他情节严重的情形。

具有下列情形之一的，属于《刑法》第二百一十三条规定的“情节特别严重”，应当以假冒注册商标罪判处三年以上七年以下有期徒刑，并处罚金：

（一）非法经营数额在二十五万元以上或者违法所得数额在十五万元以上的；

（二）假冒两种以上注册商标，非法经营数额在十五万元以上或者违法所得数额在十万元以上的；

（三）其他情节特别严重的情形。

销售假冒注册商标的商品罪

销售明知是假冒注册商标的商品，违法所得数额较大或者有其他严重情节的，处三年以下有期徒刑，并处或者单处罚金；违法所得数额巨大或者有其他特别严重情节的，处三年以上十年以下有期徒刑，并处罚金。

具有下列情形之一的，应当认定为属于《刑法》第二百一十四条规定的“明知”[2]：

（一）知道自己销售的商品上的注册商标被涂改、调换或者覆盖的；

1 内容来自《最高人民法院、最高人民检察院关于办理侵犯知识产权刑事案件具体应用法律若干问题的解释》第一条。

2 内容来自《最高人民法院、最高人民检察院关于办理侵犯知识产权刑事案件具体应用法律若干问题的解释》第九条第二款。

（二）因销售假冒注册商标的商品受到过行政处罚或者承担过民事责任、又销售同一种假冒注册商标的商品的；

（三）伪造、涂改商标注册人授权文件或者知道该文件被伪造、涂改的；

（四）其他知道或者应当知道是假冒注册商标的商品的情形。

非法制造、销售非法制造的注册商标标识罪

违反商标管理法规，伪造、擅自制造他人注册商标标识或者销售伪造、擅自制造的注册商标标识，情节严重的行为。

“情节严重”的认定：

（一）伪造、擅自制造或者销售伪造、擅自制造的注册商标标识数量在二万件以上，或者非法经营数额在五万元以上，或者违法所得数额在三万元以上的；

（二）伪造、擅自制造或者销售伪造、擅自制造两种以上注册商标标识数量在一万件以上，或者非法经营数额在三万元以上，或者违法所得数额在二万元以上的；

（三）其他情节严重的情形。

合规启示

随着消费者群体对品牌重视度、忠诚度的提高，企业的品牌构筑与管理工作愈发重要，其中商标是企业品牌表现的主要形式之一。企业可根据自身发展阶段，采取相应的商标策略。

01. 前期阶段：商标的策划与注册策略

从商标策划（即选择）来看，一个显著性较强的商标对于明确地确定该商标的专用权及禁用权范围，具有不可忽视的意义。通常朗朗上口的臆造词可作为商标首选，例如海尔、柯达、格力。选定拟注册商标后，企业需从商标、商品两方

面考虑商标注册策略，如拟注册商标的具体内容（文字、图案、色彩及其相关组合等）、商标覆盖的商品范围（商品本身、同群组商品、不同群组商品等）。

02. 中期阶段：商标权的建设与管理

随着企业自身发展，企业对商标的需求也在动态变化，企业商标管理工作是一个持续不断的过程。简单而言，可从以下三方面注重对商标的管理：

1. 联合商标策略，即在相同或近似的商品上注册一系列近似商标，降低主商标被冒用的风险；

2. 防御商标策略，即在不类似的商品上注册相同的商标，扩大商标对不同商品保护；

3. 驰名商标策略，即申请认定驰名商标，实现商标的跨类保护。

03. 后期阶段：商标权的维护

构建起完善的商标“护城河”后，企业需对商标进行动态监测及执行相应的管理工作，监测自身商标状态，如主次商标使用情况、续展情况等；监控他人侵犯己方商标情况，如商标抢注、冒用等，并根据具体情况采取相应措施。

结语

使用“工欲善其事，必先利其器”这句话来形容知识产权管理再合适不过了。知识产权如“器”，企业发展是“事”，企业能否以“器”助“事”，就在于能否做好“器”的管理。[1] 商标权属于知识产权的一种，是企业品牌的核心载体。在如今的知识产权付费时代，一个好的品牌在打响了名声之后，收获的利益不仅有助于企业的短期发展，更有助于企业的长远发展。因此，做好商标权的合规管理工作，是企业开展知识产权合规管理的重要组成部分。

1 参见中共深圳市委全面依法治市委员会办公室等编《民营企业合规与法律风险防控读本》第130页。

相关法律、法规

《商标法》全文

《刑法》第二百一十三条、第二百一十四条、第二百一十五条

《商标一般违法判断标准》第三条、第四条

专家团队

杜金
海能达通信股份有限公司总法律顾问

郭小明
深圳市鹏城法律合规研究院院长

四、个人信息合规管理

说到个人信息，我们常常会想到自己的姓名、出生日期、身份证号码、手机号码，等等。然而随着生物识别技术的快速发展，我们的脸和指纹也成了个人信息保护的重要对象。只要有信息的收集和储存行为，就有信息泄露的风险，而泄露的个人信息使我们处于“裸奔”状态，会给我们带来不可逆转的损害，也会成为不法分子实施违法犯罪、危害群众利益的工具。

近年来，国家正在大力推进个人信息的保护与监管。对于企业来说，保护个人信息已不仅仅是道德责任，更是法律义务。做好个人信息保护，不仅是企业经营成功和赢得用户信任的关键，同时也有利于我国企业参与到全球数字经济的市场竞争中去。

案说

案例：国内人脸识别第一案[1]

2019 年 4 月 27 日，郭兵和妻子在杭州野生动物世界购买了双人年卡，并留下个人身份信息、照片和指纹。此后，杭州野生动物世界将入园系统从指纹识别升级为人脸识别， 在新的年卡办理告示中规定了“未注册人脸识别的用户将无法正常入园”“凭年卡及人脸扫描入园”等内容，并通过短信通知用户。郭兵曾两次收到杭州野生动物世界要求注册人脸识别的通知短信。郭兵不愿意被强制刷脸，协商无果后将杭州野生动物世界告上法庭。诉讼请求仅包括要求杭州野生动物世界赔偿双人年卡费用、承担诉讼费两项。

郭兵起诉后，他的律师征求了郭兵本人的同意，将这个案子的起诉状截图转

1 案例来自《国内人脸识别第一案终审宣判！被告杭州野生动物世界败诉》，https://www.163.com/dy/article/G7DCHQ6R05456Z18.html。

发到律师事务所的公众号上，由此被网友关注。该起案件被称为“国内人脸识别第一案”。

2020 年 11 月 20 日，杭州市富阳区人民法院作出一审判决，判令杭州野生动物世界赔偿郭兵合同利益损失及交通费共计 1038 元；删除郭兵办理指纹年卡时提交的包括照片在内的面部特征信息；驳回郭兵要求确认店堂告示、短信通知中相关内容无效等其他诉讼请求。郭兵与杭州野生动物世界均表示不服，分别向杭州市中级人民法院（以下简称杭州中院）提起上诉。

杭州中院受理了该案，并于 2020 年 12 月 29 日公开开庭审理。2021 年 4 月 9 日作出二审判决。

杭州中院认为：郭兵在知悉指纹识别店堂告示内容的情况下，权衡后自主作出办理年卡的决定并提供相关个人信息，指纹识别店堂告示对郭兵与杭州野生动物世界具有约束力，而人脸识别店堂告示并非郭兵与杭州野生动物世界之间的合同条款，对郭兵不发生效力。

杭州野生动物世界单方面将指纹识别入园变更为人脸识别入园构成违约；欲将收集的照片运用至人脸识别，超出事前收集目的，存在侵害郭兵面部特征信息之人格利益的可能与风险。杭州中院判决杭州野生动物世界赔偿郭兵合同利益损失及交通费共计 1038 元；删除郭兵办理指纹年卡时提交的包括照片在内的面部特征信息以及指纹识别信息；驳回郭兵其他诉讼请求。

观点探讨

作为个人信息的一种，生物识别信息一旦被泄露或者滥用，是否有更大风险？

生物识别信息比一般的个人信息更为重要，因为它的识别性更强。单条的生物识别信息足以识别出自然人，包括个人基因、指纹、声纹、掌纹、耳廓、虹膜、面部特征等。

生物识别信息更具稳定性。以姓名、账号密码为代表的其他个人信息可以随时修改，但生物识别信息是个人的生理或行为特征，一旦形成便很难改变。因此，生物识别信息一旦泄露，就会给信息主体造成不可逆转的损害，无法通过修改的方式加以弥补。

生物识别信息更易被采集。尤其是在生物识别技术迅速发展的今天，采集生物识别信息往往不需要与信息主体密切接触，甚至会在信息主体毫不知情的情况下完成。从这个角度来说，个人的生物识别信息更加容易受到侵害。

生物识别信息一旦被泄露和被侵害，很可能对人身权造成侵害，也可能会被他人非法利用去进行诈骗，甚至用来进行威胁恐吓，或者进行其他犯罪活动。因此，生物识别信息对于自然人来说是非常重要的。

除了具有其他个人信息所具备的人格利益与财产利益，生物识别信息还体现了极强的公共利益属性。它对一个国家来说非常重要。大量的生物识别信息如果汇集到一起，很可能对种族或者群体造成威胁、产生危害。因此，生物识别信息的采集必须在法律限定的框架内进行。

我国在个人信息保护方面出台了哪些规定，以及存在哪些方面的问题？

个人信息保护的法律、法规

针对个人信息保护方面，我国《民法典》在人格权编规定了生物识别信息受法律保护。《中华人民共和国数据安全法》（以下简称《数据安全法》）明确规定国家保护个人数据权益，建立数据分级分类保护制度。酝酿多年的《中华人民共和国个人信息保护法》（以下简称《个人信息保护法》）自 2021 年 11 月 1 日起实施，确定了敏感个人信息的特殊处理规则，明确处理生物识别信息应取得个人的单独同意，规定在公共场所安装图像采集、个人身份识别设备，应当为维护公共安全所必需，遵守国家有关规定，并设置显著的提示标识。

而《刑法》对个人信息的保护则采用了两头保护的模式，主要通过打击个人信息犯罪产业链的源头与尾端，实现对个人信息的刑法保护。个人信息犯罪产业链的源头主要是非法获取与提供行为，尾端主要是非法使用行为。现有的《刑法》保护规定正是在产业链的源头防止生物识别信息被非法收集或提供给他人，在尾端防止生物识别信息被滥用，从而达到保护效果。[1]

个人信息保护方面存在的问题

国家在个人信息保护方面已经出台了很多法律、法规，包括刑事、民事和行政方面，都已经有了一些具体的规定，然而在个人信息保护的整体性上，还是存在一定不足。

例如，济南“戴头盔看房”事件曾引发热议，售楼处的无感式刷脸导致购房者人脸信息泄露与购房价格“杀熟”；大量 App（手机软件）没有明确的人脸识别使用协议，在人脸识别功能中没有单独征得用户同意；有些卖家在网络售卖人脸、声纹等个人生物识别信息，导致被贷款、被诈骗等案件时有发生。个人生物识别信息的泄露有可能导致人身、财产面临风险。[2]

造成这种现象的原因是多方面的：

首先，虽然国家在个人信息方面的法律保护水平上已经达到一定程度，但是实际上，由于立法的时间比较晚，社会整体的保护意识还不够强。特别是个人信息的主体，在个人信息被侵害的时候，不会主动维权，因为权利人是分散的，不太会因个人信息被侵害而耗费时间和精力提起诉讼。

其次，企业、社会组织以及公共机构在收集和处理个人信息时，没有树立法律意识，大部分机构还没有建立、健全个人信息保护的制度，也就是说其在收集

1 刘宪权、陆一敏《生物识别信息刑法保护的构建与完善》，https://sghexport.shobserver.com/html/baijiahao/2022/10/09/874932.html。

2 光明日报《构筑守护个人生物识别信息有力屏障》，https://baijiahao.baidu.com/s?id=1717527264249034447&wfr=spider&for=pc。

和处理个人信息的时候，连基本的通知和获取同意都没有做到。

最后，国家在执法层面缺少日常的行政监管，目前的执法仍是以运动式执法为主。虽然短期内能起到一定整改效果，但是从长远来看，国家还是需要建立日常监管机构或者是专门的执法机构，对企业或者机构收集和处理个人信息的行为做好日常监管工作。

对于全国多地售楼处使用人脸识别系统对看房者进行无感抓拍的行为，法律上是如何界定的？

售楼处采集人脸信息并不是为了公共安全，而是为了追求私利，也未得到被采集人的许可与授权，这种行为已经构成侵权。售楼处销售房屋没有必要采集购房者人脸信息，这属于《个人信息保护法》以及《中华人民共和国网络安全法》（以下简称《网络安全法》）当中都提到的非必要性收集。

根据我国《个人信息保护法》的规定，在公共场所安装图像采集、个人身份识别设备，应当为维护公共安全所必需，遵守国家有关规定，并设置显著的提示标识。所收集的个人图像、身份识别信息只能用于维护公共安全的目的，不得用于其他目的；取得个人单独同意的除外。

此外，根据我国《网络安全法》和《民法典》的规定，收集、使用个人信息，应当遵循合法、正当、必要原则，公开收集和使用规则，明示收集、使用信息的目的、方式和范围，并经被收集者同意。

按照上述法律的相关规定，在个人信息保护中有一个重要的基本原则，就是在收集他人信息的时候，要充分地告知并征得被收集者同意，同时还要遵循目的必要原则，或者是最小够用原则，也就是在提供这个服务的时候，只能够收集必要的信息、够用的信息，超出一定范围的信息是禁止收集的。

显然，售楼处在售房的过程当中，没有必要去抓拍他人的人脸和身体，以及其他活动信息。如果售楼处在收集了这些信息之后进行转让，或者是数据分享，又或者是推送精准广告、给用户画像，等等，可能构成违法。

公共机构或者私营机构该如何构筑个人信息保护的有力屏障？

如今，不论是公共机构还是私营机构，在个人信息保护方面的合规任务都是十分艰巨的。机构必须具备一个基本的形式要件，要有政策声明，提供隐私政策或个人信息保护政策。在用户协议当中，机构必须按照现行的法律规定做出一些明确的承诺，这也是一种自律守法的具体体现。

在收集个人信息的时候，机构必须征得个人的同意，对于敏感的个人信息，要让个人享有充分的知情权。此外，机构还应该提供畅通的投诉渠道，也就是当个人认为其信息有错误，有修正或删除的需要时，可以有一个有效畅通的渠道进行反馈。同时，个人信息处理者应当采取安全保障措施，防止信息被黑客窃取，或者被内部人员泄露。

如果要收集生物识别、宗教信仰、特定身份、医疗健康、金融账户、行踪轨迹等信息，以及不满十四周岁未成年人的个人信息等敏感信息，机构应当取得个人的单独同意；信息处理者只能在具有特定的目的和充分的必要性，并采取严格保护措施的情形下，处理敏感个人信息，同时还应当向个人告知处理敏感个人信息的必要性，以及对个人权益的影响。机构若没有做到个人信息保护方面的合规管理，将可能受到行政执法部门的严厉处罚。

随着大数据产业的发展，社会管理的智慧化程度越来越高，数据的流通、分享也越来越多，国家出台了一系列政策，鼓励数据方面的交流共享。大数据资源对一个国家越来越重要，国家也提出了数据要素市场这样一个概念。因此，未来政府会通过鼓励商业数据的有序流通，来促进数字经济的发展。在这个过程中，我们要平衡好个人信息保护与大数据产业发展间的利益关系。

合规启示

01. 提高个人信息保护意识

在收集、使用个人信息时，应合法合规地收集使用，严格遵循“合法、正当、必要”的原则，明确告知收集、使用个人信息的内容、目的、方式和范围等，确保被收集人拥有知情权和选择权。

02. 加强对信息处理者的监管

信息处理者不得泄露或者篡改其收集、存储的个人信息；未经同意，不得向他人非法提供个人信息。

03. 强化技术手段，提高个人信息保护能力

建立数据安全保护体系，推动安全技术手段的建设，全面提升安全防护能力。

04. 完善个人信息保护体系

加强规范管理流程，明确相关业务规则，健全制度建设和管理责任体系。

结语

《个人信息保护法》已经在 2021 年 11 月 1 日正式施行。这部法律建立了以“告知—同意”为核心的个人信息处理规则，并为此匹配了最高五千万元的“天价”处罚。未来，不仅公共管理的便捷性和个人信息的安全性有望在法律的框架下找到平衡，企业也应当将个人信息保护义务落到实处，提前开展合规性审查，从信息收集、使用、加工、存储、传输、提供等各个环节进行排查，做到合法合规经营。同时，公民个人也需提高保护的意识和能力，这才是个人信息能够切实得到保护的根基。

相关法律、法规

《民法典》第一百一十条、第一千零三十四条

《刑法》第二百五十三条

《个人信息保护法》第四条、第五条、第六条、第十三条、第十四条、第二十六条、第二十八条、第二十九条、第六十六条

《网络安全法》第二十二条

专家团队

张平
北京大学
法学院教授、
博士生导师

王玥
深圳市光明区
中科合规法律研究院
理事

五、数据安全合规管理

随着网络和人们生活的深度融合，数据安全的问题越来越引起人们的重视。小至个人账号或密码被盗、隐私泄露、钱财损失，大至“勒索病毒”，严重威胁企业乃至国家机关单位安全，数据安全事件屡见不鲜。加强数据合规管理已经成为各个企业合规管理体系的重点领域，《网络安全法》《数据安全法》《个人信息保护法》都是网络治理和数据保护的重要规范。

过去，数据是静态的，集中存放在一个地方，比如中央服务器上；人和数据是分隔的，需要用到数据的时候才去调用。所以，过去的数据安全保护主要针对数据进行加密。现如今，数据不再静态存储，而是在不同的业务之间、在不同的存储介质之间甚至在不同的芯片之间不断流转。其中任何一个环节被植入后门，或是受到木马攻击，数据都有可能被盗走。也就是说，所有的环节都要考虑数据保护。数据安全保护渐渐演变成了一种体系化、全流程的保护。

如何协调政府、行业、企业、个人等多元主体，形成协同共治机制？如何平衡数据开发利用和数据安全保护，实现发展与安全的齐头并进？如何构建覆盖数据全生命周期安全的治理框架？如何在各组织中落实数据安全治理的具体要求？这些都是当前数据安全治理面临的重要问题。

案说

案例：滴滴全球股份有限公司（以下简称滴滴公司）违法被罚80.26亿元[1]

2021年6月30日，滴滴公司在美国纽约证券交易所上市。

1 案例来自《国家互联网信息办公室对滴滴全球股份有限公司依法作出网络安全审查相关行政处罚的决定》，http://www.cac.gov.cn/2022-07/21/c_1660021534306352.htm。

7 月 2 日，国家互联网信息办公室（以下简称国家网信办）发布公告，决定对“滴滴出行”App 实施网络安全审查，并在审查期间，要求“滴滴出行”App 停止新用户注册。这是我国自《中华人民共和国网络安全审查办法》发布以来的首次公开审查行动。

7 月 4 日，国家网信办再次发布了关于下架“滴滴出行”App 的通报。

7 月 5 日，国家网信办对“滴滴出行”App 的审查掀起联动效应，接连宣布对“运满满”“货车帮”“BOSS 直聘”App 实施网络安全审查，同样要求审查期间停止新用户注册。

7 月 9 日，国家网信办再次通报，要求各网站、平台不得为“滴滴出行”和“滴滴企业版”等 25 款已在应用商店下架的 App 提供访问和下载服务。

7 月 16 日，国家网信办会同国家安全部等部门联合进驻滴滴出行科技有限公司，开展网络安全审查。

2022 年 7 月 21 日，国家互联网信息办公室依据《网络安全法》《数据安全法》《个人信息保护法》《中华人民共和国行政处罚法》等法律、法规，对滴滴全球股份有限公司处以人民币 80.26 亿元罚款，对滴滴全球股份有限公司董事长兼 CEO 程维、总裁柳青各处以人民币 100 万元罚款。

经查明，滴滴公司共存在 16 项违法事实，主要包括 8 个方面：

一是违法收集用户手机相册中的截图信息 1196.39 万条；

二是过度收集用户剪切板信息、应用列表信息 83.23 亿条；

三是过度收集乘客人脸识别信息 1.07 亿条、年龄段信息 5350.92 万条、职业信息 1633.56 万条、亲情关系信息 138.29 万条、“家”和“公司”打车地址信息 1.53 亿条；

四是过度收集乘客评价代驾服务时、App 后台运行时、手机连接桔视记录仪设备时的精准位置（经纬度）信息 1.67 亿条；

五是过度收集司机学历信息 14.29 万条，以明文形式存储司机身份证号信息 5780.26 万条；

六是在未明确告知乘客情况下，分析乘客出行意图信息 539.76 亿条、常驻城市信息 15.38 亿条、异地商务及异地旅游信息 3.04 亿条；

七是在乘客使用顺风车服务时，频繁索取无关的电话权限；

八是未准确、清晰说明用户设备信息等 19 项个人信息处理目的。

此前，网络安全审查还发现，滴滴公司存在严重影响国家安全的数据处理行为，以及拒不履行监管部门的明确要求，阳奉阴违、恶意逃避监管等其他违法、违规问题。滴滴公司违法、违规运营给国家关键信息基础设施安全和数据安全带来严重安全风险隐患。因涉及国家安全，依法不公开。

对此，滴滴出行也做出回应，原文如下：

> 今天，国家互联网信息办公室对滴滴全球股份有限公司依法作出网络安全审查相关行政处罚的决定，对此我们诚恳接受，坚决服从，严格按照处罚决定和相关法律、法规要求，全面深入自查，积极配合监管，认真完成整改。我们真诚地感谢主管部门的检查和指导，感谢社会公众的批评和监督，我们将引以为戒，坚持安全与发展并重，进一步加强网络安全、数据安全建设，加强个人信息保护，切实履行社会责任，服务好每一位乘客、司机师傅和合作伙伴，实现企业安全健康可持续发展。
>
> 滴滴全球股份有限公司
>
> 2022 年 7 月 21 日

观点探讨

本案的违法主体是如何认定的？[1]

滴滴公司成立于 2013 年 1 月，相关境内业务线主要包括网约车、顺风车、两轮车、造车等，相关产品包括滴滴出行 App、滴滴车主 App、滴滴顺风车 App、滴

1 内容来自《国家互联网信息办公室有关负责人就对滴滴全球股份有限公司依法作出网络安全审查相关行政处罚的决定答记者问》，http://www.cac.gov.cn/2022-07/21/c_1660021534364976.htm。

滴企业版 App 等 41 款 App。

滴滴公司对境内各业务线重大事项具有最高决策权，制定的企业内部制度规范对境内各业务线全部适用，且对落实情况负监督管理责任。该公司通过滴滴信息与数据安全委员会及其下设的个人信息保护委员会、数据安全委员会，参与网约车、顺风车等业务线相关行为的决策指导、监督管理，各业务线违法行为是在该公司统一决策和部署下的具体落实。据此，本案违法行为主体认定为滴滴公司。

滴滴公司董事长兼 CEO 程维、总裁柳青，对违法行为负主管责任。

对滴滴公司作出网络安全审查相关行政处罚的决定的主要依据是什么？

此次对滴滴公司的网络安全审查相关行政处罚，与一般的行政处罚不同，具有特殊性。滴滴公司违法、违规行为情节严重，结合网络安全审查情况，应当予以从严、从重处罚。

一是从违法行为的性质看，滴滴公司未按照相关法律、法规规定和监管部门要求，履行网络安全、数据安全、个人信息保护义务，置国家网络安全、数据安全于不顾，给国家网络安全、数据安全带来严重的风险隐患，且在监管部门责令改正情况下，仍未进行全面深入整改，性质极为恶劣。

二是从违法行为的持续时间看，滴滴公司相关违法行为最早开始于 2015 年 6 月，持续至 2022 年，时间长达 7 年，持续违反 2017 年 6 月实施的《网络安全法》、2021 年 9 月实施的《数据安全法》和 2021 年 11 月实施的《个人信息保护法》。

三是从违法行为的危害看，滴滴公司通过违法手段收集用户剪切板信息、相册中的截图信息、亲情关系信息等个人信息，严重侵犯用户隐私，严重侵害用户个人信息权益。

四是从违法处理个人信息的数量看，滴滴公司违法处理个人信息达 647.09 亿条，数量巨大，其中包括人脸识别信息、精准位置信息、身份证号等多类敏感个人信息。

五是从违法处理个人信息的情形看，滴滴公司违法行为涉及多个 App，涵盖过度收集个人信息、强制收集敏感个人信息、App 频繁索权、未尽个人信息处理告知义务、未尽网络安全数据安全保护义务等多种情形。

综合考虑滴滴公司违法行为的性质、持续时间、危害及情形，对滴滴公司作出网络安全审查相关行政处罚的决定的主要依据是《网络安全法》《数据安全法》《个人信息保护法》《中华人民共和国行政处罚法》等有关规定。

下一步，网络执法的重点方向和领域都有哪些？

近年来，国家不断加强对网络安全、数据安全、个人信息的保护力度，先后颁布了《网络安全法》《数据安全法》《个人信息保护法》《关键信息基础设施安全保护条例》《中华人民共和国网络安全审查办法》《数据出境安全评估办法》等法律、法规。网信部门将依法加大网络安全、数据安全、个人信息保护等领域执法力度，通过执法约谈、责令改正、警告、通报批评、罚款、责令暂停相关业务、停业整顿、关闭网站、下架、处理责任人等处置处罚措施，依法打击危害国家网络安全、数据安全、侵害公民个人信息等违法行为，切实维护国家网络安全、数据安全和社会公共利益，有力保障广大人民群众合法权益。同时，加大典型案例曝光力度，形成强大声势和有力震慑，做到查处一案、警示一片，教育引导互联网企业依法合规运营，促进企业健康规范有序发展。

如何看待网络安全审查申报义务？

网络安全审查重点在于确保关键信息基础设施供应链的安全。

根据网络安全审查办公室的通告，网络安全审查的法律依据主要来自《中华人民共和国国家安全法》《网络安全法》和《中华人民共和国网络安全审查办法》。具体法条包括：

《中华人民共和国国家安全法》第五十九条规定：国家建立国家安全审查和监管的制度和机制，对影响或者可能影响国家安全的外商投资、特定物项和关键技术、网络信息技术产品和服务、涉及国家安全事项的建设项目，以及其他重大事项和活动，进行国家安全审查，有效预防和化解国家安全风险。

《网络安全法》第三十五条规定：关键信息基础设施的运营者采购网络产品和服务，可能影响国家安全的，应当通过国家网信部门会同国务院有关部门组织的国家安全审查。

《中华人民共和国网络安全审查办法》第十六条规定：网络安全审查工作机制成员单位认为影响或可能影响国家安全的网络产品和服务以及数据处理活动，由网络安全审查办公室按程序报中央网络安全和信息化委员会批准后，依照本办法的规定进行审查。

另外，《数据安全法》第二十四条也规定了数据安全审查制度，国家建立数据安全审查制度，对影响或者可能影响国家安全的数据处理活动进行国家安全审查，依法作出的安全审查决定为最终决定。

关于网络安全审查，国家网信办明确指出，滴滴公司存在恶意逃避监管情况。因此，企业应注意主动判断自身是否负有申报网络安全审查的义务，并在认为存在涉及网络安全审查的可能时，及时与监管部门沟通，明确是否负有申报义务。

合规启示

滴滴事件始于网络安全审查，最终导致网信部门对滴滴网络与数据合规状况的全面检查与高额罚款，再次体现了网络安全与数据合规逐步进入全面、严格的监管时代。企业切不可心存侥幸，勿以为在网站上多加一个声明或个人用户同意，就可以规避审查与处罚，也不要以为设置了若干层 VIE（协议控制）架构就可以逃避监管。所有的“阳奉阴违”和“拒不改正”在愈加完善的监管体制面前都会无所遁形。

掌握中国用户数据的广大企业，尤其是汽车、物流、医疗、教育、交通、互联网、金融等行业的平台型企业，应当引以为戒，注意结合自身行业特征，梳理和发现个人信息保护和数据安全的漏洞和问题，及时完善相关组织体系、管理制度、操作流程和保障机制，同时加强对员工开展数据合规培训。

01. 重视个人信息保护合规

企业应对个人信息的收集和使用的目的、范围向用户进行明确告知，并征得用户同意，在必要、合理的范围内进行个人信息的处理。《个人信息保护法》以企业上一年度营业额为罚款计算基数，相比常见的以违法所得为基准，对企业影响更大。

02. 重视网络与数据领域的国家安全风险

企业应加深理解并切实遵守相关监管要求，包括但不限于网络安全审查申报义务、数据出境限制、重要数据处理风险评估等。

03. 加强内部合规管理

企业应对数据进行分类、分级保护，从技术上、管理上持续优化合规管理机制，包括使用密码对重要数据和核心数据进行保护，重要数据处理者应向当地网信部门对重要数据进行备案，制订培训计划、每年培训数据安全技术和管理人员，等等，以塑造合规文化。

04. 关注外部合规环境

企业应根据法律法规发展、网络与数据安全局势变化及监管趋势，及时调整合规策略，适时与监管沟通；及时、有规划地提升网络安全与数据合规水平；建立有效的合规管理体系，以预防、发现并及时处置不合规情况。

结语

未来，数据合规将日益影响企业的业务运营。从国家安全的角度出发，数据收集、使用等活动受到监管和限制，是数据主权化浪潮的必然之举。企业只有率先构建起自身的数据生态，才能让数据生产要素发挥出强大的作用，成为企业真正意义上的战略资源。数据合规，任重而道远。

从《民法典》《网络安全法》到《数据安全法》，国家已经制定出台了一系列有关互联网安全、保护信息数据的法律、法规。2021 年 6 月 29 日，深圳市第七届人大常委会第二次会议表决通过《深圳经济特区数据条例》。2022 年 1 月 1 日，这个被定义为国内数据领域首部基础性、综合性立法正式实施。该条例近两万字，主要涵盖个人数据、公共数据、数据要素市场、数据安全和法律责任五个方面，每一方面都触碰到了当下数据安全领域的核心。深圳作为中国特色社会主义先行示范区，通过地方立法和地方监督，为全国的相关法制建设以及司法案例的判决探索了更多路径，意义重大。

相关法律、法规

《中华人民共和国国家安全法》第三十五条、第五十九条

《中华人民共和国网络安全审查办法》第十六条

《数据安全法》第二十四条

《个人信息保护法》第三十八条、第三十九条、第四十条、第六十六条

《网络安全法》第三十一条、第三十七条

六、肖像权合规管理

肖像指的是特定个人可以被识别的外部形象，它的概念不仅局限于面部特征，还包括局部特写、体貌、背影。只要能和特定的人产生对应关系，具有可识别性，就可以被认定为肖像。例如，照片上只露出半张脸、一个侧影或是一颗痣，只要能通过这些外部特征识别出当事人的身份，那么它就属于当事人的肖像。肖像权是自然人有权依法制作、使用、公开或者许可他人使用自己肖像的权利，多数人对它的认知来自名人、明星等公众人物。然而，随着网络社交媒体的发展，普通人的肖像也经常被不当使用，有的甚至涉嫌违法。

案说

案例：违法使用“葛优躺”表情包被判侵权案件[1]

北京筑巢新游网络技术有限公司（以下简称北京筑巢公司）系微信公众号“筑巢活动”的注册主体。2023 年 4 月，国家裁判文书网公告显示，涉案公众号“筑巢活动”于 2015 年 11 月 4 日发布了标题为《黄渤能超越葛优吗？｜“喜剧之王”》的配图文章，其中使用了 6 张载有葛优肖像的图片，且文章尾部标示有官方微博、官方微信、活动微信等商业宣传信息。北京筑巢公司提交涉案公众号“筑巢活动”后台截图，显示涉案文章发布于 2015 年 11 月 4 日，阅读量为 33。

葛优饰演电视剧《我爱我家》中的“二混子”季春生时，应剧情需要，以放

1　案例来自中国裁判文书网《北京筑巢新游网络技术有限公司与葛优网络侵权责任纠纷二审民事判决书》，https://wenshu.court.gov.cn/website/wenshu/181107ANFZ0BXSK4/index.html?docId=YBxnFgDqvuAESp/juPjucMkmeWBt8RDM96BrwUegO4G6W87oUmO03J/dgBYosE2gp89x0Y4XZh+4H3rZqNtryIir7xUqd2c1sTBdlA3qfQbcQBF/mwjRXxL0QtjdOE0O。

松的姿势躺在沙发上的剧照，成为互联网聊天中红极一时的表情包。

法院审理认为，自然人的肖像权受法律保护，未经本人同意，其他人或组织不得制作、使用、公开肖像权人的肖像。北京筑巢公司在其微信公众号中使用葛优肖像图片吸引公众关注、阅读，且未提交证据证明其取得了当事人的授权，一审法院认为北京筑巢公司的行为侵犯了葛优的肖像权。肖像权受到侵害的，自然人有权要求侵权方停止损害、消除影响、赔礼道歉，并可以要求赔偿损失。

一审法院判决，北京筑巢公司在微信公众号“筑巢活动”中连续三日登载声明，向葛优赔礼道歉；同时赔偿葛优经济损失 3000 元。二审法院维持原判。

中国裁判文书网显示，近年来，葛优以侵犯肖像权为由，多次将相关企业和账号起诉到法院。截至 2023 年 3 月 22 日，与之相关的民事案件判决文书超 600 份，涉及 544 起案件，案由均是葛优起诉企业使用“葛优躺”照片侵犯其肖像权。

这 544 起案件中，葛优胜诉率达 99.6%，有 541 家企业在赔礼道歉的同时，赔偿葛优经济损失、合理维权成本等共计 759.4392 万元。

观点探讨

法律中有关肖像及肖像权的规定

《民法典》第一千零一十八条规定：自然人享有肖像权，有权依法制作、使用、公开或者许可他人使用自己的肖像。

肖像是通过影像、雕塑、绘画等方式在一定载体上所反映的特定自然人可以被识别的外部形象。

肖像权的主体仅限于自然人，是自然人与生俱来的权利，只能由特定自然人享有。而是否具有标识性，是认定某一外部形象是否是肖像权法规所要保护的“肖像”的关键所在。通过拍照、摄影、素描、雕塑等表现形式，再现于物质载体且足以证明和象征特定民事主体的独立人格的视觉形象，就是肖像。此处的“再现”

不要求百分之百“还原”，只要足以辨别出某一特定的自然人即可。

由于肖像权是绝对权、支配权、专属权，肖像权人可以对自己专有的肖像进行自由处置，具体表现在以下几个方面：

1. 制作肖像的权利。如果说肖像权的取得来源于法律的赋予，那么肖像权的真正享有则是基于肖像的制作。肖像的制作是指通过照相、录影、雕刻、绘画等方式将自然人的外貌形象固定在胶片、相纸、光盘、雕像、画纸或其他物质载体上，使自然人的外貌形象转化为肖像的全部过程。肖像权人可以根据自己的需要或他人、社会的需要，自主决定自行制作肖像或许可他人制作自己的肖像，自主选择肖像的制作方式与途径，自主设计肖像的呈现效果。只要不违反法律和公序良俗，他人便不得随意干涉和阻止。他人未经肖像权人的同意或授权，不得擅自制作肖像权人的肖像。例如，生活中常见的偷拍行为，即是侵犯肖像权的典型类型。

2. 使用肖像的权利。肖像一旦被制作出来，固定在一定的物质载体上，便独立于世，可以为人们所支配、利用。尽管肖像的使用价值具有普遍的意义，但享有使用专有权的只能是肖像权人自己。在不违反法律和公序良俗的前提下，肖像权人有权出于任何目的，以任何方式使用自己的肖像，并通过使用肖像取得精神上的满足和财产上的收益。自然人有权禁止他人非法使用自己的肖像。

3. 公开肖像的权利。在自然人的肖像以特定方式呈现在物质载体上之后，肖像权人即有权决定是否将肖像公之于众，是否以营利为目的，是在特定范围内公开还是向不特定的人公开。肖像的公开方式主要有发表、发行、展览等，必须在法律和公序良俗许可的范围内。除此之外，肖像权人还有权禁止他人未经自己的同意或授权擅自公开自己的肖像。

4. 许可他人使用自己肖像的权利。当自然人的肖像以艺术的方式再现，具体地、独立地被固定在某一特定的物质载体上的时候，肖像便具有了物的属性。自然人有权通过平等协商、签订合同等方式有偿或者无偿地允许他人以约定方式在约定时间内使用自己的肖像。除非违反法律和公序良俗，否则他人不得随意干涉和阻止。

法律上如何定义侵害肖像权的行为?

《民法典》第一千零一十九条规定：任何组织或者个人不得以丑化、污损，或者利用技术信息手段伪造等方式侵害他人的肖像权。未经肖像权人同意，不得制作、使用、公开肖像权人的肖像，但是法律另有规定的除外。

自然人应如何维护自身的合法权益呢？根据《民法典》的相关规定，被侵害人可以要求行为人承担消除影响、恢复名誉、赔礼道歉等民事责任。侵权行为情节严重的，还可以主张精神损害赔偿。如果侵权行为人拒不承担侵权责任，那么被侵权人可以依法提起诉讼。

此外，《民法典》把肖像和声音等纳入人格权独立成编，强化了对自然人人格权的保护，扩大了对肖像权的保护范围。《民法典》加大了对肖像权的保护，取消了《民法通则》中“以营利为目的”作为侵犯肖像权的要件。行为人无论是否以营利为目的，只要未经同意使用他人肖像，都可能构成侵权。

肖像权的合理使用范围包括哪些?

肖像权的合理使用范围在《民法典》的第一千零二十条是有规定的，包括：

（一）为个人学习、艺术欣赏、课堂教学或者科学研究，在必要范围内使用肖像权人已经公开的肖像；

（二）为实施新闻报道，不可避免地制作、使用、公开肖像权人的肖像；

（三）为依法履行职责，国家机关在必要范围内制作、使用、公开肖像权人的肖像；

（四）为展示特定公共环境，不可避免地制作、使用、公开肖像权人的肖像；

（五）为维护公共利益或者肖像权人合法权益，制作、使用、公开肖像权人的肖像的其他行为。

《民法典》将自然人的声音也纳入法律保护范围

《民法典》将声音作为一种新型的人格权益，参照肖像权来进行保护。声音跟肖像一样，具有人身属性，可以成为识别个人身份的重要依据。在商品化利用时，声音还具有财产属性，尤其是名人或者具有特定场景应用特点的声音。一旦其声音片段被剪辑重组并应用于其他软件或场景中，就可能给声音主体的人身权益、财产权益造成损害。

因此，《民法典》提出了对自然人声音的保护，防止其被混淆、滥用、冒用、不正当使用，损害声音主体的人身权益、财产权益。

一般情况下，行为人模仿名人来进行表演是合法的，但是如果模仿他人的声音应用于经营领域，这就属于严重的侵权行为。比如明星的声音在没有授权的情况下，被应用到导航、文章朗读等软件中，就会对当事人主体的人格权和财产权造成一定损害。

葛优针对侵犯其肖像权的企业多次发起维权诉讼，这给企业带来了什么样的启示？

公民的肖像权受法律保护，未经本人同意，任何人或组织不得违法使用公民肖像。特别是演艺人员，由于其具有广泛的知名度，因此其肖像明显具有一定的商业价值。商业公司未经权利人许可，擅自在自己的公众号文章、广告宣传中使用被上诉人的肖像，吸引用户点击、关注、浏览其微信公众号、文章或广告，进行商业性宣传，就构成对权利人肖像权的侵犯。

综上，在肖像权的使用上，任何人或组织都不能任性。尊重他人的肖像权应当成为每个人或组织的基本行为准则。

合规启示

在《民法典》实施之前，认定侵犯肖像权的依据之一是以营利为目的，但《民法典》对此进行了修改，没有将以营利为目的作为认定侵权的依据。

《民法典》第一千零一十九条定义了侵害肖像权的行为，第一千零二十条则规定了合理使用的情形。

因此，在涉及肖像权合规使用时，企业应当首先明确使用场景是否构成合理使用的行为。如不构成而又确需使用的，应当寻求权利人的许可授权，并通过书面的形式将授权范围、形式以及授权期限等确定下来，同时在企业内部做好合规管理，防止超范围、超期限使用。

结语

随着人工智能的发展，人们可以通过 AI（人工智能）换脸等技术造出假的人像、照片以及视频，包括高度模仿人的声音，几乎到了以假乱真的程度。法律在与时俱进，《民法典》中的人格权编就极大地丰富和充实了肖像权保护的内容，不仅从法律角度定义了“肖像”，也对肖像权侵犯的认定标准、合理使用规则等作了系统性的规定，还首次把声音纳入保护范围，参照适用肖像权的有关规定，为社会生活、企业运营以及司法审判等提供了更为明确的法律指引。

相关法律、法规

《民法典》第一千零一十八条、第一千零一十九条、第一千零二十条、第一千零二十三条

专家团队

张爱芹
深圳市光明区
中科合规法律研究院
副理事长

刘润兴
深圳市鹏城
法律合规研究院
副院长

七、未成年人网络保护体系合规管理

现在有些孩子长时间玩手机、玩电脑，让家长感到头疼。毕竟未成年人的自控能力差，一旦沉迷网络游戏、平台直播，他们不仅要耗费大量的时间、精力，还可能随意乱花钱，给家庭带来经济损失，甚至造成经济负担。营造风清气朗、有利于未成年人成长、成才的互联网环境，已成为全社会共同探索和努力的目标，也是我们当下迫切需要解决的重点和难点问题。随着国家加大管控力度，防止未成年人沉迷网络游戏已不单单是家长的责任，同时也是网络服务提供商的义务。全面构建新时代未成年人网络保护体系，没有局外人，也没有终点。

案说

案例一：刘某诉某科技公司合同纠纷案[1]

刘某生于2002年，初中辍学。2018年10月23日至2019年1月5日，刘某使用父母用于生意资金流转的银行卡，多次向某科技公司账户转账，用于打赏直播平台主播，打赏金额近160万元。刘某父母得知后，希望某科技公司退还全部打赏金额，遭到该公司拒绝。后刘某诉至法院，要求某科技公司返还上述款项。

法院在审理该案时，多次组织双方当事人调解。经过耐心细致的辨法析理，当事双方最终达成庭外和解，刘某申请撤回起诉，某科技公司自愿返还近160万元打赏款项并履行完毕。

1 案例来自《最高法发布未成年人权益司法保护典型案例》，https://baijiahao.baidu.com/s?id=1693181876478583758&wfr=spider&for=pc。

案说

案例二：马某诉某网购平台合同纠纷案[1]

14 周岁的女孩小雨（化名）在某网购平台上注册了账号，但未经实名认证。小雨喜欢打游戏，于是在网购平台上的一家网店多次购买游戏装备，共计支付 3 万余元。小雨提供绑定游戏的手机号是其母亲马某的，支付购买游戏装备的账号都是使用其母亲马某的姓名和身份证号进行实名认证的。马某发现小雨购买游戏装备的行为后，及时与网店客服人员联系，表示对小雨购买游戏装备及付款行为不予追认并要求网店退款。网店客服人员同意返还 1 万元。

马某多次与客服人员沟通，均未达成一致，遂将该网店诉至大城县人民法院。马某认为小雨购买的游戏装备为皮肤、面具、小花裙子等，符合未成年女孩的喜好，结合小雨与客服工作人员的聊天记录，可以确定是小雨本人购买，且客服工作人员一直在诱导和欺骗小雨，才使小雨做出了与其年龄、智力不相符的大额消费行为，系被告恶意行为造成。作为小雨的法定代理人，马某对小雨的消费行为不予追认，要求该网店返还小雨购买游戏装备款 3 万余元。

法院经审理认为，本案系网络服务合同纠纷。涉案游戏装备内的皮肤、面具、小花裙子等符合女孩的喜好。马某发现孩子购买游戏装备及付款行为后，及时联系网店客服人员，反映未成年人购买游戏装备及付款问题，并要求网店返还相应款项，是未成年人监护人采取的补救措施。关于涉案购买游戏装备及付款行为的效力问题，小雨实施购买游戏装备及付款行为时年龄为 14 周岁，属于限制民事行为能力人，其购买游戏装备 7 次、共计支付 3 万余元的行为，显然与其年龄、智力不相适应。小雨的法定代理人马某明确表示对该行为不予追认，故小雨实施的上述行为无效。综上，法院遂依法判决被告某网店向原告返还购买游戏装备款 3 万余元。

1　案例来自《就案说法｜14 岁少女万元买游戏装备该不该退费》，https://baijiahao.baidu.com/s?id=1710624966414348201&wfr=spider&for=pc。

观点探讨

根据案例，部分未成年人在看直播或玩网络游戏的时候，有斥巨资打赏或者购买游戏装备和皮肤的问题。法律如何认定这样的行为？

未成年人网络打赏、购买游戏装备和皮肤是在民事主体之间发生的民事活动，需要结合《民法典》的相关规定进行分析。根据《民法典》第一百四十四条以及一百四十五条的规定，无民事行为能力人实施的民事法律行为无效。限制民事行为能力人实施的纯获利益的民事法律行为或者与其年龄、智力、精神健康状况相适应的民事法律行为有效；实施的其他民事法律行为经法定代理人同意或者追认后有效。这里的无民事行为能力的未成年人是指不满八周岁的未成年人，限制民事行为能力人指八周岁以上且不满十八周岁的未成年人。

因此，对于未满八周岁的未成年人，网络打赏、购买游戏装备和皮肤的行为无效，所产生消费支出网络服务供应商应予以返还；对于八周岁以上的未成年人，我们一般认为巨资打赏以及巨额购买游戏装备的行为与其年龄、智力并不相适应，如未经监护人同意，且监护人不存在为未成年人提供生物识别、支付密码等行为，该消费行为无效，相应消费支出也需要返还。

此外，直播平台有义务封禁未成年人的打赏功能，网络游戏企业也应采取有效措施，规范向未成年人提供付费服务。

2019 年 10 月 25 日，国家新闻出版署发布了《关于防止未成年人沉迷网络游戏的通知》，第三条规定，规范向未成年人提供付费服务。网络游戏企业须采取有效措施，限制未成年人使用与其民事行为能力不符的付费服务。

2020 年 11 月 12 日，国家广播电视总局发布了《关于加强网络秀场直播和电商直播管理的通知》，第六条规定，网络秀场直播平台要对网络主播和“打赏”用户实行实名制管理。未实名制注册的用户不能打赏，未成年用户不能打赏。

未成年人能否参与直播？网络服务提供者该如何保护未成年人的权益呢？

《中华人民共和国未成年人保护法》（以下简称《未成年人保护法》）第七十六条规定：网络直播服务提供者不得为未满十六周岁的未成年人提供网络直播发布者账号注册服务；为年满十六周岁的未成年人提供网络直播发布者账号注册服务时，应当对其身份信息进行认证，并征得其父母或者其他监护人同意。

也就是说，对于未成年人能否进行直播的问题，《未成年人保护法》明确规定了网络平台不能向未满十六周岁的用户开放注册直播账号；十六周岁至十八周岁的未成年人注册直播账号，需征得父母或其他监护人同意。

对于未成年人的数据保护问题，《深圳经济特区数据条例》作了哪些规定？

关于企业如何履行未成年人敏感个人数据保护的义务

为加强对未成年人个人数据的保护，在数字时代为其创造更有利的成长环境，《深圳经济特区数据条例》将未满十四周岁未成年人的个人数据视作敏感个人数据，并对未成年人个性化推荐做了严格限制。

由于未成年人缺乏基本的辨识认知能力，难以辨别对其进行的个性化推荐是否符合其自身利益。因此，数据处理企业应该建立一定的机制识别用户身份，判断用户是否属于未满十四周岁未成年人；对未满十四周岁未成年人进行用户画像时，其目的只能是维护未满十四周岁未成年人的合法权益，而不是营利等；处理数据时，还应该通过一定方式获得监护人的明示同意。

关于违反《深圳经济特区数据条例》的法律风险

企业一旦违反《深圳经济特区数据条例》关于未成年人个人数据的规定，所产生的法律风险是严重的、多层面的。

数据处理者违反《深圳经济特区数据条例》规定处理数据，给他人造成损害的，应当依法承担民事责任；构成违反治安管理行为的，依法给予治安管理处罚；构成犯罪的，依法追究刑事责任。

1.民事责任：《个人信息保护法》第六十九条规定，处理个人信息侵害个人信息权益造成损害，个人信息处理者不能证明自己没有过错的，应当承担损害赔偿等侵权责任。前款规定的损害赔偿责任按照个人因此受到的损失或者个人信息处理者因此获得的利益确定；个人因此受到的损失和个人信息处理者因此获得的利益难以确定的，根据实际情况确定赔偿数额。

未成年人是国家的未来，是社会的希望。当数据处理企业的数据处理活动侵害或者可能侵害不特定未成年人的个人数据时，检察机关可以依法行使职责，提起公益诉讼。

2.行政责任：《个人信息保护法》第三十一条规定，个人信息处理者处理不满十四周岁未成年人个人信息的，应当取得未成年人的父母或者其他监护人的同意。个人信息处理者处理不满十四周岁未成年人个人信息的，应当制定专门的个人信息处理规则。《个人信息保护法》第六十六条规定，违反本法规定处理个人信息，或者处理个人信息未履行本法规定的个人信息保护义务的，由履行个人信息保护职责的部门责令改正、给予警告，没收违法所得，对违法处理个人信息的应用程序，责令暂停或者终止提供服务；拒不改正的，并处一百万元以下罚款；对直接负责的主管人员和其他直接责任人员处一万元以上十万元以下罚款。有前款规定的违法行为，情节严重的，由省级以上履行个人信息保护职责的部门责令改正，没收违法所得，并处五千万元以下或者上一年度营业额百分之五以下罚款，并可以责令暂停相关业务或者停业整顿、通报有关主管部门吊销相关业务许可或者吊销营业执照等。

3.刑事责任：《刑法》第二百五十三条之一规定，违反国家有关规定，向他人出售或者提供公民个人信息，情节严重的，处三年以下有期徒刑或者拘役，并处或者单处罚金；情节特别严重的，处三年以上七年以下有期徒刑，并处罚金。

合规启示

01. 落实实名认证及限时提供服务的要求

为保护未成年人的合法权益，有条件的企业应当采取人脸识别等技术手段，设置准入门槛；落实实名制认证要求，针对未成年人用户，设置防沉迷系统，严格控制游戏时段和时长，并且限制消费金额。根据《关于进一步严格管理切实防止未成年人沉迷网络游戏的通知》的规定，所有网络游戏企业仅可在周五、周六、周日和法定节假日每日 20 时到 21 时，向未成年人提供 1 小时网络游戏服务，其他时间均不得以任何形式向未成年人提供网络游戏服务。

02. 加强监督检查

为了规避相关禁令要求，网络上已经出现了未成年人通过租号、卖号等途径绕过监管，无限制玩网游的现象，一些网络平台也出现了未成年人网络直播、炒作“网红儿童”的现象。对此，企业应当加强监督检查，对存在可疑的账号实施封号处理。

03. 加强未成年人个人信息保护

企业需严格遵守《未成年人保护法》《个人信息保护法》《深圳经济特区数据条例》等法律、法规，防范未成年人个人信息和隐私泄露，规范处理未成年人数据，避免其遭受网络侵扰等，实现对未成年人人格权利的有效保护。

04. 营造清朗网络空间

网络视频平台、直播平台、游戏运营企业等网络服务提供者应自觉遵守国家法律、法规，大力弘扬社会主义优秀传统文化和道德准则，推进网络文明建设，努力提供健康绿色的网络文化产品和信息内容服务，为未成年人的健康成长提供良好的网络环境。

同时，企业应认真履行平台监管责任，利用技术有效遏制网络不良信息的制作和传播，大力弘扬社会主义优秀文化和精神文明，不断提高网络主播等从业人员的职业素养，自觉接受公众监督，共建、共享清朗网络空间。

结语

随着网络服务的快速发展，新型消费释放出巨大的潜力；数字经济不断发展，网络治理也在随之不断完善。未成年人作为特殊群体，企业在为其提供服务时，更应当关注他们的身心健康。不论是防沉迷系统，还是禁止未成年人直播以及打赏，都需要多方合作和监督。只有企业、家长、学校和社会共同参与，各司其职，我们才能为孩子营造更好的成长环境。

相关法律、法规

《民法典》第十九条、第一百四十四条、第一百四十五条

《刑法》第二百五十三条

《未成年人保护法》第七十六条

《个人信息保护法》第六十六条、第六十九条

《深圳经济特区数据条例》第十八条、第二十条

《关于加强网络秀场直播和电商直播管理的通知》第六条

《关于防止未成年人沉迷网络游戏的通知》第三条

专家团队

王茂祺
深圳大学
合规研究院
研究员

蔡传鑫
深圳市光明区
中科合规法律研究院
高级顾问

CHAPTER

04

第四章

专项领域合规管理

一、反垄断合规

垄断是市场经济的大敌，滥用市场支配地位的垄断行为排除、限制了相关市场竞争。互联网平台的兴起给经济发展带来了深远的影响，与传统行业相比，互联网平台的垄断行为具有跨界滥用平台支配地位和滥用相对数据优势等新特征，现有监管体系亟须作出适当调整，以保障平台经济的健康发展。因此，国家加大力度强化反垄断工作，防止资本的无序扩张，监管部门一手完善规则，如新修订的《反垄断法》在 2022 年 8 月 1 日正式实施，发布了关于平台经济领域的反垄断指南。相关部门严格执法，查处多起互联网领域的垄断案件，取得了良好成效。

案说

案例：阿里巴巴集团被罚款 182.28 亿元[1]

2020 年 12 月，国家市场监督管理总局依据《反垄断法》对阿里巴巴集团控股有限公司（以下简称阿里巴巴集团）在中国境内网络零售平台服务市场滥用市场支配地位行为进行立案调查。

国家市场监督管理总局成立专案组，在扎实开展前期工作基础上，对阿里巴巴集团进行现场检查，调查询问相关人员，查阅复制有关文件资料，获取大量证据材料；对其他竞争性平台和平台内商家广泛开展调查取证；对本案证据材料进行深入核查和大数据分析；组织专家反复深入开展案件分析论证；多次听取阿里巴巴集团陈述意见，保障其合法权利。本案事实清楚、证据确凿、定性准确、处

1　案例来自《阿里巴巴被罚 182.28 亿元，公司回应：诚恳接受，坚决服从！》，https://baijiahao.baidu.com/s?id=1696621464763044754&wfr=spider&for=pc。

理恰当、手续完备、程序合法。

经查，阿里巴巴集团在中国境内网络零售平台服务市场具有支配地位。自2015年以来，阿里巴巴集团滥用该市场支配地位，对平台内商家提出“二选一”要求，禁止平台内商家在其他竞争性平台开店或参加促销活动，并借助于市场力量、平台规则和数据、算法等技术手段，采取多种奖惩措施保障“二选一”要求的执行，从而维持、增强自身市场力量，获取不正当竞争优势。

调查表明，阿里巴巴集团实施“二选一”行为排除、限制了中国境内网络零售平台服务市场的竞争，妨碍了商品服务和资源要素自由流通，影响了平台经济创新发展，侵害了平台内商家的合法权益，损害了消费者利益，构成《反垄断法》第十七条第一款第四项禁止“没有正当理由，限定交易相对人只能与其进行交易或者只能与其指定的经营者进行交易”的滥用市场支配地位行为。

根据《反垄断法》第四十七条、第四十九条的规定，综合考虑阿里巴巴集团违法行为的性质、程度和持续时间等因素，2021年4月10日，国家市场监督管理总局依法作出行政处罚决定，责令阿里巴巴集团停止违法行为，并处以其2019年中国境内销售额4557.12亿元4%的罚款，计182.28亿元。同时，按照《中华人民共和国行政处罚法》坚持处罚与教育相结合的原则，国家市场监督管理总局向阿里巴巴集团发出《行政指导书》，要求其围绕严格落实平台企业主体责任、加强内控合规管理、维护公平竞争、保护平台内商家和消费者合法权益等方面进行全面整改，并连续三年向国家市场监督管理总局提交自查合规报告。

观点探讨

加强对互联网平台反垄断监管的背景是什么？

互联网平台本身具有经济学上的网络效应、资源聚合效应等特点。产品、客户及不同的利益相关者会自动向更强大的平台聚集，很多平台本身具有垄断的基因。平台企业滥用其在流量和资本上的优势地位，通过巨额补贴以低于成本价的商品售价扰乱市场秩序，本质上是一种不公平的竞争行为。

平台企业在缺少有效监管的环境下野蛮生长，反垄断工作的形势也越来越严峻。尤其是近年来，随着平台已遍及人们生活的方方面面，逐渐形成庞大的平台“生态系统”，平台巨头滥用垄断地位的行为日渐增多，出现了自我优待、强制“二选一”、扼杀式收购等一系列行为，严重破坏了市场竞争秩序，并对消费者利益构成实质性威胁。在这种严峻形势下，加强互联网领域的反垄断监管成为一种现实需求。

因违反《反垄断法》的相关规定，阿里巴巴集团被处以巨额罚款，这样的处罚透露出什么样的信号？

国家市场监督管理总局对阿里巴巴集团作出行政处罚，是监管部门强化反垄断和防止资本无序扩张的具体举措，是对平台企业违法、违规行为的有效惩治。这不意味着否定平台经济在经济社会发展全局中的重要作用，也不意味着国家支持平台经济发展的态度有所改变，而是意味着国家要坚持发展和规范并重，把握平台经济发展规律，建立健全平台经济治理体系，推动平台经济规范健康可持续发展。

2015 年以来，阿里巴巴集团为阻碍其他竞争性平台发展，维持、巩固自身市场地位，获取不当竞争优势，实施“二选一”垄断行为，限定商家只能与其进行交易，违反了《反垄断法》关于“没有正当理由，限定交易相对人只能与其进行交易或者只能与其指定的经营者进行交易”的规定，构成滥用市场支配地位行为。根据《反垄断法》，对实施滥用市场支配地位行为的经营者，应处上一年度销售额百分之一以上百分之十以下的罚款。监管部门综合考虑阿里巴巴集团违法行为的性质、程度和持续时间等因素，对其处以 2019 年销售额 4% 的罚款，有力地维护了法律的权威，是对平台内商家和广大消费者合法权益的切实保护，也是对平台经济发展秩序的有效规范。

此次处罚就是向社会释放出必须加强互联网领域反垄断监管的信号，打消一些企业可能存在的侥幸和观望心理。正如国家市场监督管理总局指出的：互联网行业不是反垄断法外之地，所有企业都应当严格遵守反垄断法律、法规。

2022 年 8 月 1 日，修订后的《反垄断法》正式实施，其中有哪些亮点呢？

《全国人民代表大会常务委员会关于修改〈中华人民共和国反垄断法〉的决定》（以下简称《修正案》）已由中华人民共和国第十三届全国人民代表大会常务委员会第三十五次会议于 2022 年 6 月 24 日通过，自 2022 年 8 月 1 日起施行。

本次修改决定共二十五条，在现行《反垄断法》的基础上进行了实质性新增和修改，其中包括：明确平台经济领域的反垄断规则；引入“安全港”规则；明确垄断协议组织者、帮助者的法律责任；引入经营者集中审查“停表”机制；健全分类分级审查制度；加大处罚力度等。

首次以法律形式规制平台经济领域垄断行为

《修正案》总则部分明确了竞争政策基础地位和公平竞争审查制度，并贯彻落实党中央关于强化反垄断和防止资本无序扩张的决策部署，进一步明确了反垄断相关制度在平台经济领域中的适用规则，规定经营者不得利用数据和算法、技术、资本优势以及平台规则等，从事本法规定的垄断行为，排除、限制竞争。

增加了“安全港”规则

如果经营者能够证明其在相关市场的市场份额低于国务院反垄断执法机构规定的标准，同时符合国务院反垄断执法机构规定的其他条件，经营者之间即使达成垄断协议，也不会被禁止。但这一规则不适用于竞争者之间订立的横向垄断协议。

本次修订同时完善了纵向垄断协议的认定规则。对于经营者和交易相对人达成的纵向垄断协议，经营者能够证明不具有排除、限制竞争效果的，法律也不予禁止。

经营者集中申报审查可中止

特定情况下，国务院反垄断执法机构可以决定中止计算经营者集中的审查期限，并书面通知经营者，以此降低重复申报案件的概率，以及让案件申报审查时间更为明确。

本次修订还首次在法律上明确反垄断执法机构要求经营者集中申报，经营者未申报的，反垄断执法机构享有调查权。

增设“组织帮助型垄断协议”规定

《修正案》要求企业在日常经营中，不仅要确保自身不直接参与相关的垄断协议，还要确保不能为其他企业达成垄断协议提供任何帮助或便利。

加大违法行为的处罚力度

《修正案》大幅提高了对相关违法行为的罚款数额，并对垄断行为实行“双罚制”，即不仅处罚单位，也处罚相关负责人，同时增加失信惩戒、刑事责任等更多违法处罚责任形式。

例如，对于垄断协议，《修正案》明确规定，在达成并实施垄断协议但上一年没有销售额的情形下，可处以五百万元以下的罚款；尚未实施垄断协议的，最高处罚金额从五十万元提高到三百万元；对达成垄断协议负有个人责任的经营者法定代表人、主要负责人和直接责任人员，可处以一百万元以下的罚款。

明确打击行政垄断

行政机关和法律、法规授权的具有管理公共事务职能的组织不得滥用行政权力，通过与经营者签订合作协议、备忘录等方式，妨碍其他经营者进入相关市场或者对其他经营者实行不平等待遇，排除、限制竞争。

反垄断执法机构有权对涉嫌行政垄断的行为进行调查，对涉嫌行政垄断的具有管理公共事务职能的组织的法定代表人或者负责人进行约谈，要求其提出改进措施。

合规启示

《反垄断法》实施的目的是要保障各类市场主体公平参与市场竞争，营造公平竞争的营商环境。尤其是互联网企业，应当特别关注《修正案》对企业提出的新要求，将反垄断合规要求融入企业管理制度，将垄断风险评估纳入日常经营决策，将合法合规的意识发展为企业自身文化。

01. 做好风险自评

互联网企业可以先做风险自评，梳理自查其平台的相关规则、算法和所适用的技术手段，评估是否存在排除或限制竞争的垄断风险，包括是否形成固定价格、分割市场、联合抵制交易等情形，对现有风险尽快采取相应的合规应对措施。

02. 建立反垄断合规制度及流程

企业应建立与业务活动相适应的反垄断合规制度及流程，例如在新的平台规则和业务模式上线之前，加入反垄断合规评估环节，以此将合规落实到日常业务的开展中。

03. 培养企业反垄断合规文化

企业应明确反垄断合规管理部门，认真学习反垄断法律规定，加强对员工的反垄断培训，定期开展反垄断合规自查，建立企业内部激励和奖惩措施，确保企业和员工的行为依法合规。对合规管理中出现的有关问题，企业可以及时与相关专业机构沟通，尽快解决。

结语

从平台经济长远健康发展角度看，依法规范与支持发展并不矛盾，而是相辅相成、相互促进的。唯有在鼓励创新的同时进行有效监管，国家才能以良法善治推动平台经济规范健康持续发展。现如今，国家正在强化反垄断和防止资本无序扩张，也在完善平台企业垄断认定、数据收集使用规范、消费者权益保护等方面的法律、法规。因此，强化反垄断已经是势在必行。掌握着海量数据、先进算法的互联网巨头理应在科技创新上有更多担当和作为，承担起行业巨头的社会责任，做好创新科技赋能，服务产业升级。

相关法律、法规

《反垄断法》全文

《经营者反垄断合规指南》第十一条、第十二条、第十三条

二、反商业贿赂合规

商业贿赂是指经营者与交易相对方的员工、受交易相对方委托办事的单位或个人以及可能利用影响力影响交易的单位或个人以财务或者其他经济利益的方式谋取交易机会或者竞争优势。在企业发展的过程中，经营者采取商业贿赂的手段将极大破坏公平竞争的市场秩序，极易滋生贪污腐败，严重阻碍营商环境的优化。因此，商业贿赂是国家和国际社会严厉打击的行为。

社会治理的基本目标之一是建立干净、有序、公平的营商环境，而贿赂会摧毁诚信，建立诚信社会必须反贿赂；贿赂将侵蚀公正，建立公正社会必须反贿赂；贿赂必破坏法治，建立法治社会必须反贿赂。反贿赂合规制度正是当前社会治理任务的重要工具和抓手。

案说

案例：葛兰素史克中国公司行贿事件[1]

葛兰素史克中国公司行贿事件是2013年7月曝出的一起药品行业行贿受贿事件。涉及此事件的主要厂家葛兰素史克，利用贿赂手段谋求不正当的竞争环境，导致药品行业价格不断上涨。因涉嫌严重商业贿赂等经济犯罪，葛兰素史克（中国）投资有限公司（GSKCI）部分高管被依法立案侦查。或许很多人对葛兰素史克感到陌生，可该公司在中国生产的新康泰克、芬必得等药品，一直以来都是很多人家里的常备药。

透过已经查明的更多案件细节，一个跨国药企的商业贿赂利益链逐渐清晰，将药价推向虚高的幕后黑手开始浮出水面。医药领域商业贿赂现象有多严重？他

1　案例来自央视网《葛兰素史克“贿赂门”》，http://news.cntv.cn/special/glsskxh/index.shtml。

们是怎样操作企图规避法律监管的？又是如何导致药价虚高的？

自 2009 年 2 月以来，英国人马克锐相继担任葛兰素史克处方药事业部总经理、董事会主席、法定代表人等重要职务。为扩大公司的药品销量，马克锐提出了以销售产品为导向的经营方针，并在全体员工年会、领导力峰会、销售精英俱乐部等公司内部各种会议和活动中进行鼓吹宣传。该经营方针得到公司其他高级管理人员的积极响应和支持，逐渐形成了片面追求销售成绩，无视中国相关法律、法规的销售模式。

为提高销量，GSKCI 大量招聘销售人员，改组扩建业务部门。处方药事业部、疫苗部、抗生素及创新品牌事业部等各业务部门人员采取多种形式，向全国各地医疗机构从事医务工作的非国家工作人员行贿。人力资源部制定以销售业绩为核心的工资、奖金等薪酬福利制度及政策，将人力和财力向业务部门倾斜；财务部、合规部、IT 部等其他部门也提供全方位支持、帮助并进行监督、管理和考核；法务部则为行贿提供帮助和打掩护。

其中，GSKCI 大客户团队、各事业部的市场部等部门人员邀请全国各地医疗机构从事医务工作的非国家工作人员参加由其赞助和组织的境内外各类会议，通过支付差旅费、讲课费、安排旅游等方式贿赂与会人员，然后将相关费用分别以研讨会费用等科目在财务系统中报账。在参会人员的支持下，GSKCI 的各类药品得以顺利进入各地医疗机构。

同时，各业务部门通过医药代表等人，以支付业务招待费、讲课费以及现金回扣等方式贿赂全国多地医疗机构的医务人员，并将相关费用以招待费或其他推广费用的科目报账，换得 GSKCI 的药品的使用或扩大使用范围。

通过上述销售策略，葛兰素史克的药品得以在全国广泛销售。但由于成本过高，其药品价格在到达普通消费者手里的时候已经是其成本价的几十倍。

2013 年 2 月，中国公安部经侦局在工作中发现，上海的一家小旅行社在不经营旅游业务的情况下，营业额高达数亿元人民币，其收入来源竟然是为葛兰素史克等知名跨国药企在华的子公司提供会务服务。公安部随即委托湖南省长沙市公安局成立专案组，进行立案侦查。警方顺藤摸瓜，很快掌握了该医药公司部分高管涉嫌犯罪的确凿证据：他们与旅行社等公司人员相互勾结，利用召开会议等形式套取现金，一部分占为己有，一部分用于商业贿赂。

2014 年 9 月 19 日，长沙市中级人民法院依法对 GSKCI 和马克锐等人对非国家工作人员行贿案、非国家工作人员受贿案进行不公开开庭审理。法院以对非国家工作人员行贿罪判处被告单位 GSKCI 罚金人民币 30 亿元，这是迄今为止中国开出的最大罚单，而包括马克锐在内的多名被告人则被判有期徒刑二到四年。

观点探讨

葛兰素史克案件造成的影响是什么？体现了商业贿赂行为存在什么样的危害？

葛兰素史克案件的影响主要体现在三个方面：其一，涉案公司本身付出了惨痛的代价，公司被判处罚金人民币 30 亿元，多名高管分别被判处二到四年有期徒刑；其二，案件对于医药行业相关企业及管理部门是一个警醒，提醒企业及管理部门的人员必须遵纪守法；其三，促使医药行业相关监管措施的出台——国家卫计委（现国家卫生健康委员会）于 2013 年底对卫生部于 2007 年 1 月 19 日印发的《关于建立医药购销领域商业贿赂不良记录的规定》（卫政法发〔2007〕28 号）进行了修订完善。

商业贿赂行为的危害主要体现在以下三个方面：对于企业来说，企业不但要承担行政责任甚至刑事责任，商誉严重受损，而且可能因此丧失参与招投标的资格，严重影响正常经营；对于行业来说，商业贿赂行为破坏了公平竞争的商业秩序，打击了企业依靠创新发展获得竞争优势的意愿；对于消费者来说，商业贿赂的资金最终会纳入产品成本，使得产品价格虚高，损害消费者的合法权益。

目前哪些行业存在商业贿赂高发的风险？原因是什么？

一个行业如果市场竞争不充分，法治环境不完善，监管无力，合规建设不足，通常就会出现商业贿赂或者商业腐败现象。一般来说，高度垄断的行业更容易出现商业贿赂或者商业腐败现象。

目前，我国发生商业贿赂违规行为的企业主要集中在石油、天然气、制药、化工、工程机械、基础设施等行业，而这些都是国际组织未来执法的重点行业，应该特别注意强化合规经营。在企业内部，采购、销售、财务等方面是违规经营的高风险环节，接待方面的请客送礼是我国企业合规经营面临的难点问题。

国家和国际反腐败和反商业贿赂的发展趋势

第一，国家对反腐败行为的管辖范围延伸至海外。

第二，大部分国家加强对企业责任的追究，同时关注个人责任。

第三，大部分国家强调了举报制度的作用和对举报人的保护。

第四，部分国家开始引入受调查对象与政府间的和解机制。

第五，各国在反腐败、反贿赂领域的国际调查和执法合作进一步加强。

第六，大部分监管机构采取了“实质重于形式”的监管原则，在监管要求上也趋严。比如，在涉及“有价值之物”的认定时，美国证券交易委员会会纳入其他不典型的贿赂，如为外国公职人员的配偶提供工作机会，支付外国公职人员儿女的蜜月费用等。

国家反腐败和反商业贿赂的制度设计

中国与国际反腐败、反商业贿赂的接轨始于《联合国反腐败公约》。《联合国反腐败公约》对贿赂犯罪进行了全面的规定，对于禁止贿赂本国公职人员、禁止贿赂外国公职人员或者国际公共组织官员、禁止私营部门内的贿赂以及禁止影响力交易均予以规制。此外，中国还先后加入了《引渡条约》《刑事司法协助条约》和《移管被判人条约》等国际条约。

虽然我国法律上没有商业贿赂这个罪名，但与其对应的有《刑法》上的非国家工作人员受贿罪。《刑法》第一百六十三条规定，公司、企业或者其他单位的工作人员，利用职务上的便利，索取他人财物或者非法收受他人财物，为他人谋取利益，数额较大的，处三年以下有期徒刑或者拘役，并处罚金；数额巨大或者有其他严重情节的，处三年以上十年以下有期徒刑，并处罚金；数额特别巨大或者有其他特别严重情节的，处十年以上有期徒刑或者无期徒刑，并处罚金。

公司、企业或者其他单位的工作人员在经济往来中，利用职务上的便利，违反国家规定，收受各种名义的回扣、手续费，归个人所有的，依照前款的规定处罚。

此外，《中华人民共和国反不正当竞争法》（以下简称《反不正当竞争法》）第七条也规定了经营者不得采用财物或者其他手段贿赂下列单位或者个人，以谋取交易机会或者竞争优势：

（一）交易相对方的工作人员；

（二）受交易相对方委托办理相关事务的单位或者个人；

（三）利用职权或者影响力影响交易的单位或者个人。

经营者在交易活动中，可以以明示方式向交易相对方支付折扣，或者向中间人支付佣金。经营者向交易相对方支付折扣、向中间人支付佣金的，应当如实入账。接受折扣、佣金的经营者也应当如实入账。

企业一旦实施商业贿赂行为，将会受到怎样的处罚？

一是民事责任：主要包括经营者的利益因其他经营者的不正当竞争行为而受损，经营者提起侵权之诉，违法、违规企业因此承担侵权损害赔偿责任。另外，违法、违规企业还存在合同无效的民事法律风险。例如在王老吉商标争夺案中，法院最终认定加多宝公司以贿赂手段签订的合同无效。

二是行政责任：《反不正当竞争法》《国家工商行政管理局关于禁止商业贿赂行为的暂行规定》等法律、法规规定了经营者不得采用商业贿赂手段销售或购买商品。经营者采用财物或者其他手段进行贿赂以销售或者购买商品，构成犯罪的，监督检查部门依法追究刑事责任；不构成犯罪的，监督检查部门可以根据情节处以相应金额的罚款，有违法所得的，予以没收。企业不仅要为自身的商业贿赂行为承担行政责任，还要为本单位员工的贿赂行为承担行政责任。

三是刑事责任：根据《刑法》及最高人民法院、最高人民检察院 2008 年联合发布的《关于办理商业贿赂刑事案件适用法律若干问题的意见》的规定，商业贿赂犯罪涉及的八种罪名分别有：非国家工作人员受贿罪（《刑法》第一百六十三条）、对非国家工作人员行贿罪（《刑法》第一百六十四条）、受贿罪（《刑法》第三百八十五条）、单位受贿罪（《刑法》第三百八十七条）、行贿罪（《刑法》第三百八十九条）、对单位行贿罪（《刑法》第三百九十一条）、介绍贿赂罪（《刑法》第三百九十二条）、单位行贿罪（《刑法》第三百九十三条）。

合规启示

防范商业贿赂风险，建立健全有效的合规体系是重中之重。防止任何一个环节出现贿赂，既包括企业内部的贿赂，也包括企业及其代表与客户、供应商、分包商等之间的贿赂。为带动整个供应链条、生产链条和销售链条的廉洁发展，企业应从以下几个方面重点展开反商业贿赂合规管理工作。

01. 培育合规文化

企业应当遵循自上而下的路线培育合规文化。企业高层对合规重要性的认识和强调是做好合规管理的前提和重要基础，如果企业高层对合规体系不重视，甚至为了追求利益而无视合规，那么合规体系将是无效的。因此，为确保合规计划的有效执行，企业高层必须做出合规承诺，并积极参与和支持合规计划的执行。

02. 识别自身风险

建立合规制度是企业有效完善合规体系的最重要的基础，而建立制度的前提，就是要全面、准确识别企业自身的风险。

03. 构建合规制度

比如捐赠与礼品制度、对第三方管理制度、合规激励与奖惩、违规事件报告与调查、合规培训等。因为每家企业的合规风险不一样，所以每家企业的制度也不会一样，而且不可能一劳永逸。

04. 重视合规培训

商业贿赂产生的风险具有专业性和隐蔽性，员工及商业伙伴往往难以识别业务工作中的潜在风险。因此，企业应建立与其规模相适应的合规培训制度，常态化开展反商业贿赂合规培训，确保企业员工与商业伙伴理解、遵循反商业贿赂合规目标与要求。

05. 注重组织架构

企业应在合规体系的有效运行中，设立专门的合规部门以及搭建相关的组织架构，尽可能保证合规部门的独立性、自主性。

06. 保障有效运行

葛兰素史克案就是一个企业有合规制度，却并无有效运行机制的典型案例。

它的内部规章制度很健全，却仍然发生这样的事件，说明合规在这家公司没有得到有效的运行。

结语

合规促发展，合规出效益。现如今，为了优化营商环境，国内外不断加大对商业贿赂的打击力度。商业贿赂已不再是企业成功的捷径，反而会导致企业“大厦将倾”。强化合规经营、树立品牌诚信，是企业在商业竞争中亟须提升的软实力。而反商业贿赂合规制度体系建设，一是有利于推进制度反腐；二是有利于净化市场环境，建立公平竞争的市场经济秩序；三是有利于法律、法治的实施。

一个完善的合规体系不仅仅是建立全面而完善的内部规章制度。在有制度的情况下，确保它持续、有效地运行，比建规立制更重要。只有多管齐下，企业才能逐渐形成良好的合规管理机制，有效规避和降低合规风险；整个市场才能逐步形成良性竞争机制，保障企业在其运营的市场领域中遵守法律、法规和商业道德标准，维护公平竞争的市场秩序。

相关法律、法规

《刑法》第一百六十三条、第一百六十四条、第三百八十六条、第三百八十七条、第三百八十八条、第三百八十九条、第三百九十条、第三百九十一条、第三百九十三条

《反不正当竞争法》第七条、第十七条、第十九条

专家团队

李刚
深圳市光明区
中科合规法律研究院
高级顾问

叶海波
深圳大学
合规研究院
执行院长

三、环境保护合规

党的十八大以来，以习近平同志为核心的党中央把生态文明建设摆在全局工作的突出位置。在习近平生态文明思想指引下，我国全面加强生态文明建设，一体治理山水林田湖草沙，开展了一系列根本性、开创性、长远性工作，决心之大、力度之大、成效之大前所未有，生态文明建设从认识到实践都发生了历史性、转折性、全局性的变化。绿水青山就是金山银山的理念，成为全党全社会的共识和行动。

现如今，生态文明建设已经写入宪法、党章，具有了更高的法律地位、更强的法律效力，生态环保力度将会持续加大。做好生态环境保护工作不能只停留在行动上，更要以法治作为基础保障。企业作为环境保护的主要责任主体，合规风险日益增大。构建环保合规体系日益成为企业适应新时代新要求、防范和化解生态环保风险、维持企业健康发展的迫切需求。

案说

案例一：工业企业违法偷排重金属超标废水案[1]

2020年10月，深圳市生态环境局执法人员在市政污水管网观察井的日常监测水样中发现总磷因子规律性超标的异常现象。在进一步的污水监测过程中，执法人员意外发现了镍元素。按常理，正常的生活污水不会检测出该元素，而从事电镀或者五金生产经营的工业企业废水中则含有镍元素。由此，执法人员初步判断——辖区内出现了违法偷排污水的企业。

为尽快找到偷排企业，制止环境污染行为，深圳市生态环境局迅速成立了管

1 案例来自南方都市报《市生态环境局光明管理局破获重大环境污染犯罪案件》，https://www.sohu.com/a/432720657_161795。

网组、监测组和分析组等五个行动组。在调查过程中，五个行动组撬开了 40 多个井盖，溯源了近 50 公里污水管，排查了 800 余家企业，最终锁定了玉塘街道的一家塑胶五金公司。

通过一系列的暗中侦查，深圳市生态环境局于 11 月 5 日展开收网行动。当天凌晨 2：30，该公司正在偷排污水，深圳市生态环境局出动由 12 人组成的突击队，对该公司疑似偷排点位进行突击检查，发现该公司操作工蔡某正在摸黑作业。蔡某所在的区域为该公司的车间电镀废水收集池（即外排污水的源头），电镀废水收集池的几个阀门呈开启状态，大量污水通过管道流向厂外。经勘查，突击队在一个隐秘狭窄的角落找到了一根正在往外排污的白色管道，执法人员随即采集了偷排污水的样本证据。在突击队的监督下，企业废水收集池的阀门被现场关闭，先前不断喷涌的污水立即停止排放。

该公司偷排含镍污染物等有毒物质的行为不仅涉嫌行政违法，还可能涉嫌刑事犯罪。当晚，值班公安民警赶到现场，协助环保执法人员控制住犯罪嫌疑人，连夜开展突击审讯。行动结束后，深圳市生态环境局在 15 个小时内完善证据链条并制作案件材料，移送公安机关刑事立案，数名犯罪嫌疑人也已落网。

案例二：广东两男子违规排污被判刑 [1]

陈某和岳父杨某在深圳成立了某清洁服务有限公司，陈某是公司法人代表，陈某、杨某各占公司 50% 的股份。公司的主要业务是为单位和个人清理化粪池和

1　案例来自《两男子违规排污被判刑！还要赔偿这么多……》，https://m.thepaper.cn/baijiahao_9319393。

疏通下水管道，二人为此购买了一辆轻型专项作业车。2018 年 6 月 9 日，二人驾驶该车到无处理粪渣资质的罗湖区某实业公司，在该公司化粪池内抽取了污水。为谋求个人利益，二人将本应运送到深圳市城市废物处置中心处理的污水违规排放到罗湖区红宝路下水管道内，之后又以相同方式多次违规排放。

第三次偷排污水时，二人被群众发现并报警。杨某被民警当场抓获。当日，在接到电话通知后，陈某自行到派出所接受调查。经查，二人被查获的作业车内还有尚未排放的 3440 千克污水。经深圳市价格认证中心鉴定，涉案排水管道清洗等费用为 26595 元。

经鉴定，某清洁服务有限公司涉嫌污染环境事件，相关送检固体废物（粪渣）和污水样品不仅属于重金属污染物（有毒物质），还属于环境有害物质。不经任何处理排放进入外环境，将对环境造成一定损害。

罗湖区人民检察院对被告人陈某、杨某提起公诉。经审理，法院判决被告人陈某、杨某犯污染环境罪，分别判处有期徒刑十一个月及一年，并处罚金人民币 50000 元。同时，被告人陈某、杨某应于判决生效之日起十日内赔偿排水管道清洗等费用，共计人民币 26595 元。

观点探讨

企业违法排放污染物、造成环境污染，可能面临怎样的法律风险？

污染物排放类风险指的是企业因违规排放废水、废气、固体废物、放射性物质、噪声等污染物或超出排放标准排放污染物而面临的法律风险。根据企业所触犯的法律、法规的不同，企业面临的污染物排放类风险可分为行政责任风险、民事责任风险和刑事责任风险。

行政责任风险

具体形式包括责令整改（责令停止建设施工、责令限产限排、责令停产整顿等）；责令经济处罚；责令停产关闭或取消相关资质等。以《中华人民共和国环境保护法》（以下简称《环境保护法》）第五十九条为例，企业事业单位和其他生产经营者违法排放污染物，受到罚款处罚，被责令改正，拒不改正的，依法作出处罚决定的行政机关可以自责令改正之日的次日起，按照原处罚数额按日连续处罚。这个处罚规则使得生态环境行政处罚的罚款上不封顶，具有强大的威慑力。

民事责任风险

环境侵权案件的归责原则采用无过错原则，即损害事实的发生存在污染行为和污染后果，如果企业不能证明其污染行为与污染后果之间没有因果关系，就要承担相应的民事责任（包含消除危害、赔偿损失、赔礼道歉等责任形式）。

《民法典》第九条明确规定，民事主体从事民事活动，应当有利于节约资源、保护生态环境。同时，《民法典》第一千二百三十五条规定，违反国家规定造成生态环境损害的，国家规定的机关或者法律规定的组织有权请求侵权人赔偿清除污染、修复生态环境费用以及防止损害的发生和扩大所支出的合理费用。

刑事责任风险

根据《环境保护法》第六十九条的规定，违反本法规定，构成犯罪的，依法追究刑事责任。根据犯罪情节，企业及责任人员将面临罚金、拘役、有期徒刑等刑事责任风险。《刑法》第三百三十八条规定了破坏环境资源保护罪，违反国家规定，排放、倾倒或者处置有放射性的废物、含传染病病原体的废物、有毒物质或者其他有害物质，严重污染环境的，处三年以下有期徒刑或者拘役，并处或者单处罚金。《最高人民法院、最高人民检察院关于办理环境污染刑事案件适用法律若干问题的解释（2016）》扩大了“严重污染环境”的情形；《中华人民共和国刑法修正案（十一）》〔以下简称《刑法修正案（十一）》〕第四十条进一步修订了《刑法》第三百三十八条，对于四类情形加重一档刑期，最高可判七年以上有期徒刑，并处罚金。

除了污染排放类风险，企业在开发利用自然资源时，可能面临怎样的法律风险呢？

企业在开发利用自然资源时可能面临的风险，也可分为行政责任风险、民事责任风险和刑事责任风险。

行政责任风险

根据项目运行流程，企业开发利用资源时面临的行政责任风险主要包括审批类风险、开发利用类风险与修复类风险。

1. 审批类风险。未经批准擅自开发资源、建设工程的，根据所违反的法律规范和违法程度，企业将面临罚款、责令限期改正、责令恢复、没收违法所得、责令停业整顿、吊销许可证件等行政责任风险。

2. 开发利用类风险。经有关部门批准同意后，企业应严格按照批准的用途、范围和方式对自然资源进行开发和利用，不得超出批准的要求进行开发活动。否则，根据所违反的法律规范和违法程度，企业将面临罚款、责令限期改正、责令修复、没收违法所得、责令停业整顿、吊销许可证件等行政责任风险。

3. 修复类风险。企业在经营过程中，应根据法律、法规的要求编制资源修复方案。未编制修复方案或者未按照修复方案修复的企业将面临没收违法所得、罚款等行政责任风险。

民事责任风险

根据《民法典》第七编第七章的规定，侵权人违反法律规定故意污染环境、破坏生态造成严重后果的，被侵权人有权请求相应的惩罚性赔偿；违反国家规定造成生态环境损害，生态环境能够修复的，国家规定的机关或者法律规定的组织有权请求侵权人在合理期限内承担修复责任。侵权人在期限内未修复的，国家规定的机关或者法律规定的组织可以自行或者委托他人进行修复，所需费用由侵权人负担。根据《环境保护法》第五十八条的规定，企业破坏生态环境和资源保护、损害社会公共利益的，同样面临被提起公益诉讼的风险。

刑事责任风险

针对自然资源开发利用过程中的犯罪行为，《刑法》第三百四十条至第三百四十六条作了集中规定，针对水产、珍稀野生动物、耕地、矿产、森林等自然资源的开发，设置了非法捕捞水产品，危害珍贵、濒危野生动物，非法狩猎，非法猎捕、收购、运输、出售陆生野生动物，非法占用耕地，非法采矿，破坏性采矿，危害国家重点保护植物等十二个罪名。

企业开发利用资源违反《刑法》规定的，企业及其直接负责的主管人员和其他责任人员将面临罚金、拘役、有期徒刑等刑事责任风险。

什么是企业环保合规管理？环保合规对企业发展的重要性体现在哪些方面呢？

企业环保合规管理就是企业通过识别环境因素、整理相关要求、制定管理制度、构建管理体系、提升管理能力等一系列的环保管理行为，将环境保护的要求融入企业生产经营的全过程和各个方面，从而预防和控制环保风险、避免环保风险对企业发展产生不利影响，保证企业按照其规划正常发展。

企业环保合规中强调的“规”，既包括与生态环保相关的法律、法规、规章、重要政策以及法律、法规中引用的强制性标准，也包括企业内部制定的要求和标准等。

环保合规对于企业发展的重要性，主要体现在以下三点：

一是可以让企业全面了解企业环保的现状和要求。通过全面的环保因素识别和相关规定的收集整理，企业可以掌握自身环保风险的总体情况，为统筹防控打好基础，为正确规划和决策提供依据。

二是企业可以统筹谋划系统的防控体系。在明确现状的基础上，企业可以根据重要性、可能性、影响程度和处置难度等因素，构建适当的防控体系，防止或减少风险事件，特别是重大风险事件的发生，减少损失，减轻不利影响，保障企业健康发展。

三是可以增强企业的竞争力。在绿色发展阶段，环保守法企业将赢得更多的优惠、补贴，甚至是项目，也会因为守法而保持经营顺利不中断，同时也能避免因违法而影响发展，这些都会让企业在竞争中获得优势，助力企业做大、做强。

企业该如何构建符合新时代要求的环保合规管理体系呢?

绿色已成为经济发展的底色，绿色发展已经全面融入企业生产经营活动中，涉及的环节多、类型多、要求多、情况复杂。做好企业合规，需要企业做到思想重视、行动得力、配合得当、精准高效，形成人人参与环保合规的良好氛围。

具体来说，企业应做到以下三点：

首先是要“知”，也就是企业要增强环保意识，清楚环保形势，从而重视环保工作，特别是环保合规工作。企业要加强环保知识、环保形势、环保趋势等方面的学习，奠定参与的基础。环保知识内容多，相对复杂，因此需要较长时间的学习和积累。企业可以采用了解形势、增强意识，继而深入学习详细内容的方法来推进环保合规工作的建设。

其次是要“会”，也就是企业要知道做什么或者知道有哪些专业机构可以帮忙做。这就需要企业开展环保合规工作学习、研讨、培训和交流，也需要企业根据自身环保合规的需要，组建符合企业情况的组织、人员、体系，让环保合规进入企业，让全体成员参与进来，发挥作用。环保合规管理比较专业，因此企业可以采取自己培养、对外引进、专业辅助等方式逐步推进。

最后是要“好”，也就是企业要保证环保合规管理的质量和水平，要像企业管理财务、业务一样管理环保合规，把环保合规做到位。这一点主要通过补短板的方式来实现。很多大型企业目前在财务、项目、税收、劳动人事、合同等方面都有较高质量的管理水平，但在环保合规管理方面做得还不够好，应该加大力度，补上这个短板。

合规启示

01. 编制合规义务清单，识别环保合规风险

企业应对环保合规进行风险识别，结合企业所处行业、地域情况等，全面梳理与企业生产经营相关的环保义务规范，包含法律、行政法规、部门规章、规范性文件、强制性标准、监管规定、行业标准等规则，进行分阶段、分板块、分环节的全面梳理，并编制环保合规义务清单。企业应根据义务清单，对环保合规风险进行分析和评估，确定风险应对措施和解决方案，制定风险应对措施清单并落实执行。

02. 建设环保合规管理制度

企业应结合管理目标、管理基础及需求倾向，开展外规内化工作，即将法律等规则中对企业影响较大的义务要求转换为企业需要遵守的规章制度，建设具有实用性、可操作性、系统性和经济性的合规管理制度，形成以合规手册为纲领，以合规管理办法为核心，以不同环节专项制度或指引为基础，以重点领域合规操作指南为补充的合规管理制度体系。

03. 建立合规运行机制

为保证环保合规制度的有效运行，企业应当构建环保合规运行机制，主要包括合规审查机制、违规举报机制、合规考核机制、案件处置和责任追究机制、合规义务清单和风险库动态更新机制等。

04. 加强企业环保合规文化建设

企业管理层应当高度重视环保合规工作，做出培养合规文化的承诺和表率，自觉带头遵守环保合规制度，宣传合规文化，为全体员工身先示范。员工应在工作中自觉遵守、践行合规制度，在业务开展过程中主动识别和防范环保合规风险，

积极参加企业组织的环保合规培训和宣传活动，不断提高环保合规意识和行为自觉，营造依规办事、按章操作的良好文化氛围，让环保合规文化促企业行稳致远。

结语

随着生态文明建设和法治建设力度的不断加大，我国的环保法律体系逐步完善，对企业提出了更多、更高的要求。与此同时，企业的环保法律责任也越来越大，包括行政、民事以及刑事责任，多达二十二种。面对日益增强的监管力度，“重发展、轻保护”的思想早已不合时宜。只有积极构建环保合规体系，企业才能适应新时代的发展要求，防范和化解风险，实现可持续健康发展。

相关法律、法规

《刑法》第三百四十条至第三百四十六条、第三百三十八条

《刑法修正案（十一）》第四十条

《民法典》第九条、第一千二百三十五条

《环境保护法》第五十九条

《深圳经济特区环境保护条例》第六十七条、第七十八条

四、生物安全合规

2021年9月29日，中共中央政治局就加强我国生物安全建设进行第三十三次集体学习，中共中央总书记习近平在主持学习时强调："生物安全关乎人民生命健康，关乎国家长治久安，关乎中华民族永续发展，是国家总体安全的重要组成部分，也是影响乃至重塑世界格局的重要力量。"一个国家如果出现生物安全问题，将会严重影响到民众健康、经济运行、社会秩序、国家安全和政局稳定。

"生物安全"的概念在日常生活当中很少被提及，大家可能还觉得它有些模糊和陌生，但其实，生物安全涉及卫生健康、科技、农业、资源环境等多个方面，与我们的生活密切相关。有关生物安全遭受威胁的案例屡见不鲜：对合成生物学和基因编辑技术的误用、滥用和谬用，国家重要遗传资源和基因数据流失，生物武器与生物恐怖主义的威胁，以及外来物种入侵造成的生态危害，等等。在这样的背景下，《中华人民共和国生物安全法》（以下简称《生物安全法》）的颁布和实施无疑具有重要的现实意义，它对从事生物工程、医药制造、人体健康等业务的企业提出了很多要求，也给企业的合规建设带来了新的挑战。

案说

案例一：基因编辑婴儿案[1]

科学研究需要有创新精神，但如果突破了法律的底线，违反伦理道德，那么这样的研究不可能酝酿出有益的科学成果。

2019年12月30日，基因编辑婴儿案在深圳市南山区人民法院一审公开宣判。

1 案例来自《"基因编辑婴儿"案一审宣判：南科大原副教授贺建奎获刑3年》，https://baijiahao.baidu.com/s?id=1654319883012383751&wfr=spider&for=pc。

贺建奎、张仁礼、覃金洲3名被告人因共同非法实施以生殖为目的的人类胚胎基因编辑和生殖医疗活动，构成非法行医罪，分别被依法追究刑事责任。

2016年，被告人贺建奎得知人类胚胎基因编辑技术可获得商业利益，即与广东省某医疗机构工作人员张仁礼、深圳市某医疗机构工作人员覃金洲共谋，在明知违反国家有关规定和医学伦理的情况下，仍以“编辑人类胚胎CCR5基因可以生育免疫艾滋病的婴儿”为名，将安全性、有效性未经严格验证的人类胚胎基因编辑技术用于辅助生殖医疗。贺建奎等人伪造伦理审查材料，招募男方为艾滋病病毒感染者的多对夫妇实施基因编辑及辅助生殖，以冒名顶替、隐瞒真相的方式，由不知情的医生将基因编辑过的胚胎通过辅助生殖技术植入人体，致使2人怀孕，先后生下3名基因编辑婴儿。

法院认为，3名被告人未取得医生执业资格，追名逐利，故意违反国家有关科研和医疗管理规定，逾越科研和医学伦理道德底线，贸然将基因编辑技术应用于人类辅助生殖医疗，扰乱医疗管理秩序，情节严重，其行为已构成非法行医罪。根据3名被告人的犯罪事实、性质、情节和对社会的危害程度，法院依法判处被告人贺建奎有期徒刑三年，并处罚金人民币三百万元；判处张仁礼有期徒刑二年，并处罚金人民币一百万元；判处覃金洲有期徒刑一年六个月，缓刑二年，并处罚金人民币五十万元。

基因编辑婴儿事件发生后，广东省委、省政府高度重视，迅速成立调查组开展调查，并于2019年1月公布调查结果，同时根据有关规定，对涉事单位和人员进行了严肃处理和问责。卫生健康主管部门已将相关涉案人员列入人类生殖技术违法、违规人员黑名单，终身禁止其从事人类辅助生殖技术服务工作。科学技术主管部门已对涉案人员作出终身禁止其申请我国人类遗传资源行政审批、终身禁止其

申请财政资金支持的各级各类科研项目等行政处理。卫生健康主管部门、科学技术主管部门分别责成涉事单位完善科研和医疗管理制度，加强对相关从业人员的监督管理。

观点探讨

案例中，3 名被告人贸然将基因编辑技术应用于人类辅助生殖医疗，可能造成怎样的社会危害？

基因编辑技术是一种新兴的能对生物体基因组中的特定目标基因进行修饰的基因工程技术。理论上，科学家可以把任何生物的任何基因加以修改，并导入其他物种的细胞中表达。基因编辑若使用得当，能为人类带来贡献，比如：改良植物性状，使蔬菜保质期更长，口感更好；治疗恶性疾病；复活灭绝物种，有助于生物学家的研究；等等。

然而，目前各国法律都明令禁止基因编辑技术用于人类，原因有以下几点：

一是基因编辑将造成人类社会的不平等。如果放开基因编辑，那么以后孩子的基因是否优良，就不一定取决于父母的基因，很可能跟钱、权挂钩。谁的权力大、谁的地位高、谁的钱多，谁的孩子就可能会更优秀。

二是基因编辑的结果不可控。由于细胞内各种代谢活动非常复杂，很可能牵一发而动全身，导致基因编辑的婴儿出现各种不可预料的变异，让本来能健康成长的人无端背上未知风险，这是对人的不尊重。

3 名被告人的行为，是把一个发展尚不成熟、还存在很大风险的技术应用在了人类辅助生殖医疗上，触碰了法律和伦理的红线。加上基因编辑技术本身就存在“脱靶”的可能，也就是说，编辑特定基因可能会不可控制或不可预测地影响到其他基因，而这个影响不一定马上显现，也很难被完全分析出来，潜在的风险很大，可能会导致其他严重疾病。基因编辑最重要的就是安全性有保障，并得到大众的认可，如此才能对人类社会产生推动作用。

对于将基因编辑技术应用于人体自身的行为，法律上是如何认定的？

为了进一步规范基因编辑技术的应用，《刑法修正案（十一）》新增了一条规定：将基因编辑、克隆的人类胚胎植入人体或者动物体内，或者将基因编辑、克隆的动物胚胎植入人体内，情节严重的，处三年以下有期徒刑或者拘役，并处罚金；情节特别严重的，处三年以上七年以下有期徒刑，并处罚金。

此外，2021 年 4 月 15 日实施的《生物安全法》也明确规定：禁止从事危及公众健康、损害生物资源、破坏生态系统和生物多样性等危害生物安全的生物技术研究、开发与应用活动。从事生物技术研究、开发与应用活动，应当符合伦理原则。违者将被将被处以责令停止违法行为、没收违法所得、罚款、吊销相关许可证件；对主要人员依法给予处分、罚款、十年直至终身禁止从事相应研究、开发与应用活动，依法吊销相关执业证书。

案说

案例二：2019 年布鲁氏菌病感染事件[1]

2019 年，兰州发生了一起布鲁氏菌病感染的公共卫生事件，起因是 7 月 24 日至 8 月 20 日，中牧兰州生物药厂在生产兽用布鲁氏菌疫苗的过程中使用了过期消毒剂，致使生产发酵罐废气排放灭菌不彻底，携带含菌发酵液的废气形成含菌气溶胶。生产时段，该区域主风向为东南风，兰州兽研所位于中牧兰州生物药厂的下风向，因此发生布鲁氏菌抗体阳性事件。

截至 2020 年 11 月 30 日，当地累计检测 79357 人次，重复检测 10786 人次，

1 案例来自《兰州兽研所布病事件最新披露》，https://baijiahao.baidu.com/s?id=1678002646439418099&wfr=spider&for=pc。

实际检测 68571 人。经甘肃省疾控中心复核确认，抗体阳性人员为 10528 人。

2019 年 12 月 7 日，中牧兰州生物药厂关停了布鲁氏菌疫苗生产车间。中牧兰州生物药厂多个兽药产品批准文号被撤销，8 名相关责任人被处理并表示将积极做好善后处置和赔偿工作。

观点探讨

布鲁氏菌病感染事件给企业在生物安全的合规管理方面带来了哪些启示?

布鲁氏菌病感染事件表明，中牧兰州生物药厂对涉及病原微生物操作的生产车间，在生物安全管理方面没有做到位，因此造成了严重后果。

涉及生物安全的企业更应该充分重视企业安全方面的合规管理，做好重点岗位、重点环节、重点人员的风险预判工作，建立合规管理制度，明确岗位职责，加强合规管理流程，定期进行企业合规运行体检，将责任严格落实到企业管理的各个层面。

从事病原微生物实验或涉及病原微生物操作生产车间的企业应该从以下几个方面开展生物安全合规管理：

1. 设立病原微生物实验室，应当符合生物安全国家标准和要求；从事病原微生物实验活动，应当严格遵守有关国家标准和实验室技术规范、操作规程，采取安全防范措施。

2. 设立病原微生物实验室，应当依法取得批准或者进行备案。

3. 国家对病原微生物实施分等级管理，低等级实验室不得从事高等级实验活动。

4. 高等级病原微生物实验室从事高致病性或者疑似高致病性病原微生物实验活动，应当经省级以上人民政府卫生健康或者农业农村主管部门批准，并将实验活动情况向批准部门报告。

5. 病原微生物实验室应当加强对实验活动废弃物的管理，依法对废水、废气以及其他废弃物进行处置，采取措施防止污染。

6. 病原微生物实验室的设立单位应当建立和完善安全保卫制度。

7. 病原微生物实验室的设立单位应当制定生物安全事件应急预案，定期组织开展人员培训和应急演练。发生高致病性病原微生物泄漏、丢失和被盗、被抢或者其他生物安全风险的，应当按照应急预案的规定及时采取控制措施，并按照国家规定报告。

《生物安全法》的实施，对提升国家生物安全治理能力有何意义？

2021 年 4 月 15 日，《生物安全法》正式实施。作为我国生物安全领域第一部基础性法律，其弥补了生物安全领域尚缺一部统领性、整合性法律的缺憾。《生物安全法》既体现了生物安全领域风险防范的制度性创新，又对生物安全领域多个环节及方面的规定进行了重申与补正。

《生物安全法》共计十章八十八条，覆盖生物安全风险防控体制，防控重大新发突发传染病、动植物疫情，生物技术研究、开发与应用安全，病原微生物实验室生物安全，人类遗传资源与生物资源安全，防范生物恐怖与生物武器威胁，生物安全能力建设等内容，覆盖面较广。它的出台对于提升我国生物安全治理能力、传染病防治能力具有重要意义，同时为生物安全领域提供了法律支撑，且有助于推进该领域的国际合作。

就生物技术研究、开发及应用问题，《生物安全法》明确规定实行分类管理，将生物技术研究、开发活动分为高、中、低三类风险。高、中风险类活动实施批准或备案管理，分类标准及名录将由国务院相关主管部门根据职责分工，会同国务院其他有关部门制定、调整并公布。

《生物安全法》给生物医药企业的合规管理提出了哪些要求？

伦理审查

科学伦理是科学研究不容触碰和挑战的底线。在《生物安全法》中，伦理相关内容在总则、第四章和第六章均有提及。此外，《生物安全法》通过后不久，国家科技伦理委员会随即成立，以推动构建完善的科技伦理治理体系。国家对于伦理审查的重视和决心可见一斑。而随着审查体系的完善，国家对企业的合规要求也会更加严格。因此，相关生物医药企业在研发和应用生物技术的过程中，应当重点关注伦理审查和道德伦理要求，严格遵守伦理审查规范。

风险分类

《生物安全法》中明确规定，从事高、中风险生物技术研究、开发活动需进行审批和备案，但并未明确等级划分标准和相应的清单。不过，相关企业可提前根据已有的法规对现有研发活动的风险等级作出初步确定，例如，属于高、中风险的研发活动，企业应提前做好申请批准和备案的准备。同时，企业还须积极主动地关注相关主管部门后续出台的监管文件、清单和名录，做好业务调整预案。

实验室合规

企业在开展实验活动时，为防止生物安全事件的发生，保证实验室及环境的生物安全，须按照《生物安全法》及《病原微生物实验室生物安全管理条例》的相关要求，制定实验室生物安全事件应急预案制度，加强实验人员生物安全培训，分类管理微生物与实验室，合理合规处理实验活动废物等。此外，相关部门对病原微生物采集、运输、分离、鉴定、保藏、使用以及出口活动都有严格的审批或备案要求，企业在从事相关活动时，也应当严格遵守相关规定。

人类遗传资源管理

在生物安全的重要性日益凸显的情况下，涉及人类遗传资源的相关医疗机构和企业将面临更严格的合规挑战。

人类遗传资源管理包括：中国人类遗传资源国际合作科学研究审批、中国人类遗传资源材料出境审批、中国人类遗传资源保藏审批、中国人类遗传资源采集审批、中国人类遗传资源国际合作临床试验备案、中国人类遗传资源信息对外提供或开放使用备案、科学技术部重要遗传家系和特定地区人类遗传资源申报登记。

审批备案

对于审批备案，科学技术部已经将相关的政务服务平台上线于其官网。国内企业在采集、保存和利用人类遗传资源前，务必按照规定完成必要的事前审批或备案手续，以避免行政处罚风险，同时需要对合作方主体性质审慎判别；对于国外企业，我国采取严厉的准入标准，禁止其在我国采集和保藏我国人类遗传资源，同时加大了对人类遗传资源管理违法行为的打击力度，明确了巨额罚款、没收违法所得、针对单位和个人的从业禁令等处罚措施，企业须严格遵守。

合规启示

当前监管模式下，企业合规责任上升到了刑事责任，这为生物医药行业从业者敲响了警钟。

因此，企业应根据法律规定的现有风险级别以及既有的各领域分类标准，判断已在进行的相关生物技术活动风险。如涉及高、中风险活动，须进行审批或者备案的，企业须随时关注各主管部门的细化标准和名录，做好可能的业务调整预案。

企业从事生物技术研究、开发与应用活动，须进行伦理审查，并且在过程中对本单位生物技术研究、开发与应用的安全负责，采取生物安全风险防控措施，制定生物安全培训、跟踪检查、定期报告等工作制度，强化过程管理。

此外，《生物安全法》针对从事国家禁止的生物技术研究、开发与应用活动规定了非常严厉的处罚条款，例如处以至少 100 万元的罚款，并可附加一定时期甚至终身行业禁入、吊销许可证件，等等，弥补了我国法律对此前发生的生物技术谬用事件缺乏相应处罚规定的漏洞。对此，企业须特别注意，避免触碰法律和伦理的红线。

结语

《生物安全法》确立了生物安全风险监测预警制度、风险调查评估制度、信息共享制度等 11 项基本制度，构建起生物安全风险防控的“四梁八柱”。这对生物医药企业来说，既是挑战，也是机遇。未来，生物医药企业不但要关注生产安全、质量控制、环保要求等传统规范，还要将生物安全纳入企业经营的考虑范畴。生物医药企业在生物技术研发、生物安全检测、高端医疗器械、防疫物资生产等方面都有广阔的发展空间，因此，生物医药企业应当遵守《生物安全法》的相关规定，做好合规建设，把握市场发展机遇，积极布局生物安全产业，为保障我国生物安全事业做出贡献。

相关法律、法规

《生物安全法》第三十四条、第四十二条至第五十条、第五十七条至第五十八条、第七十四条

《刑法修正案（十一）》第三十九条

专家团队

王寿群
深圳市华商
合规法律服务中心
执行主任

邓黄佳
深圳市光明区
中科合规法律研究院
高级顾问

五、出口贸易合规

随着经济全球化的不断深入，国内的很多企业都在苦练内功，增强自身产品在全球的竞争力。在此过程中，企业会遇到不少难题，特别是国内产品出口到其他国家，就要遵守他国的相关规定。形形色色的技术性贸易措施就是广大企业带领其产品“出海”的征途中要迈过的第一道门槛。

案说

案例一：深圳海关梳理技贸信息案[1]

2019 年 6 月，深圳海关在梳理技贸信息时发现，欧盟《医疗器械法规》（MDR）将于 2020 年 5 月 26 日起正式实施，前海海关技贸工作组连夜翻译解读了 30 万字的 MDR，梳理条款 702 条。与现行监管法规对照后，前海海关技贸工作组发现 MDR 在各方职责、产品分类、符合性评估途径、临床数据等方面都有重大变化，进一步加强了对医疗器械质量的监管，对进入欧洲市场的医疗器械实行更严格的限制，给医疗器械行业带来了巨大的冲击和挑战。

经过海关测算，MDR 一旦实施，企业出口综合成本将增加 15%，产品认证周期将拉长 2~3 倍。为应对新规的变化和冲击，前海海关技贸工作组在与迈瑞医疗、深圳开立生物等行业龙头企业调研座谈的基础上，找出法规中的不合理条款 11 条，提出推迟执行 MDR、更改部分低风险产品审批流程等建议。

1 案例由深圳海关提供。

2020 年一季度，海关总署通过 WTO/TBT（世界贸易组织技术性贸易壁垒）第 81 次例会、中华人民共和国 WTO/TBT 国家通报咨询中心、中国驻 WTO 代表团等渠道，积极开展对欧交涉磋商。4 月 22 日，欧盟理事会投票决定，MDR 推迟一年实施。据不完全统计，国内近万家医疗器械企业的价值 203 亿元的输欧产品得以节省相关检测和认证成本。

案说

案例二：教具产品企业在欧盟地区遭禁售[1]

2019 年，深圳市某大型 STEM（Science,Technology Engineering and Mathematics，科学、技术、工程和数学教育）教具生产企业货值 30 多万元的出口早教机器人产品被退回，同时企业还收到欧盟通报，其产品在欧盟地区禁售。这起事件对企业影响极大，若不妥善解决，企业产品以后难以在欧盟地区销售。

经了解，该款产品为教具产品，符合欧盟教具的安全标准，但进口商却以玩具品类进口。基于欧盟玩具的认证标准，产品被法国海关检测出不合格项，即遥控器纽扣电池仓未加锁，电池很容易被拿出，可能会出现小朋友吞食危险（仅存在可能，并未实际发生）。正是这个问题，给企业造成了重大损失。

根据分析，企业遭遇损失的原因有以下两个方面：

一方面是出口企业在出口前没有依据进口国标准对产品进行合规审查，特别是涉及人身安全方面。

另一方面是同样的产品在归入不同税号之后，执行的认证标准是不一样的。在本案中，生产商出口产品的归类及报关均为委托第三方机构代办，对进口国家或地区的法规要求不了解，对产品类别归属不明确，将之前按照教具进行报关的产品以玩具品类进口。而该产品本身并没有娱乐性，其声光等效果均融合了编程

1　案例由深圳海关提供。

学习和逻辑关系，在教学中实现与声光等互动。产品的设计均严格按照教具品类设计，是符合为教具认证安全标准的，但却不符合玩具类产品的安全标准。

观点探讨

欧盟制定的 MDR，对想要出口欧洲的医疗器械企业来说，意味着什么？

一旦欧盟制定的 MDR 正式实施，国内的医疗企业想要进入欧洲市场，就需要遵守这个域外法规。法规在对产品质量提出了更高要求的同时，也存在部分不合理条款，限制国外商品的进口。

欧盟制定 MDR 的行为属于技术性贸易措施。技术性贸易措施是《技术性贸易壁垒（TBT）协定》和《实施卫生与植物卫生措施（SPS）协定》所管辖的影响国际货物贸易的技术措施统称，是企业产品进入一国市场必须遵循的前提条件。产品只有经检验、检测、检疫、注册、监管，符合该国的安全、卫生、环保、质量等技术要求，取得相关认证证书后，才能进入该国市场销售。

自 2001 年我国加入 WTO 以来，“中国制造”不断走向国际市场，一些技术性贸易措施逐渐成为中国企业出口绕不开的难题，也给部分企业带来了伤害：一是经济效益直接受损，如果不符合进口国技术性贸易措施的要求，企业产品将可能遭受进口国扣留、销毁、退货等处罚，造成直接损失；二是成本提升，为适应技术性贸易措施的要求，企业必须进行技术改革、更换标签及包装，新增检验、检疫、认证、处理及各种手续，并产生大量成本。

从事国际贸易的企业，该如何应对类似的技术性贸易措施？

有资料显示，当前数量庞大的技术性贸易措施影响着全球 70% 的贸易量。一些违反国际贸易规则、带有明显贸易保护倾向的技术性贸易措施给国际贸易套上了重重枷锁。

企业是技术性贸易措施的应对主体，维权意识仍较薄弱。特别是中小企业，因长期思维惯性，面对技术性贸易措施时，大多是被动接受；在开拓国际市场、扩大商品出口的过程中，面对技术贸易壁垒时，无法合理质疑、科学维权。企业应对技术性贸易措施的能力同样不足，多数被动依赖海外客户、第三方检测机构等提供的信息。这些信息存在滞后性，大多是即将在几个月后生效实施的法规、标准，企业会因此错失提出评议意见、寻找应对措施的最佳时机。

由于各国技术性贸易措施体系千差万别、获取渠道不一，加上语言不通以及技术指标的晦涩难懂，系统精准地获取国外技术性贸易措施，并及时收集企业诉求就成为海关技术性贸易措施工作的基石之一。

根据 WTO 贸易规则，为降低技术性贸易措施对国际贸易的影响，各国可以通过评议、关注等 WTO 磋商协调机制对他国制定或实施的措施提出异议，以维护本国企业利益。因此，若是企业因国外设置不合理的技术准入及合格评定程序要求而导致出口产品已经或将要被扣留、销毁、退货，或由于无法满足进口国的各种准入要求、升级改造成本过高等被迫放弃该目标市场等问题时，可及时向海关反馈。

此外，海关还可组织海关系统内部、科研院校、企业、第三方检测机构等领域的专业技术人才对国外技术性贸易措施开展专项研究，形成意见或建议，并通过海关对外合作磋商机制在多、双边场合向外方反馈，以积极降低国外不合理技术性贸易措施的不利影响，维护企业权益。

2020年12月1日，《中华人民共和国出口管制法》（以下简称《出口管制法》）正式施行。这部法律对企业提出了哪些合规要求？

《出口管制法》是我国在出口管制领域的第一部专门性法律，体现了我国在出口管制政策与执法方面的重要战略转向。《出口管制法》出台后，形成了以《出口管制法》为核心，全面覆盖核、生物、化学、导弹以及军品等物项的新出口管制法律制度体系。

根据《出口管制法》的规定，我国对管制物项的管理方式主要为制定管制清单和管控名单，以及实施出口许可。

义务主体

无论是出口经营者还是海外进口商、最终用户，或是第三方中介机构，都需要做好相应的出口管制合规工作：一是出口经营者要做好出口产品的筛查，出口管制清单所列的管制物项，须按照规定申请出口许可证。二是要做好客户筛查，根据《出口管制法》的规定，管制物项的最终用户应当承诺，未经国家出口管制管理部门的允许，不得擅自改变相关管制物项的最终用途或者向任何第三方转让；出口经营者、进口商发现最终用户或者最终用途有可能改变的，应当按照规定立即报告国家出口管制管理部门。三是建立出口管制内部合规审查制度，及时规避违规风险。

受辖行为

从受辖行为的角度看，在延续我国现行出口管制体系对实际出口行为监管的基础上，《出口管制法》增加了针对视同出口和再出口的管辖。

从《出口管制法》第二条的规定来看，中国企业在中国境内向外国实体提供管制物项也属于受出口管制法规制的出口行为（即视同出口）。另外，根据《出口管制法》第四十五条的规定，由境外启运、通过中国境内继续运往境外的管制物项，以及外国实体获取管制物项后拟将其再出口，都会受到本法的管控。

行政责任

《出口管制法》第三十三条至第三十八条规定了九种出口管制违法行为，出口经营者是最主要的违法行为责任主体。在行政处罚的措施上，罚款适用于全部九种出口管制违法行为，且罚款的金额较高，最高甚至可以达到违法经营额的20倍。此外，出口经营者相关管制物项的出口经营资格也可被取消。

除此之外，从事出口管制违法行为还可能被限制甚至禁止从事有关出口经营活动。《出口管制法》第三十九条规定，违反本法规定受到处罚的出口经营者，自处罚决定生效之日起，国家出口管制管理部门可以在五年内不受理其提出的出口许可申请；对其直接负责的主管人员和其他直接责任人员，可以禁止其在五年内从事有关出口经营活动，因出口管制违法行为受到刑事处罚的，终身不得从事有关出口经营活动。

刑事责任

《出口管制法》第四十三条规定，违反本法规定出口国家禁止出口的管制物项或者未经许可出口管制物项的，依法追究刑事责任。总体而言，违反我国出口管制规定构成刑事犯罪的，根据《刑法》的相关规定，可能涉嫌构成走私罪、非法经营罪、泄露国家秘密罪以及伪造、变造、买卖国家机关公文、证件、印章罪等罪名，将被判处有期徒刑，并处罚金和没收财产。

域外适用效力

《出口管制法》第四十四条原则性地规定了该法的域外执法管辖。这意味着外国企业在境内违反出口管制规定，或者在境外对从中国购入的管制物项实施再出口时出现违规问题，均有可能被追究相关法律责任。

合规启示

面对竞争激烈、复杂变化的海外市场，企业应当从以下方面做好应对：

一是增强合规意识，苦练内功，不断提高自身产品的品质及安全水准。

二是敢于维权，遇到不合理技术条款时，要加强与海关、行业协会等组织的联动沟通，及时反馈情况，共同应对。

具体来说，国内企业要坚定信心、处变不惊，从容应对相关法规的变化；要高度重视对出口产品的合规应对工作，及时跟进产品出口对象国家和组织的合规监管要求；要关注我国海关等部门发布的相关通报和预警，第一时间明确掌握合规要求细节，发现不明确之处，及时向海关等部门进行咨询。

在明确合规要求后，企业应就其中不合理、不必要的内容及时向海关等部门提出异议，通过特定渠道向发布国家或组织反馈。同时，在相关限制措施正式实施前，企业要在合规专业力量的帮助下提前布局，开展专门应对措施，以应对限制措施的正式施行。

三是遵循《出口管制法》等相关法律的规定，做好相应合规管理工作。

例如：梳理管制物项的清单，确认自身出口的货物是否属于管制物项；建立员工档案，明确员工责任；建立企业技术交流指引，明确管制物项的范围和存储位置，并针对内部交流和对外输出制定监管流程；加强出口管制合规的培训和宣传，组建相关合规团队；主动与相关执法部门进行沟通，通过企业间的联合，或通过商会、行业协会等途径，厘清上述法律理解和适用上的困难。

结语

随着中国企业国际化程度的提高，企业经营中对外贸易合规风险频发。这些风险主要来源于外部环境以及内部经营状况。外部环境变化带来的合规风险包括监管政策和法律、法规的变化，国际关系的变化以及技术升级带来的风险；内部经营环境风险则包括业务模式、商业模式、商业伙伴等因素的变化带来的风险。因此，企业应当不断加强自身出口管制合规能力建设，为防范对外贸易风险装配上坚硬的铠甲，在各国出口管制交叉监管的夹缝中，求得合规发展。

相关法律、法规

《出口管制法》全文

专家团队

顾宁
深圳市光明区
中科合规法律研究院
高级顾问

陈芳
深圳海关所属
前海海关查检科
四级高级主办

六、食品安全合规

合成山楂果茶、合成勾兑酱油、人工合成牛排、三花淡奶速成浓汤……在互联网平台，一些博主发布了揭秘食品制作内幕的短视频，号称“科技与狠活儿”，引发舆论对食品安全问题的关注。有消费者认为，此类现象暴露出当下市场上的确存在一些利用食品添加剂的合成食品，可能会对消费者的健康造成威胁；但也有观点称，此类短视频是对食品添加剂的误读，混淆了非法添加物和食品添加剂的概念，有制造噱头博取关注的嫌疑。

所谓“民以食为天，食以安为先”。食品安全关系着人们的身体健康，一点儿都不能马虎。在食品安全监管日益趋严的背景下，合规是食品生产经营者应保持的底线。合规不仅能够符合监管部门的要求，还能防控违法、违规风险。有关食品安全合规，我们接下来主要谈一谈规范食品安全及包装标签标准的相关规定。

案说

案例一：泰式茶饮违规添加日落黄案件 [1]

2021 年 6 月 24 日至 8 月 31 日，深圳市市场监管局持续开展泰式茶饮等网红饮品专项整治行动，检查全市各类售卖自制泰式柠檬茶饮料的餐饮单位。执法人员共抽检 20 家餐饮单位 20 批次产品，检测项目为人工合成类色素（柠檬黄、日落黄、亮蓝）。检查发现，15 批次样品超范围添加食品添加剂日落黄，5 批次样品所检色素符合标准要求。深圳市市场监管局对检测不合格的 15 家茶饮单位进行立案调查，根据《中华人民共和国食品安全法》（以下简称《食品安全法》）的相关规

1　案例来自《深圳 15 家网红茶饮店被立案调查！违规添加“日落黄”长期喝或伤害肝脏》，https://ishare.ifeng.com/c/s/v0064Fr9Jmf4Hc9TP2--QXoqh1Xy2taQ8uXDtDTiCKuzuXLI__?spss=np。

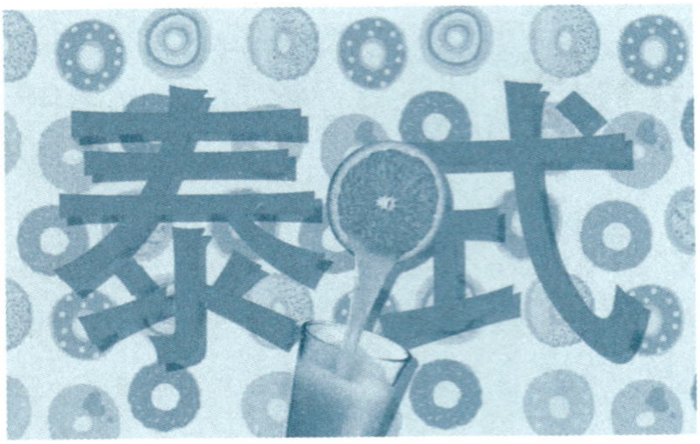

定予以处罚。

据了解，深圳市市场监管局开展的这次泰式茶饮等网红饮品专项整治行动，执法人员重点检查了其原料茶底的进货情况、索证索票情况（须有供应商和生产厂家经营或生产许可资质、产品检验合格证明文件以及进货查验记录，复印件须加盖供应商的公章）以及加工操作过程中是否超范围超限量添加色素等食品添加剂的情况。针对检测不合格的15家茶饮单位，深圳市市场监管局引导其做好质量管理，立即下架和销毁不合格产品。如果抽检不合格项目是由原料茶底带入的，深圳市市场监管局同时向供货商传达不合格信息，确保对不合格产品控制到位、源头追溯到位、原因排查到位、整改落实到位。

观点探讨

对于食品添加剂的使用，国家是制定了相应标准的。那么根据现行食品安全法的规定，在使用这些食品添加剂时，食品企业应该注意哪些方面呢？

按照强制性国家标准《食品安全国家标准食品添加剂使用标准》（GB 2760-2014）的要求，在日常常用的人工合成着色剂中，日落黄、苋菜红、胭脂红不能在茶饮料中使用；茶饮料中柠檬黄和诱惑红的最大使用量是0.1g/kg，亮蓝的最大使用量是0.02g/kg。

长期或一次性大量食用上述色素含量超标的食物可能会引起过敏、腹泻等症状；摄入量过大会加重肝脏的解毒负担，严重损害肝脏功能。有研究表明，长期摄入人工添加剂会影响儿童的智力发育，导致多动症等行为障碍。

根据《食品安全法》第一百二十四条的规定，生产经营超范围、超限量使用食品添加剂的食品，除没收违法所得和违法生产经营的食品、食品添加剂，并可以没收用于违法生产经营的工具、设备、原料等物品；违法生产经营的食品、食品添加剂货值金额不足一万元的，并处五万元以上十万元以下罚款；货值金额一万元以上的，并处货值金额十倍以上二十倍以下罚款；情节严重的，吊销许可证。

如餐饮单位超范围添加食品添加剂，除了没收违法所得及相关制作原料的工具，还可能面临罚款甚至吊销经营许可证的处罚。因此，食品生产经营者应当按照食品添加剂国家标准使用食品添加剂，从允许使用的品种、使用范围、最大使用量、最大残留量等方面进行把控，保证食品安全。

同时，食品企业应当遵循食品添加剂的使用基本原则，即不应危害人体健康，不应掩盖食品变质，不应掩盖食品质量缺陷，不应以掺杂掺假伪造为目的进行使用，不应降低食品本身的应用价值，尽可能降低使用量。

根据《食品安全法》第五十条的规定，食品生产者采购食品原料、食品添加剂、食品相关产品，应当查验供货者的许可证和产品合格证明；对无法提供合格证明的食品原料，应当按照食品安全标准进行检验；不得采购或者使用不符合食品安全标准的食品原料、食品添加剂、食品相关产品。

同时，食品生产企业应当建立食品原料、食品添加剂、食品相关产品进货查验记录制度，如实记录食品原料、食品添加剂、食品相关产品的名称、规格、数量、生产日期或者生产批号、保质期、进货日期以及供货者名称、地址、联系方式等内容，并保存相关凭证。记录和凭证保存期限不得少于产品保质期满后六个月；没有明确保质期的，保存期限不得少于二年。

有关食品添加剂的使用，企业如何控制合规风险？

企业主要可以从产品研发、食品添加剂采购和使用三个方面进行风险管控：

1. 在产品研发阶段，企业须根据产品的执行标准来确定食品添加剂的使用，研发过程中还须考虑到添加剂的带入原则、设备能力，涉及出口的产品还须考虑进口国有关添加剂的规定。

2. 对于食品添加剂的采购，企业应从源头上严格评估、监测供应商的资质和产品质量；运输和储存过程中，应当明显标识食品添加剂的类别和成分，专柜、专架存放；进出货管理上，应当由专人负责，准确、真实地记录相关货品的进出货情况。

3. 对于食品添加剂的使用，企业应当符合国家法律以及标准的要求，并且制定相应的自检和监控制度，保障食品安全。

食品添加剂的使用注意事项

1. 食品添加剂必须严格按照《食品安全法》和《食品安全法实施条例》的规定使用。

2. 食品添加剂的使用必须符合《食品安全国家标准食品添加剂使用标准》或国家卫生健康委员会公告名单规定的品种及其使用范围、使用量，不得凭经验随意扩大使用范围和使用量；不得使用不符合卫生标准和卫生管理办法要求的食品添加剂。

3. 购买食品添加剂必须索取卫生许可证复印件和产品检验合格证明，进口食品添加剂应索取出入境检验检疫机构出具的合格证明。

4. 使用的食品添加剂必须有包装标识和产品说明书，标识内容包括品名、产地、厂名、卫生许可证号、规格、配方或者主要成分、生产日期、批号或者代号、保质期限、使用范围与使用量、使用方法等，并在标识上明确标示“食品添加剂”字样。

5. 食品添加剂有使用禁忌与安全注意事项的，给予警示标志、警示说明。

6. 不得使用未经批准、受污染或变质以及超过保质期限的食品添加剂。

7. 不得为掩盖食品腐烂或以掺杂、掺假、伪造为目的而使用食品添加剂。

8. 食品添加剂使用必须建立管理制度，并实行“三专一管”，即专人管理、专人领用、专人使用和统一管理。

案说

案例二：元气森林因“0 糖”宣传致歉[1]

2021 年 4 月 10 日，国内饮料品牌元气森林发布致歉声明“一个迟来的升级”，声明中称在乳茶产品的产品标识和宣传中，企业没有说明“0 蔗糖”与“0 糖”的区别，容易引发误解。

元气森林表示，已对乳茶产品做了修正升级，即从 2 月 4 日起生产的大部分乳茶和从 3 月 18 日起生产的全部乳茶，包装从原来的“0 蔗糖、低脂肪”改为“低糖、低脂肪”。元气森林同时提醒：乳茶有奶，所以是有糖的。根据我国《食品安全国家标准—预包装食品营养标签通则》的规定，食品中糖的含量≤ 0.5g/100g

1 案例来自《元气森林因“0 蔗糖”致歉 专家：不是误导而是欺骗》，https://baijiahao.baidu.com/s?id=1696837634955541457&wfr=spider&for=pc。

或 100mL，就可以标注为“无糖食品”。无糖并不意味着不甜，很多无糖产品会把各种代糖当作甜味剂来满足口感。根据元气森林饮料产品的营养成分表和配料表，此次致歉声明中提到的乳茶产品在升级前确实添加了结晶果糖。

0 卡 0 糖饮料的甜味大多来自甜味剂。甜味剂本身是安全的，可以分为带热卡的甜味剂和不带热卡的甜味剂，比蔗糖甜 200~300 倍。如果单纯和含糖饮料相比，0 卡 0 糖饮料确实对防治肥胖有帮助；但甜味剂在大脑中会产生兴奋的作用，引导人们摄入更多的高热量食物，从这个意义上来说，无糖饮料并不是完全健康的饮料。

观点探讨

案例中反映的食品安全合规风险是什么？企业如何应对？

食品企业存在的合规风险主要包括：企业生产的食品配料是否符合国家标准、食品产品的包装标签与企业本身的企业标准是否一致以及食品产品相关的检测报告指标是否符合条件，等等。案例中反映的食品安全合规风险是食品产品的包装标签与食品配料存在不一致的情形，容易引起消费者的误解。

鉴于食品企业经营过程中可能产生的合规风险，建议食品企业可以采取以下措施应对：

1. 根据《食品安全法》第六十七条的规定，预包装食品的包装上应当有标签。标签应当标明下列事项：（一）名称、规格、净含量、生产日期；（二）成分或者配料表；（三）生产者的名称、地址、联系方式；（四）保质期；（五）产品标准代号；（六）贮存条件；（七）所使用的食品添加剂在国家标准中的通用名称；（八）生产许可证编号；（九）法律、法规或者食品安全标准规定应当标明的其他事项。专供婴幼儿和其他特定人群的主辅食品，其标签还应当标明主要营养成分及其含量。食品安全国家标准对标签标注事项另有规定的，从其规定。

食品企业不得制定低于食品安全国家标准或者地方标准要求的企业标准。企业标准中的范围部分限定了产品配料的，产品配料应按照企业标准范围部分添加，并在包装表中标示。食品企业标准中的范围部分可使用“添加……”“添加或不添加”等词语进行限定。

2. 食品产品配方、包装标签和食品企业标准应同步变更。

3. 食品产品应依照国家标准规定项目进行厂检和第三方检测。

4. 必要时，可聘请相关领域专家、机构出具专家意见对食品配料符合相关标准予以说明。

5. 如食品产品配料存在新食品原料（或新资源食品），食品企业应当特别注意国家卫生健康委员会的相关公告要求。

2022 年 9 月 22 日，国家市场监督管理总局发布《企业落实食品安全主体责任监督管理规定》（以下简称《规定》），推动企业进一步建立健全食品责任制。《规定》对企业提出了哪些具体的要求呢？

《规定》于 2022 年 11 月 1 日正式实施，对企业提出以下要求：

1. 建立健全食品安全责任体系。企业应建立企业主要负责人负总责，食品安全总监、食品安全员分级负责的食品安全责任体系。

企业主要负责人、食品安全总监、食品安全员属于食品安全管理人员，负责统筹协调、组织策划、全面推动食品安全工作，但具体工作的开展需要落实到每一个岗位、每一位员工，全员参与、尽职尽责，共同做好食品安全工作。

2. 配备食品安全管理人员。企业按《规定》要求，配备食品安全总监和（或）食品安全员，不需要配备食品安全总监的企业应明确责任人，履行食品安全总监的职责。

每个食品生产经营企业均应配备食品安全员，结合企业规模、食品类别、管理水平等，以能够有效、全面开展食品安全风险排查为基本原则，配备适量的食品安全员。

食品安全总监和食品安全员须具备相应的食品安全管理能力，经培训考核合格后，由企业任命为“食品安全总监、食品安全员”，依据食品安全总监职责和食品安全员守则履职尽责。

3. 建立并实施食品安全风险管控机制。企业要建立基于食品安全风险防控的动态管理机制，制定食品安全风险管控清单，建立健全日管控、周排查、月调度工作制度和机制。

（1）食品安全风险管控清单。企业应结合生产规模、食品类别、产品工艺等，建立适用的食品安全风险管控清单，清单内容包括生产环境条件、设备设施管理、进货查验、生产过程控制、产品检验、贮存及交付控制、不合格食品管理和食品召回、标签和说明书、从业人员管理、信息记录和食品安全追溯体系、食品安全事故处置等环节可能存在的食品安全风险。

（2）日管控、周排查、月调度。食品安全员根据食品安全风险管控清单和工作分工实施日管控，日管控须覆盖全部区域，主要检查食品安全防控措施是否落实，是否存在风险隐患，核实之前的措施是否持续落实，形成每日食品安全检查记录，对于日管控工作未发现问题的，也应如实记录，实行零报告。

食品安全总监或食品安全员每周组织开展周排查工作，研究解决日管控发现的问题，分析研判食品安全风险隐患，形成每周食品安全排查治理报告。

企业主要负责人每月听取工作汇报，对当月食品安全工作进行总结，对下月工作调度安排，形成每月食品安全调度会议纪要。

合规启示

食品经营者在通过网络进行食品销售前，应当依法取得许可，按照许可的范围进行销售，对食品的产品质量、物流配送以及售后服务等环节进行严格把关。

为第三方交易提供服务的电子商务平台，应当建立入网食品经营者审查登记、食品安全自查、食品安全违法行为制止及报告、严重违法行为平台服务停止、食品安全投诉举报处理等制度。另外，平台应当加强数据备份及技术管理，保障平台交易数据和资料的可靠性与安全性。

消费者在网购食品时应当注意核查商家的许可及相关资质，选择有保障可信赖的商家进行购买。在发现商家或平台有违法、违规行为时，应当及时向有关部门反映和举报，坚决维护自身的合法权益。

食品安全是“产”出来的，也是“管”出来的。

食品生产企业应当建立食品安全管理制度以及培训制度、自查制度，落实企业的主体责任。另外，企业应当将外部的法律规范要求转变为内部的制度要求，并覆盖研发、生产、经营、追溯等食品全生命周期中的各个环节。特别是重点监管的食品贮存、运输、广告宣传、特殊食品领域，企业应当加强合规管理。

要保障网购食品的质量与安全，首先，要保证网络食品经营者生产的食品质量符合《食品安全法》及相关法律、法规的规定。其次，应加强保护网购消费者的知情权，网络运营商应该对网购食品的基本情况，如生产者、生产地点、生产日期及生产成分等信息进行明确的公示。再次，要建立便捷的网络纠纷处理途径，当消费者网购食品出现问题时，能够及时有效地反馈给网络运营商或网络食品经营者。最后，应明确相关方的责任，对网购食品的安全经营，相关部门应明确网络运营商及网络食品经营者的权利和义务，落实责任与义务的承担者。

结语

为了让市民吃得满意、吃得放心，深圳市实施食品安全战略的脚步从未停止。2018 年，深圳市提出建立供深食品标准体系，开始着手打造食品领域的深圳城市品牌——圳品。圳品食品安全标准高于国标，匹配供港食品和出口欧盟标准，对产品从农田到餐桌都有一套高标准体系，实施审核、认定以及退出全链条监管模式，对企业要求也非常严格。此外，从各行各业选出的圳品官要负责监督圳品的质量，做圳品的推广者。

圳品不仅丰富了消费者的米袋子、菜篮子、果盘子，也进一步推动了各商超自有品牌拓宽销路。如今，深圳市持续大力推进圳品工程，从满足安全保障向品质提升发展，从打造产品向打造品牌发展，从助力乡村振兴向服务产业高质量发展。从圳品的高标准、高品质发展之路中，我们能够看出，只有引入各方主体的力量，构建社会共治的制度，才能让消费者对食品企业的信任与日俱增，真正守护好人们舌尖上的安全。

相关法律、法规

《食品安全法》第三十四条、第四十条、第四十四条、第五十条、第五十二条、第六十七条、第一百二十四条

七、反电信网络诈骗合规

电信网络诈骗是以非法占有为目的，利用电信网络技术手段，通过远程、非接触等方式，诈骗公私财物的行为。2022 年 12 月 1 日，《中华人民共和国反电信网络诈骗法》（以下简称《反电信网络诈骗法》）正式实施，为更好地打击治理电信网络诈骗提供了有力的法律支撑。电信网络诈骗分子实施诈骗活动，离不开金融、通信、互联网等业务，他们利用这些技术和服务实施骗术，从而转移资金，钻行业管理漏洞，并采取各种包装手法逃避打击。《反电信网络诈骗法》对通信、互联网、金融等业务有详细的治理规定，目的就是要从源头上防范电信网络诈骗。

案说

案例一：企业违法出借企业微信号、互联网账号案[1]

2023 年 2 月 3 日，河南省洛阳市公安局偃师分局在日常巡查中发现，辖区内某网络公司通过使用另一网络公司的企业微信号、互联网账号对外大量发布各类广告，两公司之间存在出借、使用企业微信号和互联网账号行为，违反了《反电信网络诈骗法》第三十一条的有关规定。办案民警在对相关证据进行固定后，对两公司法人依法传唤。经询问，两公司法人对出借、使用企业微信号和互联网账号的行为供认不讳。

偃师分局根据违法事实，依照《反电信网络诈骗法》第四十四条的规定，分别对两家企业作出罚款的行政处罚。

1 案例来自《我市首次依照<反电信网络诈骗法>对两家单位作出处罚》，https://baijiahao.baidu.com/s?id=1757858299877068409&wfr=spider&for=pc。

观点探讨

两家网络公司的行为，违反了《反电信网络诈骗法》的哪些规定？

《反电信网络诈骗法》第三十一条第一款规定：任何单位和个人不得非法买卖、出租、出借电话卡、物联网卡、电信线路、短信端口、银行账户、支付账户、互联网账号等，不得提供实名核验帮助；不得假冒他人身份或者虚构代理关系开立上述卡、账户、账号等。

这条规定是为了加强对电话卡、银行卡、互联网账号的管理，通过“断卡行动”，依法清理整治涉诈电话卡、物联网卡以及关联互联网账号，以斩断犯罪分子的信息流和资金流。

因此，两家网络公司互相出借、使用企业微信号和互联网账号的行为已经违反了上述规定。根据《反电信网络诈骗法》第四十四条的规定，违反本法第三十一条第一款规定的，没收违法所得，由公安机关处违法所得一倍以上十倍以下罚款，没有违法所得或者违法所得不足二万元的，处二十万元以下罚款；情节严重的，并处十五日以下拘留。这是关于非法转让“两卡”的法律责任的规定。公安机关正是依据这条规定对上述两家企业进行处罚的。

针对互联网服务提供者，《反电信网络诈骗法》提出了哪些具体的管理要求？

针对互联网提供者的网络安全管理义务，《反电信网络诈骗法》主要提出了九个方面的具体要求：一是建立反电诈内控制度、加强新业务涉诈风险安全评估；二是强制实名认证；三是涉诈账号监测、识别、处置和申诉救济；四是分发渠道的 App 实质审核义务；五是对域名管理的核验、记录留存、可溯源；六是司法配合协助、反诈线索报告；七是反诈案件，个人信息溯源调查；八是反诈宣传提示；九是不得非法买卖、出租账号、帮助实名。

案说

案例二：百联优力（北京）投资公司未落实反电信网络诈骗义务被处罚案[1]

2022 年 11 月 18 日，中国人民银行营业管理部发布的行政处罚通知书显示，百联优力（北京）投资有限公司存在 4 项不落实反电信诈骗义务的违法行为类型，被警告，没收违法所得近 3092.7 万元，罚款近 3396.6 万元，罚没合计近 6489.3 万元。

行政处罚通知书显示，百联优力存在的 4 项违法行为分别是：1. 未落实防范电信诈骗风险相关要求；2. 未落实商户实名制管理要求；3. 未落实商户结算管理要求；4. 未落实外包管理相关规定。

在“双罚制”机制下，中国人民银行对百联优力法人、最终受益人井广涛作出相关处罚，认定其未落实防范电信诈骗风险相关要求、未落实商户实名制管理要求、未落实商户结算管理要求，处警告并处罚款 25 万元。

这是业内首家因未落实防范电信诈骗风险相关要求而被罚的支付公司。这笔处罚金额创下年内支付领域最大单笔罚单纪录，给企业落实反电信网络诈骗义务敲响了警钟。

观点探讨

对于银行业金融机构、非银行支付机构的金融治理义务，《反电信网络诈骗法》作了哪些规定？

《反电信网络诈骗法》的金融治理章节对银行业金融机构、非银行支付机构

1 案例来自《因未落实防范电信诈骗风险 北京支付公司百联优力被罚没近 6500 万》，https://www.163.com/dy/article/HMRMFOS605199NPP.html。

的金融治理提出了具体要求，其中第十五条至第二十条主要规定了四方面的法律义务：

一是关于实名制的要求，即建立客户尽职调查制度，对银行账户、支付账户进行风险管理。

二是针对账户管理，要求限制开立银行账户、支付账户的数额，存在异常开户情形的，加强核查或拒绝开户。

三是配合义务，包括向监管机关提供开户情况和有关风险信息、完整准确传输交易信息，保证交易信息的真实、完整和支付全流程中的一致性，以及配合监管部门实施电信网络诈骗涉案资金处置措施。

四是在异常账户处置方面，应建立开立企业账户异常情形的风险防控机制。对银行账户、支付账户及支付结算服务加强监测，完善异常账户和可疑交易监测机制及相应的必要防范措施。

对于电信企业，《反电信网络诈骗法》作了哪些规定？

电话用户实名制要求

电信业务经营者应当依法全面落实电话用户真实身份信息登记制度。基础电信企业和移动通信转售企业应当承担代理商落实电话用户实名制的管理责任，在协议中明确代理商实名制登记的责任和违约处置措施。

移动电话卡治理

办理电话卡不得超出国家有关规定限制的数量。

六部委联合发文《关于防范和打击电信网络诈骗犯罪的通告》中要求：电信企业立即开展一证多卡用户的清理，对同一用户在同一家基础电信企业或同一移动转售企业办理有效使用的电话卡达到5张的，该企业不得为其开办新的电话卡。

封堵拦截改号电话和溯源核查

电信业务经营者应当规范真实主叫号码传送和电信线路出租，对改号电话进行封堵拦截和溯源核查。

严禁非法制造、买卖、提供或者使用非法设备和软件

任何单位和个人均不得非法制造、买卖、提供或者使用以下四类设备、软件：一是电话卡批量插入设备；二是具有改变主叫号码、虚拟拨号、互联网电话违规接入公用电信网络等功能的设备、软件；三是批量账号、网络地址自动切换系统，批量接收提供短信验证、语音验证的平台；四是其他用于实施电信网络诈骗等违法犯罪的设备、软件。

电信业务经营者、互联网服务提供者应当采取技术措施，及时识别、阻断非法设备、软件接入网络，并向公安机关和相关行业主管部门报告。

合规启示

01. 建设以合规为核心的企业文化

企业应建立反电信网络诈骗内部控制机制和安全责任制度，加强新业务涉诈风险安全评估，形成合规运营模式。接触客户数据的工作人员应注意严格执行数据保密的法定义务，避免相关的法律风险。

02. 具体实施部门要严控企业内部的运作流程

企业特别要及时掌握与涉诈、防诈相关的规范性文件，并严格落实。例如：注意履行客户尽职调查和识别受益所有人的法定义务；基于反欺诈的目的，可依据《反电信网络诈骗法》收集必要的交易信息、设备位置信息，但同时应注意上述信息未经客户授权，不得用于反电信网络诈骗以外的其他用途。

03. 加强教育培训力度，防范电信网络诈骗

企业应加强内部防范电信网络诈骗教育培训工作，为企业合规运营和有效防范相应法律风险保驾护航。在实操过程中，企业要加大对从业人员和用户开展反电信网络诈骗宣传的力度，在开展相关业务时，通过显著醒目的方式对防范电信网络诈骗作出提示。

结语

坚持源头治理、综合治理，针对电信网络诈骗中信息链、资金链、技术链、人员链等各个环节，《反电信网络诈骗法》都作出了制度规范，弥补了行业监管的漏洞，对电信企业、银行、支付机构、互联网企业等在反诈工作中要承担的风险防控责任、建立内部控制制度和安全责任制度作出了明确要求，并规定了企业对各类涉诈信息、活动的监测和处置责任。只有明确和压实各方面反电信网络诈骗工作的职责，形成强大合力，我们才能有效防范、遏制电信网络诈骗活动。

相关法律、法规

《反电信网络诈骗法》全文

专家团队

谭学艳
深圳市光明区
中科合规法律研究院
顾问

邱思瀚
深圳市鹏城
法律合规研究院
研究员

CHAPTER

05

第五章

行业企业合规建设

一、中央企业合规建设

近年来，国务院国资委在中央企业合规管理上有不少举措：2016 年在中国石油、中国移动等 5 家企业开展合规管理试点；2018 年，印发《中央企业合规管理指引（试行）》，组织编制一系列重点领域合规指南；2021 年 12 月 3 日，召开专题工作部署会，将 2022 年确定为中央企业“合规管理强化年”，进一步加大中央企业合规管理的推进力度。

在总结中央企业合规管理实践、借鉴国际大企业先进做法的基础上，2022 年 8 月 23 日，国务院国资委公布了《中央企业合规管理办法》，并在 2022 年 10 月 1 日正式施行。这是国务院国资委首部针对合规管理发布的部门规章，《中央企业合规管理办法》从制度建设、运营机制、合规文化、监督问责等方面，对中央企业进一步深化合规管理作出了细化规定。

案说

案例：全国首例直供电价格垄断协议案[1]

电力行业关系到国计民生。然而，有的企业却想利用市场改革的机会谋取利益，排除、限制竞争，破坏市场秩序。

2016 年 1 月 14 日下午，山西省电力行业协会召集大唐、国电、华能、华电 4 家中央企业发电集团，漳泽电力、格盟能源、晋能电力、西山煤电 4 家省属发电集团以及 15 家发电厂，在太原市西山酒店召开了一场大用户直供电座谈会，其间签署通过了《山西省火电企业防止恶意竞争　保障行业健康可持续发展公约》（以

1　案例来自观察者网《垄断电价吃 7 千万罚单 山西省电力行业协会与 23 家电力企业受罚》，https://www.sohu.com/a/162147888_115479。

下简称《公约》）。

《公约》第五条规定：根据市场情况，各大发电集团和发电企业，按照成本加微利原则，测算大用户直供最低交易报价，由省电力行业协会加权平均后公布执行。

根据该条款，会议期间当事人与具有竞争关系的发电企业达成了山西省 2016 年第二批直供电最低交易报价让利幅度，即与标杆电价相比，让利幅度不高于 0.02 元 / 千瓦时。在山西省 2016 年第二批直供电交易中，涉案企业按照约定的让利幅度签订了直供电交易合同，实施了这一直供电价格垄断协议，最低交易报价为 0.30 元 / 千瓦时。

据调查，山西省电力行业协会组织 23 家火电企业通过垄断协议控制直供电交易价格的行为，违反了《反垄断法》的规定，违背了国家电力改革中引入竞争、鼓励大型工业用户向发电企业直接购电、交易双方协商定价的原则，排除、限制了直供电市场的公平竞争，增加了下游实体企业的用电负担，损害了消费者利益。

对此，国家发展改革委指导山西省发展改革委依法作出处理决定，对达成垄断协议发挥组织作用的山西省电力行业协会，依法从重处罚，顶格罚款 50 万元；对参与达成并实施垄断协议、积极配合调查、认真整改的涉案企业处以上年度相关销售额 1% 的罚款，对 23 家涉案企业合计罚款 7288 万元。

观点探讨

此次的直供电价垄断协议案中，有部分大型中央企业和大型国有企业也参与其中，原因是什么？

在电力体制改革过程中，电力市场化交易是改革的核心内容之一，直供电交易则是电力市场化的关键一步。直供电交易，就是买卖双方直接商量电价。电力用户多了选择，有利于降低用电成本；发电企业也能够通过竞争降低发电成本，提高管理效率。同时，这样的市场机制也有利于优化电力资源配置，提高全社会的资源利用效率，是一件多赢的好事。

然而卖方为了自己的利益，在行业协会支持下抱团取暖，互相商量电价，联合保价控价，这就成了损害竞争和社会公共利益的垄断违法行为，不仅不利于发电企业自身长远发展，也损害了整个行业市场化的进度。

涉案的 23 家火电企业基本涵盖了山西省一定规模以上的所有火电企业，其中不乏大型中央企业和国有企业。而案件的调查过程，也反映出个别行业协会和相关企业法律意识的淡薄。行业协会本是企业守法的引导者，却成了违法的组织者；处罚已出，相关企业仍心存侥幸，以各种理由为违法行为辩解。

反垄断没有法外之地，每个行业都不例外，中央企业和国有企业也没有任何豁免权。无论涉事企业是盈利还是亏本，无论经营环境景气还是不景气，都不能成为违法的理由。

2022 年 10 月 1 日，国务院国资委发布的《中央企业合规管理办法》正式施行。其中，对于反垄断合规提出了哪些要求？

《中央企业合规管理办法》从组织机构职责、制度建设、运营机制等方面加大中央企业合规管理力度，将软约束提升为硬要求。

《中央企业合规管理办法》明确，中央企业应当针对反垄断、反商业贿赂、生态环保、安全生产、劳动用工、税务管理、数据保护等重点领域，以及合规风险较高的业务，制定合规管理具体制度或者专项指南。反垄断摆在了合规的首要位置。

由于中央企业的市场规模较大，往往具有垄断地位，在竞争过程中的合规管理上，面临较大压力。《中央企业合规管理办法》在明确关注反垄断等重点领域的合规风险时，也要求中央企业根据所在国家（地区）法律、法规等，结合实际制定专项合规管理制度。

除了要求强化重点领域合规风险防范，《中央企业合规管理办法》对中央企业进一步深化合规管理还提出了哪些要求？

《中央企业合规管理办法》第十二条规定：中央企业应当结合实际设立首席合规官，不新增领导岗位和职数，由总法律顾问兼任，对企业主要负责人负责，领导合规管理部门组织开展相关工作，指导所属单位加强合规管理。

从国际大企业实践看，设立首席合规官是世界一流企业的普遍做法。首席合规官作为企业核心管理层成员，在全面领导合规管理体系建设与运行方面，发挥了积极作用。

在中央企业设立首席合规官是强化合规管理工作的一项重要举措，既有利于进一步明确合规管理职责、落实责任，统筹各方力量更好推动工作，也展现了中央企业对强化合规管理的高度重视和积极态度，对推动各类企业依法合规经营具有重要示范带动作用。

企业该如何保证首席合规官的独立性、有效性和权威性，以便更好地开展合规工作？

提高首席合规官的地位，明确其直接向企业负责人汇报

《中央企业合规管理办法》规定，中央企业主要负责人作为推进法治建设第一责任人，应当积极推进合规管理各项工作，首席合规官对企业主要负责人负责。

企业负责人要想规避风险，更好地履行合规责任，就必须能真正地识别、分析问题，听实话、听真话。因此，企业要有让首席合规官不用过滤任何信息就直接向企业负责人汇报的工作环境，要保障其独立意见被尊重，要维护其意见的权威性。

将首席合规官作为企业的领导班子成员，赋予其实权

《中央企业合规管理办法》提出，中央企业应当将合规审查作为必经程序嵌入经营管理流程，重大决策事项的合规审查意见应当由首席合规官签字，对决策事项的合规性提出明确意见；将首席合规官作为企业合规管理的关键人物，要求其全面参与企业重大决策，从而确保其合规管理职责履行到位。

将首席合规官作为解决合规风险事件的总负责人

《中央企业合规管理办法》明确了重大合规风险事件发生后应由首席合规官牵头、合规管理部门统筹协调、相关部门协同配合的具体机制。

定期开展合规有效性评价，避免合规体系流于纸面

《中央企业合规管理办法》明确了业务及职能部门具体的合规职责，管业务必须管合规。

企业应该结合自身情况和特点对合规管理体系进行完善，加强重点领域和风险较高的业务领域的专项合规建设，定期开展合规管理体系有效性评价，针对重点业务合规管理情况开展专项评价。

加大监督问责力度

《中央企业合规管理办法》明确了中央企业应当对在履职过程中因故意或者重大过失应当发现而未发现违规问题，或者发现违规问题存在失职渎职行为，给企业造成损失或者不良影响的单位和人员开展责任追究。问责机制树立了企业合规管理工作的权威性。

以上五方面的规定，让首席合规官不受制于权力，敢于依照法律、制度来识别、分析、评判，最终提出自己的想法，同时也确保了合规管理体系能切实发挥作用。

这套高定位、赋予参与决策的权力、主导解决风险事件、事后问责的“组合拳”，是保障首席合规官拥有独立决策权，保障企业合规制度正常运行，让首席合规官、合规机制“长出牙齿”的必要举措。

合规管理工作的主体

根据《中央企业合规管理办法》第七条至第十五条的规定，合规管理工作主体是：

1. 中央企业党委负企业合规管理工作领导责任；

2. 董事会与经理层承担合规管理体系的规划、设置以及统筹的工作；

3. 中央企业主要负责人作为推进法治建设第一责任人，积极推进合规管理各项工作；

4. 合规委员会可与法治建设领导机构等合署办公，统筹协调合规管理工作；

5. 结合企业实际设立首席合规官；

6. 业务部门、职能部门以及合规管理部门承担具体实施、落实合规管理规定的工作；

7. 中央企业纪检监察机构和审计、巡视巡察、监督追责等部门则承担责任追究的工作。

合规管理主体的权责

根据《中央企业合规管理办法》第十三条至第十五条的规定，合规管理主体的权责是：

1. 企业业务及职能部门的合规管理工作：（1）建立本部门业务合规管理制度和流程、开展合规风险识别评估、编制风险清单和应对预案；（2）落实合规风险管理具体到岗位；（3）经营管理行为的合规审查；（4）风险应对及控制；（5）检查并整改。

2. 合规管理部门工作：（1）组织起草合规管理基本制度、具体制度、年度计划和工作报告等；（2）经济合同、重大决策合规审查；（3）开展风险识别、预警、应对工作，根据董事会授权开展合规管理体系有效性评价；（4）接收举报、进行调查、提出处置意见；（5）推进合规培训、受理合规咨询，推进合规管理信息化建设。

3. 中央企业纪检监察机构和审计、巡视巡察、监督追责等部门工作：在职权范围内对合规要求落实情况进行监督，对违规行为进行调查，按照规定开展责任追究。

《中央企业合规管理办法》对合规管理信息化建设专章作出规定，有哪些特点？

《法治中国建设规划（2020—2025 年）》首次提出，运用大数据、云计算、人工智能等现代科技手段，全面建设“智慧法治”，推进法治中国建设的数据化、网络化、智能化。这为企业法治建设搭乘数字化快车、实现加速发展带来新机遇，也提出了更高要求。

世界一流企业之所以合规管理做得好，一个重要原因就是充分运用大数据、人工智能等现代科技手段，真正将合规要求嵌入经营管理流程，并通过数据分析、智能控制等方式，实现即时预警、快速处置，切实提高了管理效能。适应这一发展趋势正是《中央企业合规管理办法》在结构上的亮点之一。《中央企业合规管理办法》将信息化建设单独成章，专章对合规管理信息化建设作出规定，对明确主要功能、推进与其他信息系统互联互通、加强重点领域和关键节点实时动态监测等提出要求。

《中央企业合规管理办法》第三十三条规定：中央企业应当加强合规管理信息化建设，结合实际将合规制度、典型案例、合规培训、违规行为记录等纳入信息系统。

第三十四条规定：中央企业应当定期梳理业务流程，查找合规风险点，运用信息化手段将合规要求和防控措施嵌入流程，针对关键节点加强合规审查，强化过程管控。

第三十五条规定：中央企业应当加强合规管理信息系统与财务、投资、采购等其他信息系统的互联互通，实现数据共用共享。

第三十六条规定：中央企业应当利用大数据等技术，加强对重点领域、关键节点的实时动态监测，实现合规风险即时预警、快速处置。

这一变化也从侧面印证了监管机构对于中央企业的合规要求正在逐步提高，旨在推动中央企业建立更全面、更现代化的合规管理体系，充分利用大数据、云计算等技术，对重点领域、关键节点开展实时动态监测，实现合规风险即时预警，对违规行为主动截停。

合规启示

01. 设置首席合规官

中央企业应依据《中央企业合规管理办法》搭建合规管理架构，设置首席合规官等职位，并将首席合规官作为关键人物，全面参与重大决策，确保管理职责到位。

02. 开展合规计划

中央企业应根据自己业务的特点，依据《中央企业合规管理办法》相关规定，按照轻重缓急，逐项开展合规计划，注重实效。同时，企业应将合规审查作为关键环节，健全工作机制，确保流程管控到位。

03. 加强合规建设

企业合规建设是一个持续的过程，需要不断地进行周期性检查和评估。中央企业要善于使用外部专业机构的力量，发现问题、改善问题，提升合规建设水平。围绕全周期合规风险体系流程，建立健全有效的信息化合规运行机制，实现对合规风险的闭环管理。

04. 重视合规文化

中央企业管理层应带头参与多层次的培训、案例教育、知识竞赛等活动，让企业最终形成合规文化。

结语

《中央企业合规管理办法》的发布意味着国家对中央企业合规管理的要求从原则性的建议指引上升为具有法律强制力的部门规章，为中央企业合规管理提供了更与时俱进的系统指导，传递出对中央企业合规管理工作的最新要求，强化了国务院国资委对中央企业合规管理的底线要求，为各地政府加强所属国有企业合规管理工作提供了政策指南，对国有企业进一步强化合规管理工作也具有重要的借鉴意义。

相关法律、法规

《中央企业合规管理办法》全文

专家团队

毛春华
北京中银（深圳）律所企业合规研究中心秘书长

明娟
华商合规法律服务中心成员

二、银行合规建设

企业建立合规体系，最早是从金融行业开始的。2005 年 4 月，巴塞尔银行监督管理委员会发布了《合规与银行内部合规部门》文件，为会员国银行企业组建合规部门和建立合规体系确立了基本的原则和制度框架。2006 年，中国银监会发布了《商业银行合规风险管理指引》，确立了商业银行合规管理的基本原则，对董事会、监事会和各级管理层的合规管理职责做出了界定，确立了商业银行合规部门的合规管理职责，对银行企业的合规风险监管设定了原则性的制度框架。合规底线，就是银行发展的生命线。

案说

案例一：中信银行泄露客户信息事件[1]

2020 年 5 月 6 日下午，脱口秀演员池子的一条微博引发了广泛关注，也引发了公众对中信银行的质疑。

具体来说，池子与他所在的上海笑果文化传媒有限公司存在经济合约纠纷，然而，在公司寄给他的材料中，竟包含了池子个人银行账户的交易明细。池子表示已经报案并做了笔录，同时向银保监会等政府监管机关投诉。

池子在微博中透露，经咨询律师得知，个人银行账户交易明细是重要的个人隐私。依照法律，银行不能把个人账户交易明细交给第三方。这是属于侵犯公民个人信息的违法行为。

1 案例来自《池子个人信息被泄露处罚结果公布：中信银行收银保监会 450 万元罚单》，https://baijiahao.baidu.com/s?id=1694657363067059897&wfr=spider&for=pc。

2020 年 5 月 7 日凌晨，中信银行发布致歉信称，池子所反映一事属实，该行员工确向与池子存在纠纷的公司提供个人收款记录，属于未按规定办理，目前已按制度规定对相关员工予以处分，并对支行行长予以撤职处分。

同日下午，据多家媒体报道，上海银保监局已关注到脱口秀演员池子指责中信银行泄露其个人账户交易信息一事，并正式介入调查。

2020 年 5 月 9 日，银保监会官网发布《中国银保监会消费者权益保护局发布关于中信银行侵害消费者合法权益的通报》（银保监消保发〔2020〕5 号）通报称，2020 年 3 月，中信银行在未经客户本人授权的情况下，向第三方提供个人银行账户交易明细，违背为存款人保密的原则，涉嫌违反《中华人民共和国商业银行法》和银保监会关于个人信息保护的监管规定，严重侵害消费者信息安全权，损害了消费者合法权益。

银保监会消费者权益保护局将按照相关法律、法规，启动立案调查程序，严格依法依规进行查处。2021 年 3 月 19 日，银保监会消保局发布的罚单显示，中信银行因此事被处罚金 450 万元。

观点探讨

在这起案例中，中信银行的违法、违规事实具体指的是哪些？

银保监会的处罚决定显示，中信银行主要违法、违规事实有四方面：

一是客户信息保护体制机制不健全；柜面非密查询客户账户明细缺乏规范、统一的业务操作流程与必要的内部控制措施，乱象整治自查不力。

二是客户信息收集环节管理不规范；客户数据访问控制管理不符合业务必须知道和最小授权原则；查询客户账户明细事由不真实；未经客户本人授权查询并向第三方提供其个人银行账户交易信息。

三是对客户敏感信息管理不善，致其流至互联网；违规存储客户敏感信息。

四是系统权限管理存在漏洞，重要岗位及外包机构管理存在缺陷。

以此为鉴，银行应当采取哪些措施，保护好客户信息？

个人金融信息是金融机构日常业务工作中积累的一项重要基础数据，也是金融机构客户个人隐私的重要内容。泄露客户的个人信息，不但银行要遭受行政处罚，情节严重的还可以追究相关人员侵犯公民个人信息罪的刑事责任。因此，银行应当积极采取措施，保护好客户的信息数据。

建立健全商业银行客户信息保护机制应当着重从以下几个方面着手：

一是做好数据保护的基础建设，比如做好机房或数据载体的物理安全隔离，做好各安全域之间的访问控制；

二是建立数据保护的组织体系，包括建立数据保护的管理部门，构建数据分类分级制度，完善数据的授权审批流程，制定数据脱敏和隔离策略，选取数据保护的技术手段等；

三是对数据进行风险管理，防止数据外泄，比如对敏感数据分布状况进行调研并实时监控，明确业务系统数据使用管理人员，确定数据流转和处理方式，对数据流转进行风险评估和审计，加固、修复和改进数据管理的薄弱环节等。

四是妥善处理客户投诉，避免客户投诉转化为诉讼风险。

案说

案例二：中国农业银行纽约分行被美联储处罚高额罚金[1]

2016 年 11 月，中国农业银行及其纽约分行因违反美国相关反洗钱法规，与美国纽约州金融服务局（New York State Department of Financial Services）达成和解，农业银行认缴 2.15 亿美元罚金。这是中资银行在海外因反洗钱违规而遭受的最严

1 案例来自陈瑞华《企业合规基本理论》第 141 页。

厉处罚。除了高额的罚金，农业银行还签署了包含一系列严苛条款的和解协议。

根据和解协议，农业银行必须在 60 日内聘请一位独立的监督员，由其对农业银行纽约分行的反洗钱合规体系进行一次全面的审查和评估，在评估的基础上，农业银行和农业银行纽约分行要向监管部门提供一个关于全面改进反洗钱合规体系的详尽整改计划，包括反洗钱合规体系、可疑交易报告、客户尽职调查、内部审计、高层监管等方面的内容。

为堵塞合规管理漏洞，农业银行吸取教训，采取措施，全面强化全球合规和风险体系，成立了反洗钱中心，从制度、团队和系统三方面加强建设。

观点探讨

农业银行建立的反洗钱合规体系具有哪些特点？

近年来，反洗钱合规在商业银行风险管理中的地位日益突出。中国农业银行高标准建立反洗钱中心就是一个集中体现，这有利于加强对反洗钱合规工作的统一管理，值得借鉴。

首先，农业银行对内要求各级行一把手亲自分管内控合规和反洗钱工作，带头学习、研究反洗钱法律、法规和监管规定，加强反洗钱合规文化建设，树立“风险为本，合规优先”的发展理念。

其次，农业银行强化合规培训考核，反洗钱审核不到位的机构不能开业，反洗钱考核不达标的人员不能上岗，反洗钱风险评估未通过的业务和产品不能上线；明确各业务条线、各层级、各岗位的合规职责和履职标准，并加强反洗钱工作考核激励机制，将反洗钱合规与各级行综合绩效考评挂钩。

最后，农业银行对外全面提高客户尽职调查标准，加强对可疑交易的监测报告，完善全面风险管理体系，将洗钱风险与信用风险、市场风险、操作风险等其他风险一并统筹考虑、统一管理，并以风险为导向，实施差异化客户管理策略和风险控制措施。

农业银行纽约分行的案例，给银行反洗钱合规计划的制订提供了怎样的借鉴？

第一，农业银行纽约分行的案例表明，中资银行在积极拓展海外业务的同时要将关注的重点放在合规经营方面。中资银行的本质是以获利为经营目标，但 2.15 亿美元的罚款不仅使农业银行纽约分行多年的经营利润损失殆尽，整改的成本更是远超罚款金额。

第二，制定和实施符合监管要求的反洗钱内控系统，认真对待监督机构的建议和要求，做好客户尽职调查工作，严格遵守大额交易和可疑交易报告制度等各项反洗钱规定，重点防控高风险领域和问题客户，同时还要防范洗钱新风险。

第三，关注反洗钱刑事合规风险及其防控。就国内而言，2020 年《刑法修正案（十一）》对《刑法》第一百九十一条“洗钱罪”进行了第三次修正，对“洗钱罪”构成要件进行了重大的调整，显著加大了处罚力度，同时为司法部门有效预防上游违法犯罪、境外追逃追赃提供了充足的法律保障。随着新的严监管浪潮到来，商业银行等金融服务企业应重新审视业务中的反洗钱刑事合规风险，具体做好如下工作：

一是做好事前客户全面背景调查。业务开展前，金融服务企业应对在相关监管部门和银行的违规记录、异常监测指标，对客户经营状况、股东或实际控制人、主要关联企业、上下游交易对手、信用记录、交易意图及逻辑、涉外经营行为和外汇收支行为等进行全面调查。

二是将尽职审查贯穿业务全流程。金融服务企业应形成对交易真实性与合规性风险的整体判断，层层递进，开展尽职审查，包括全面分析客户提供的证明材料之间是否能相互印证，共同证明业务背景的真实性等。

三是持续做好风险监控。在业务存续期间，金融服务企业应对客户和业务准入的后续行为及资金流向进行持续监测，确保资金的流向及用途符合监管要求。若发现重大异常情况，金融服务企业应暂停为其办理后续业务。

案说

案例三：银行卡被盗刷，发卡行担全责[1]

2016 年 11 月 12 日，潘鹊仙在中国工商银行贵州黎平支行办理的一张银行借记卡在 2 分钟内发生了 4 次取款，共计损失 19999.50 元。

潘鹊仙收到取款通知短信后，感觉情况不对，就到黎平支行进行交涉。当月 18 日，潘鹊仙就自己的银行卡遭盗刷一事向公安机关报案。黎平县公安局提供的视频材料显示，上述 4 次取款均在湖南省境内，系被他人盗刷。为了追回盗刷钱款，潘鹊仙向人民法院提起诉讼，请求判令黎平支行偿还 19999.50 元存款。

一审法院认为，潘鹊仙在黎平支行处办理借记卡，潘鹊仙与黎平支行间即依法确立储蓄合同关系。潘鹊仙作为持卡人，将自有资金存入其银行卡账户，黎平支行作为专业的金融机构，负有保障潘鹊仙银行卡内存款安全的合同义务。

本案中，黎平县公安局提供的照片及视频材料显示，潘鹊仙所持有的借记卡于 2016 年 11 月 12 日进行的取款是他人在异地所为，并不是潘鹊仙本人所为。在并无充分证据证明黎平支行对潘鹊仙的银行卡盗刷负有过错责任的情况下，黎平支行强调应由潘鹊仙承担因密码泄露或保管不严造成的财产损失后果的抗辩理由，

1 案例来自中国裁判文书网，https://wenshu.court.gov.cn/website/wenshu/181107ANFZ0BXSK4/index.html?docId=RMsHL+R1Vwv+jnOPXQeK1OgmpiqzW2cf1Hoi3K39rvDsjFsr8XxppJ/dgBYosE2gp89x0Y4XZh+4H3rZqNtryEjApnWDlO6n7ro2dfPT2sbQRKJqWD7x0NwHPPTf0soI。

缺乏相应的事实依据，一审法院对此不予采信。黎平支行在合同履行过程中存在未尽安全保障义务的违约行为，负有承担赔偿潘鹊仙银行卡内资金损失的责任。

一审法院判定，黎平支行需赔偿潘鹊仙银行卡内资金损失 19999.50 元。黎平支行不服一审判决，提起上诉，二审判决后又提出再审，均被驳回，维持原判。

观点探讨

根据 2021 年 5 月 25 日最高人民法院发布的《最高人民法院关于审理银行卡民事纠纷案件若干问题的规定》（以下简称《银行卡规定》）的要求，银行需要承担法律责任的基础是什么？又该如何应对呢？

《银行卡规定》明确了各方主体行为，用户银行卡遭盗刷并可证明自己无责，用户可向银行索赔；信用卡遭盗刷，用户可不用偿还本息。此规定于发布之日起实施。

根据《银行卡规定》的规定，发生伪卡盗刷交易或者网络盗刷交易，借记卡持卡人基于借记卡合同法律关系请求发卡行支付被盗刷存款本息并赔偿损失的，人民法院依法予以支持。发生伪卡盗刷交易或者网络盗刷交易，信用卡持卡人基于信用卡合同法律关系请求发卡行返还扣划的透支款本息、违约金并赔偿损失的，人民法院依法予以支持。

该规定有利于保护持卡人的资金安全，改善了以往银行卡资金不翼而飞却无人担责的状况。持卡人只要妥善保管好自己的银行卡、密码、验证码等身份识别信息、交易验证信息，并在遇到盗刷时及时挂失，那么对于盗刷产生的损失，发卡行就需要承担赔偿责任。

这是基于发卡行与持卡人之间的合同法律关系。银行有义务保障其交易系统、技术和设备的安全性。尤其是随着电子银行业务的发展，商业银行作为电子交易系统的开发、设计、维护者，也是从电子交易便利中获得经济利益的一方，应当更有能力采取更为严格的技术保障措施，以提升防范银行卡违法犯罪行为的能力。当然，如果银行认为不是盗刷，则应当承担举证责任。

银行应如何应对，防范合规风险呢？

一方面，银行应当提高自身安全防范的水平和能力，加强自身安全防控体系软硬件的建设，完善银行卡交易系统、技术和设备的安全性，做好安全合规管理，降低银行卡被盗刷的风险。

另一方面，银行还要做好交易单据、对账单、监控录像、交易身份识别信息、交易验证信息等证据的固定和保存，避免持卡人滥用该条规定时，银行因无法举证而败诉。

此外，就合规操作而言，发卡行在与持卡人签订银行卡合同时，负有告知持卡人银行卡是否具备网上支付功能、交易规则、交易风险以及法律责任的义务。发卡行未履行上述义务，或者虽履行上述义务，但在持卡人未同意的情形下单方开通网上支付功能而导致持卡人银行卡被盗刷的，也需承担赔偿持卡人损失的责任。

合规启示

要落实“以合规为中心”的经营理念，银行的合规管理就应当遵循独立性、系统性、全员参与、强制性、管理地位与职责明确的科学管理原则。

独立性原则是指合规管理应当独立于银行的业务经营活动，以真正起到制约的作用，是合规管理的关键性原则。

系统性原则是指合规管理应当运用系统观念思维，进行系统的设计和组织，构建合理的运行体制，协调运作，实现合规管理的最大效能。

全员参与原则是指全体员工在各自业务活动中，要全面遵循合规性要求，以树立责任意识、规范员工日常行为、做好合规能力培训等为基础，全面建设银行合规文化。

强制性原则是指相对于其他管理而言，合规管理具有强制性，任何人必须服从合规性要求，不能搞特殊化。

管理地位与职责明确的原则是指随着合规管理重要性的日益提升，银行应当由专门部门牵头，通过书面文件的方式，清晰界定各相关人员的角色和职责，提升合规管理效果，竖起防范金融风险的防火墙。

结语

合规经营是银行生存和发展的根基，也是防范金融风险的基本前提。根据 2006 年中国银监会发布的《商业银行合规风险管理指引》，银行的合规风险管理已经从传统的法律风险管理发展为行业监管制度、自律规则以及银行内部行为准则的制定与执行。银行只有抓好合规文化建设，切实规范经营行为，才能在金融行业发展的道路上行稳致远。

相关法律、法规

《刑法》第二百五十三条

《中华人民共和国银行业监督管理法》第二十一条、第四十六条

《中华人民共和国商业银行法》第七十三条

《最高人民法院关于审理银行卡民事纠纷案件若干问题的规定》全文

专家团队

娄秋琴
北京大成律师事务所高级合伙人、中南财经政法大学刑事辩护研究院副院长
中国政法大学博士

明娟
深圳市律师协会刑诉委副主任

三、上市公司合规建设

国内越来越好的营商环境孕育出一批具有强大商业影响力的公司，这背后也有了更为强烈的资金需求，很多公司开始谋求上市。上市公司不仅可以通过证券市场融资，降低融资成本，实现资源的有效配置，还能带动区域经济的建设和发展，为我国经济的高速发展做出重要贡献。然而，公司一旦上市，它的发展不仅关系到本公司股东和员工的利益，也涉及众多投资者的权益。因此，对于上市公司，无论国内还是国外都有着更为严格的合规监管要求，这也是净化市场环境、维护市场秩序的根本举措。

案说

案例一：平潭发展内幕交易案[1]

从3元到24元，连续利好叠加福建自贸区概念，平潭发展的股价在2013年至2015年间扶摇直上。然而，在股价暴涨背后，却是公司四位核心人员的集体内幕交易。

在长达一年半的时间里，平潭发展的多名中高层先后利用9项上市公司内幕信息，大量买入平潭发展股票，交易金额多达3000余万元，获利近500万元。2016年4月，中国证监会依法对夏雪、石乃珊、刘峰、陈勇4名公司高层的内幕交易行为作出行政处罚，合计罚没金额近2000万元。

在这起案件中，内幕交易的4名当事人均是参与上市公司重大决策、负责上市公司重大事项实施的公司高层，在上市公司重大事项运转过程中担任重要角色，全面掌握着公司的内幕信息。其中，夏雪和石乃珊作为平潭发展董事长助理，直

1 案例来自新华网《还原平潭发展内幕交易案细节 多手段协助破案》，http://xyjj.china.com.cn/2017-02/28/content_9363530.htm。

接参与了公司多个重大事项的筹划和实施。

交易所通过日常监控发现，2014 年前后，在平潭发展筹划非公开发行、筹划与台湾中振医疗合作投资新建严复纪念医院等一系列利好信息公布前，董事长助理夏雪等人名下证券账户频繁交易公司股票，获利明显。其中，董事长助理夏雪和石乃珊长期使用自己的名下账户交易平潭发展股票。2016 年 9 月 1 日，中国证监会对上述异常交易行为进行立案调查。

此外，在本案中，刘峰 2014 年 9 月以前为某上市公司的副总经理，之后担任中福康辉旅游项目顾问；后凭借其在旅游项目开发管理上的经验和思路，赴平潭发展履行副总经理职责，2015 年 6 月正式受聘为平潭发展副总经理。陈勇原为负责平潭旅游开发项目方案设计的合作方副总经理，后因其长期跟进中福康辉旅游项目的方案设计工作，于 2015 年 8 月正式受聘为平潭发展投资部副总经理。

根据调查，2014 年，刘峰和陈勇利用与康辉旅行社合作旅游开发项目的契机，通过内幕交易分别获利 80.17 万元和 6.85 万元；石乃珊除了利用康辉旅游项目的内幕做交易，还利用公司投建严复纪念医院的消息买卖股票，获利 204.22 万元；夏雪则在公司投建严复纪念医院、定增募资 20 亿元等内幕信息敏感期内交易股票，至案件查处时，获利 206.76 万元。

观点探讨

如何理解内幕交易？这样的行为会对证券市场造成怎样的危害？

内幕交易是一种典型的证券欺诈行为，一般是指内幕信息知情人或非法获取内幕信息的人员违法、违规，在内幕信息公开前泄露内幕信息，利用他们掌握的内幕信息买卖或建议他人买卖证券，谋取非法利益。

内幕交易是证券监管机构积极防控和重点打击的对象。我们可以从内幕信息、内幕人员和内幕行为这三方面理解内幕交易。

内幕信息指未对外界公布的信息，通常涉及公司经营、财务等重要方面，一般是公司发展的风向标。《证券法》列举了几种典型的内幕信息，这些内幕信息在发布之后，可能会对投资者的投资决策和证券价格产生重大影响。例如，上市公司重大财务亏损信息、违约纠纷、高管涉嫌违法违纪等信息，往往会引起公司股票价格的下跌；上市公司的盈利信息、资产增值信息往往会引起股票价格的上涨。

内幕人员是指内幕信息的知情人，这些知情人因其职务、职权或者通过其他渠道，在重要信息发布前就掌握内幕信息。内幕人员分两种，一种是《证券法》规定的内幕信息知情人，包括发行人董事、监事、高级管理人员，持股 5% 以上股东及其董事、监事、高级管理人员，实际控制人及其董事、监事、高级管理人员，发行人控股的公司及其董事、监事、高级管理人员，因职务便利获取内幕信息的人员，证券监督管理机构、证券交易所、证券登记结算公司、保荐人、承销的证券公司等机构的工作人员和相关人员；另一种则是通过非法途径获取内幕信息的知情人，如《证券法》规定的内幕信息知情人的亲属、利益关系人，或是通过偷听电话、拆封信件等不正当的途径获取内幕信息的人员。

内幕行为是指内幕人员利用其掌握的内幕信息获利或者减免损失的行为，这种获利可能是直接获利，也可能是间接获利。最常见的内幕行为是在内幕信息公开前的敏感期买卖公司证券，这种买卖证券的行为可能是内幕人员自己操作，或是明示、暗示其他人进行操作。

内幕交易行为违反了证券市场“公平、公正、公开”原则

一方面，内幕信息知情人通过内幕交易行为谋取巨额非法利益，严重侵犯了公众投资者的平等权、知情权和财产权益；另一方面，内幕交易行为若是没有得到及时监管，将会使证券价格和指数失去时效性和客观性，成为少数人利用内幕消息炒作的结果，无法显示出投资者对公司业绩的综合评价，最终会使证券市场丧失国民经济晴雨表的作用，影响其他投资者的判断，使得其他投资者受损；同时也将动摇大众人群对证券市场的信心，扰乱整个资本市场的秩序。

通过案情分析，上市公司平潭发展存在哪些管理漏洞？

平潭发展内幕交易案是上市公司多名中高层内幕交易的典型窝案。调查发现，涉案当事人对证券法规意识较为淡薄，上市公司内幕信息管理存在漏洞，相关法规及培训制度都有待完善。

另外，在筹划和实施重大项目期间，平潭发展对内幕信息知悉范围控制不力，曾多次聘请数个单位的外部专家进行论证，导致内幕信息的知悉范围严重扩大，多名无关人员知悉了内幕信息，增加了内幕信息外泄和非法利用内幕信息牟利的风险。[1]

内幕信息形成前，平潭发展也未充分提醒公司高层或其他知悉内幕信息的人员，禁止其泄露内幕信息，以及进行内幕交易。

上市公司需要通过证券合规管理措施来控制内幕交易的违规风险。这就要求上市公司有一套完善、有效的证券合规管理制度，设置相应的合规部门，细化内幕信息流转流程，组织开展合规培训，签订合规承诺书，使重点人员熟知内幕交

1 案例来自《平潭发展曝塌方式内幕交易 非高管型核心层集体沦陷》，http://jiangsu.china.com.cn/html/finance/finances/9576285_1.html。

易相关规定，确保其在履职时不出现违规行为；在日常经营及重大交易过程中，坚持必要性原则，仅由最小范围人员知悉内幕信息；在涉及第三方时，采取措施及时提示、敦促第三方遵守内幕交易的相关规定。

上市公司如何通过合规建设，规避因内幕交易造成的违法、违规风险？

事实上，对内幕交易的监管一直是证券市场的研究课题，从 1978 年到现在，国家监管经历了低层次交易阶段、交易所阶段，来到了现在的规范化、国际化阶段。国家在新修订的《证券法》中引入了集体诉讼制度，对投资者加强保护、扩大内幕信息知情人范围、细化内幕信息标准、加大处罚力度，并在《刑法修正案（十一）》中新增“控股股东、实际控制人违规披露、不披露重要信息罪”。

至此，证券市场正在形成民事、行政、刑事全方位、多角度的证券市场监管体系。我们从中可以看出，国家监管机构对证券违法、违规行为采取的是零容忍的高压监管态势，对于内幕交易、市场操纵等行为将进一步提高处罚力度和处罚金额，重点关注市场操纵行为并持续打击内幕交易，内幕交易行为人与中介机构的违法、违规成本会越来越高。

高压之下，公司规避违规风险的关键就是规范信息管理制度、掌握法律层面的合规技术。比如，在公司内部治理结构中，公司需要对可能触及内幕信息的业务单元和相关人员进行专门管理，并建立内部监督机制；再如，在面对调查时，相关人员除了积极配合，还应充分说明问题，积极与监管部门沟通，从而化解或减轻法律责任。此外，公司还应做好民事应诉方案，针对异常交易可能引发的民事诉讼制定应对策略，从而减轻可能出现的民事法律责任。与此同时，公司还应当制订公司声誉维护计划，设计对外公关策略，通过有效的信息披露来减轻危机事件对企业形象的消极影响。

案说

案例二：博元投资股份有限公司余蒂妮等人违规披露、不披露重要信息案[1]

广东省珠海市博元投资股份有限公司（以下简称博元公司）在上海证券交易所上市。华信泰投资有限公司（以下简称华信泰公司）是博元公司的控股股东。

2011 年 4 月，广东省珠海市博元投资股份有限公司董事长兼法定代表人余蒂妮、总裁陈杰、财务总监伍宝清、董事兼财务总监张丽萍、监事罗静元等人采取循环转账等方式，虚构华信泰公司已代全体股改义务人支付股改业绩承诺款 3.84 亿余元的事实，并在博元投资股份有限公司的临时报告、半年报中进行披露。后为掩盖以上虚假事实，余蒂妮、伍宝清、张丽萍、罗静元采取将 1000 万元资金循环转账等方式，虚构用股改业绩承诺款购买 37 张面额共计 3.47 亿元银行承兑汇票的事实，并在博元投资股份有限公司 2011 年的年报中进行披露。

2012 年至 2014 年，余蒂妮、张丽萍多次虚构银行承兑汇票贴现、票据置换和支付预估款等交易事实，并根据虚假的交易事实进行记账，制作虚假的财务报表，虚增资产或者虚构利润均达到当期披露的资产总额或利润总额的 30% 以上，并在博元投资股份有限公司当年的半年报、年报中披露。此外，博元投资股份有限公司还违规不披露公司实际控制人及其关联公司等信息。

2016 年 7 月 18 日，珠海市香洲区检察院先对博元公司作出不起诉决定。9 月 30 日，检察机关向中国证券监督管理委员会发出《检察意见书》，建议对博元公司依法给予行政处罚。2017 年 2 月 22 日，法院以违规披露、不披露重要信息罪判处被告人余蒂妮等五人有期徒刑一年七个月至拘役三个月不等刑罚，并处罚金。

1　案例来自《“检例第 66 号”告诉你——违规披露、不披露重要信息行为的“罪”与“罚”》，https://baijiahao.baidu.com/s?id=1715029582700132544&wfr=spider&for=pc。

观点探讨

什么是违规披露、不披露重要信息罪？

违规披露、不披露重要信息罪，指依法负有信息披露义务的公司和企业向股东和社会公众提供虚假的或者隐瞒重要事实的财务会计报告，或者对依法应当披露的其他重要信息不按照规定披露，严重损害股东或者其他人利益的行为。

违规披露、不披露重要信息罪，其所侵害的法益是现代公司、企业法人治理核心的信息披露制度，因而违规披露、不披露重要信息罪中的信息，只应当是与投资价值判断和投资决策有关的信息，并非指与公司相关的任何信息。

本罪的犯罪对象不限于财务会计报告，还包括《证券法》中规定的应当披露的招股说明书、上市公告书、公司年度报告、临时报告等信息，临时报告包括可能对上市公司、股票在国务院批准的其他全国性证券交易场所交易的公司的股票交易价格产生较大影响的重大事件，以及可能对上市交易公司债券的交易价格产生较大影响的重大事件等内容。

根据《上市公司信息披露管理办法》的规定，信息披露文件包括定期报告、临时报告、招股说明书、募集说明书、上市公告书、收购报告书，以及可能对上市公司证券及其衍生品种交易价格产生较大影响的重大事件等。《非上市公众公司监督管理办法》规定的信息披露文件主要包括：公开转让说明书、定向转让说明书、定向发行说明书、发行情况报告书、定期报告和临时报告等。《公开募集证券投资基金信息披露管理办法》规定的公开披露的基金信息包括：基金招募说明书、基金合同、基金托管协议等信息。另外，《公司法》《证券投资基金法》《上市公司重大资产重组管理办法》《资产支持证券信息披露规则》等法律、法规均有信息披露的相关规定。

2021 年 3 月 1 日，《刑法修正案（十一）》实施，大幅提高了欺诈发行、信息披露造假、中介机构提供虚假证明文件和操纵市场四类证券期货犯罪的刑事惩处力度。这对上市公司来说，意味着什么呢？

欺诈发行、信息披露造假等违法犯罪行为是资本市场的毒瘤，《刑法修正案（十一）》大幅强化了对上述犯罪的刑事惩处力度。对于欺诈发行，《刑法修正案（十一）》将刑期上限由 5 年有期徒刑提高至 15 年有期徒刑，并将对个人的罚金由非法募集资金的 1% 至 5% 修改为“并处罚金”，取消 5% 的上限限制，对单位的罚金由非法募集资金的 1% 至 5% 提高至 20% 至 100%。对于信息披露造假，《刑法修正案（十一）》将相关责任人员的刑期上限由 3 年提高至 10 年，罚金数额由 2 万元至 20 万元修改为“并处罚金”，取消 20 万元的上限限制。《刑法修正案（十一）》的实施，意味着：

1. 强化对控股股东、实际控制人等关键少数人的刑事责任追究。实践中，控股股东、实际控制人等人往往在欺诈发行、信息披露造假等案件中扮演重要角色。《刑法修正案（十一）》强化了对这类主体的责任追究，明确将控股股东、实际控制人组织、指使实施欺诈发行、信息披露造假，以及控股股东、实际控制人隐瞒相关事项导致公司披露虚假信息等行为纳入《刑法》规制范围。

2. 压实保荐人等中介机构的“看门人”职责。保荐人等中介机构是资本市场的“看门人”，其勤勉尽责对于资本市场健康发展至关重要。《刑法修正案（十一）》明确将保荐人作为提供虚假证明文件罪和出具证明文件重大失实罪的犯罪主体，适用该罪追究刑事责任。同时，对于会计师等中介机构人员在证券发行、重大资产交易活动中出具虚假证明文件、情节特别严重的情形，明确适用更高一档的刑期，最高可判处 10 年有期徒刑。

3. 与《证券法》修订保持有效衔接。一方面，将存托凭证和国务院依法认定的其他证券纳入欺诈发行犯罪的规制范围，为将来打击欺诈发行存托凭证和其他证券提供充分的法律依据；另一方面，借鉴新证券法规定，针对市场中出现的新的操纵情形，进一步明确对幌骗交易操纵、蛊惑交易操纵、抢帽子交易操纵等新型操纵市场行为追究刑事责任。

至此，我国对上市公司的合规监管力度进一步加强，通过法律落实了上市公司与中介机构合规建设的责任。因此，上市公司应提高合法合规意识，制定、落实企业合规制度与管理方法，树立红线意识，消除侥幸心理，切实保护投资者合法权益，促进企业合规、稳健发展。

合规启示

上市公司的董事、监事、高级管理人员、大股东和实际控制人一旦被定罪，除了需要付出失去自由的代价，还要缴纳巨额的罚金，市场禁入的处罚更是雪上加霜，会对上市公司的稳定经营造成严重破坏。因此，对公司财务会计报告的真实性、可靠性，以及对其他重要信息披露负有直接责任的企业家，应当从以下方面推动合规建设。

01. 完善企业的信息披露制度

制度是行为的准则，好的制度能规范企业行为，提高企业效益。因此，企业应严格按照相关法律、法规的规定，细化企业的信息披露制度，明确哪些信息是需要披露的重要信息，并明确信息披露的具体时间和形式，从而形成符合自身情况的信息披露制度。

02. 切实履行信息披露义务

好的制度配上好的执行，才能发挥制度的最大优势。因此，依法负有信息披露义务的企业应当切实履行好信息披露义务，依法向股东和社会公众提供真实准确无误的财务会计报告，并严格按照规定披露应当披露的重要信息，如年度报告、中期报告、临时报告等。

03. 提高企业高管的风险意识

上市公司应定期开展培训，特别是提高大股东、实际控制人、公司管理层、董事会秘书、财务会计人员和相关业务人员的风险意识，要重点把握好有关信息披露的规则，充分认识到信息披露责任和可能造成的严重后果，及时有效地防范违法犯罪行为的发生。

结语

没有好的上市公司，就没有好的资本市场。完善上市公司监管制度、提高上市公司质量，是资本市场繁荣有活力的保障，而守法合规、诚实守信、规范治理是对上市公司的基本要求。在这样的背景下，合规管理、风险管控和公司治理，已经成为上市公司的核心竞争力，也是公司可持续健康发展的重要基础。

相关法律、法规

《证券法》第五十条、第五十一条、第五十二条、第五十三条、第五十四条

《上市公司信息披露管理办法》第四条、第三十七条

《刑法修正案（十一）》第八条、第九条、第十条、第十三条

专家团队

刘胤宏
北京金诚同达律师事务所
管理合伙人

顾宁
深圳市光明区中科合规法律研究院
高级顾问

四、人工智能企业合规建设

比尔·盖茨说，人工智能是1980年以来科技行业的第五次浪潮。根据他的划分，第一次科技浪潮是个人电脑的普及；第二次是互联网的兴起；第三次是软件；第四次是智能手机；第五次是AGI，即通用人工智能，它指的是一种可以脱离实验室环境、被工业化地量产到户，不需要任何特定场景或中介工具的人工智能技术。

各种功能的机器人、智能家电、人脸识别等都是人工智能技术应用的热门领域。据测算，中国人工智能核心产业规模已经超过4000亿元。随着人工智能产业的快速发展，一系列新问题会不可避免地产生。因此，为了促进人工智能产业的有序健康发展，相关的合规建设同样不能缺位。

案说

案例：人工智能“作品”侵害著作权及不正当竞争纠纷案[1]

机器不是人，它写出来的东西能享有著作权吗？自人工智能蓬勃兴起并应用于新闻写作、视频音乐创作等领域后，有关人工智能作品的著作权问题就一直备受关注，因此产生的诉讼纠纷也亟待司法实践的解决。

2018年8月20日，原告深圳市腾讯计算机系统有限公司在腾讯证券网站上首次发表标题为《午评：沪指小幅上涨0.11%报2671.93点通信运营、石油开采等板块领涨》的财经报道文章，这一文章是原告主持创作人员使用Dreamwriter（腾讯写作机器人）智能写作助手完成，故原告在官网发表涉案文章时，以末尾注明“本

1 案例来自《南山法院受理全省首例涉人工智能“作品”侵害著作权及不正当竞争纠纷案》，http://gw.nscourt.gov.cn/article/detail/2019/09/id/4470653.shtml。

文由腾讯机器人 Dreamwriter 自动撰写”的方式表明文章属原告法人意志创作。

被告上海盈某科技有限公司于原告文章发表当日，在其运营的“某贷之家”网站通过信息网络向公众传播被控侵权文章。文章的内容与原告使用 Dreamwriter 智能写作助手完成的《午评：沪指小幅上涨 0.11% 报 2671.93 点通信运营、石油开采等板块领涨》作品内容完全相同。

原告认为，涉案文章系由原告主持，代表原告意志创作，并由原告承担责任的作品，原告依法应视为涉案文章的作者，涉案文章作品的著作权归原告。被告的行为侵犯了原告的信息网络传播权。此外，原告对于财经报道内容的高效产出是原告通过一系列创造性劳动累积所形成的竞争优势，被告未经智力劳动创作，直接复制原告的工作成果用于被告网站获取网络流量，攫取竞争利益，违背了诚实信用原则和公认的商业道德，扰乱了财经媒体市场的公平竞争秩序，构成不正当竞争行为。

原告深圳市腾讯计算机系统有限公司诉称，Dreamwriter 计算机软件系由原告深圳市腾讯计算机系统有限公司的关联企业腾讯科技（北京）有限公司自主开发的一套基于数据和算法的智能写作辅助系统，腾讯科技（北京）有限公司将上述 Dreamwriter 计算机软件著作权许可给原告使用。自 2015 年以来，原告主持创作人员使用 Dreamwriter 智能写作助手每年可以完成大约 30 万篇作品。

2020 年 1 月，深圳南山区法院审理认定，涉案文章属于我国著作权法所保护的文字作品，是原告主持创作的法人作品。

法院审理认为，从涉案文章的外在表现形式与生成过程来分析，此文的特定表现形式及其源于创作者个性化的选择与安排，并由 Dreamwriter 智能写作助手在技术上生成的创作过程均满足著作权法对文字作品的保护条件，属于我国著作权法所保护的文字作品。

判决书显示，涉案文章由原告主创团队人员运用 Dreamwriter 智能写作助手生成，其外在表现符合文字作品的形式要求，其内容体现出对当日上午相关股市信息、数据的选择、分析、判断，文章结构合理，表达逻辑清晰，具有一定的独创性。

法院同时认为，涉案文章是由原告主持的多团队、多人分工形成的整体智力创作完成的作品，整体体现出原告对于发布股评综述类文章的需求和意图，是原告主持创作的法人作品。

法院最终认定，被告未经许可，在其经营的“网贷之家”网站上向公众提供被诉侵权文章内容，供公众在选定的时间、选定的地点获得的行为，侵害了原告享有的信息网络传播权，应承担相应的民事责任。鉴于被告已经删除侵权作品，法院判定被告赔偿原告经济损失及合理的维权费用人民币 1500 元。

观点探讨

人工智能能否成为著作权主体？人工智能生成的内容能否构成著作权客体的作品？

著作权法所称作品，是指文学、艺术和科学领域内，具有独创性并能以某种有形形式复制的智力成果。我国现行法律对人工智能生成物是否属于著作权法中定义的作品并没有作出规定。人工智能是否具有独立的法律人格，成为司法上的民事主体，需要国家法律的明文规定或认可。

在目前司法实践中，对于人工智能生成物，相关机构一般会重点审查该内容本身是否具备独创性，就是说在人工智能生产内容的整个过程中是否存在人类的个性化取舍与安排，例如数据设定、框架模板和风格的取舍、算法模型训练等，如果有，则很可能被认定为具有独创性的作品，受到法律的保护。

全国首部人工智能产业专项立法——《深圳经济特区人工智能产业促进条例》（以下简称《条例》）于 2022 年 11 月 1 日实施。《条例》有哪些创新亮点？

规定了“人工智能”的概念

目前，我国在法律层面对于人工智能及人工智能产业的概念尚未作出规定，学术界对于其定义也尚无统一认识。而《条例》从技术角度对人工智能的概念作出了规定——利用计算机或者其控制的设备，通过感知环境、获取知识、推导演绎等方法，对人类智能进行模拟、延伸或扩展。

《条例》同时明确了人工智能产业的边界，将人工智能相关的软硬件产品研究、开发和生产、系统应用、集成服务等核心产业，以及人工智能技术在民生服务、社会治理、经济发展等各领域融合应用带动形成的相关产业都纳入人工智能产业范畴。《条例》还提出，鼓励人工智能企业利用技术创新、技术对抗等方式，防范人工智能产品和服务可能出现的伦理安全风险和合规风险。

建立面向产业的算力算法开放平台

目前，深圳市人工智能基础研究方面仍相对薄弱，大多数企业经营研发侧重应用层面。

针对这一问题，《条例》一方面致力关键核心技术攻关，提出建立以市场需求为主导、政产学研深度融合的关键核心技术攻关机制，构建覆盖人工智能关键核心技术、攻关全周期的扶持政策体系；另一方面推进科技体制改革，创新人工智能项目管理方式，公开征集科技创新项目和成果，通过非周期性项目资助等方式予以支持。

人工智能产业的发展离不开数据和算力算法的支撑。《条例》要求政府构建人工智能产业公共数据资源体系，建立人工智能应用领域的公共数据共享目录和共享规则，推动公共数据分类分级有序开放。

同时，《条例》还要求政府建立面向产业的算力算法开放平台，鼓励和支持高等院校、科研机构和企业建设人工智能算力基础设施，开放算力资源，降低企业开发成本，缩短开发周期，培育共享协作的开源治理生态。

充分发挥应用场景驱动作用

针对人工智能产品落地难问题，《条例》出台一系列政策，发挥应用场景赋能人工智能产业发展的作用。

首先，强化应用示范。明确深圳市国家机关、法律、法规授权的具有管理公共事务职能的组织以及公共企事业单位应当率先使用人工智能产品和服务，充分发挥引导示范作用；推进人工智能技术在行政和司法领域的应用，推进人工智能在民生服务、社会治理、经济发展领域的融合应用。

其次，着力引导开放。规定产业主管部门应当建立人工智能应用场景开放制度，定期发布人工智能场景需求清单，公开征集应用场景解决方案，吸引境内外高水平的人工智能产品和服务供给方，引导开放更多应用场景，吸引产业要素集聚；积极探索建立人工智能应用场景供需市场化运营机制，发挥市场驱动作用。

最后，创新产品准入。在分级分类监管的基础上，探索建立与人工智能产业发展相适应的产品准入制度，规定对于国家、地方尚未制定标准但符合国际先进产品标准或者规范的低风险人工智能产品和服务，允许其通过测试、试验、试点等方式开展先行先试。

确立人工智能治理机制

《条例》结合逐步形成的全球化人工智能治理体系和特区实际情况，探索构建人工智能治理框架，合理平衡促进创新和坚守底线的关系，在为产业发展保留足够的弹性与空间的前提下，严守监管底线，做好风险防控，推动人工智能健康有序发展。其中：

一是确立多元主体协调共治的治理机制。确立人工智能治理国际公认的和谐友好、公平公正、包容共享、尊重隐私、安全可控、共担责任、开放协作、敏捷治理等八大治理原则；建立和完善政府规范、行业自律、企业自治、社会监督的治理模式，促进产业多元主体协同共治；根据人工智能细分领域风险等级、应用场景、影响范围等具体情况，建立分类、分级、差异化的监管模式，形成包容审慎的监管方式。

二是设立专门的人工智能治理机构。规定市政府应当设立人工智能伦理委员会，明确其职责，加强伦理委员会对人工智能伦理的统筹规范和指导协调，加快推进人工智能伦理安全规范的制定和实施，深化人工智能技术伦理、安全风险等方面的研究，推动构建覆盖全面、导向明确、规范有序、协调一致的人工智能伦理治理规则。

三是明确行为底线和法律责任。规定从事人工智能研究和应用的组织或者个人应当对人工智能产品和服务在国家利益、公共安全、商业秩序以及个人权益等方面可能产生的不利影响进行伦理安全规范审查和风险评估；明确在人工智能研究和应用活动中不得侵害国家安全、公共利益和个人权益，禁止实施歧视用户、侵害消费者权益、滥用技术等行为，并强调相应的法律责任，要求各方主体严守行为底线，有效预防风险。

合规启示

在合规意识建设上，人工智能产业企业应当树立公正包容、尊重隐私、安全可控的治理理念，并将遵守伦理安全规范纳入从业人员培训和教育当中。

在制度规范上，企业应当注重对算法合规、信息权益保护、社会伦理道德的制度体系建设，明确人工智能开发和落地运营的合规底线，形成具有广泛共识的人工智能治理框架和标准规范。

在数据管理上，企业应当加强数据开放和数据流动，推动数据要素资源化、资产化、资本化发展。相关企业应以合法方式获取数据，依法合规处理数据、交易数据，依法提供数据产品和服务，适应大数据时代，加强内部治理，把责任转到企业内部的数据控制上。

在产业管理上，企业应当落实伦理安全规范审查和风险评估，对可能对国家安全、个人信息保护、消费者权益保护产生不利影响的活动，采取严格的管理措施。

结语

正如习近平总书记在致 2018 世界人工智能大会的贺信中所说："新一代人工智能正在全球范围内蓬勃兴起，为经济社会发展注入了新动能，正在深刻改变人们的生产生活方式。"人工智能产业的发展，给国家法律、法规的制定和实施带来了新的挑战和变革。对此，深圳迎难而上，率先为人工智能产业立法，这不仅是深圳打造全球领先的人工智能产业高地的重要抓手，同时也为国家层面的立法提供了宝贵的经验。

相关法律、法规

《著作权法》第三条

《深圳经济特区人工智能产业促进条例》全文

专家团队

顾宁
深圳市光明区
中科合规法律研究院
高级顾问

黄嘉洁
深圳市鹏城
法律合规研究院
高级研究员

五、智能网联汽车企业合规建设

随着经济社会快速发展和科技水平提高，汽车正通过与人工智能、大数据、云计算等技术的融合，从一个以硬件为主的工业化产品化身成为移动智能新终端。这将大大提高人们出行的便利性，缓解交通拥堵，实现节能减排，还将带动汽车、电子、通信等产业的融合发展。由此兴起的智能网联汽车和无人驾驶市场空间广阔。2022 年 8 月 1 日，全国首个智能网联汽车地方性法规——《深圳经济特区智能网联汽车管理条例》（以下简称《智能网联汽车管理条例》）正式施行，多家智能网联车企纷纷上路测试。随着不设安全员、完全自动驾驶的汽车上路，深圳成为国内首个允许无人自动驾驶汽车上路的城市。

案说

案例：国内首起特斯拉车祸致死案[1]

2016 年 1 月 20 日，京港澳高速河北邯郸段发生一起严重的追尾事故。一辆白色特斯拉轿车在左侧第一车道行驶时，撞上了一辆正在前方实施作业的道路清扫车。

在处理事故的过程中，高速交警没有发现特斯拉轿车在发生碰撞前有任何的刹车痕迹。结合现场勘查情况和行车记录仪视频资料，经过细致调查，高速交警部门下达了这起交通事故的责任认定书：白色特斯拉轿车驾驶人在遇到前方车辆时未采取制动和避让措施，是事故的主要原因。

驾驶特斯拉轿车的司机高雅宁在被先后送往两家医院进行紧急救治后，仍然因为伤势过重去世，失去了 23 岁的宝贵生命。

1　案例来自《国内首起“特斯拉”车祸致死案追踪》，http://www.aqsc.cn/news/201804/20/c70118.html。

高雅宁的父亲高巨斌想到了儿子曾经多次提到的自动驾驶功能。在请多方专家对行车记录仪视频进行研究之后，大家一致推测，高雅宁在驾驶过程中启动了自动驾驶功能，而自动驾驶系统没有成功识别出前方的车辆，最终酿成了悲剧。

2016 年 7 月，高巨斌将特斯拉在中国的销售公司起诉至北京市朝阳区人民法院，要求赔偿损失 10000 元。原告方向法庭申请，请求法院向特斯拉美国公司调取事故车辆的驾驶状态数据，并对事故发生时这辆特斯拉轿车是否开启了自动驾驶功能进行司法鉴定。

经过原被告双方前后持续近半年的讨论，法院采信了原告方的观点。最终，法院决定由北京中机车辆司法鉴定中心对涉案的特斯拉轿车进行检测，对当时车辆是否处于自动驾驶状态进行司法鉴定。

2017 年 10 月 18 日，高巨斌终于等来了对这辆特斯拉轿车进行检验的这一天。在法官的主持及原被告双方的见证下，北京中机车辆司法鉴定中心的工作人员对车辆进行了检验。经过一天多的时间，鉴定机构完成了对车辆的检验，并从车中取出了记录有车辆行驶状态数据的存储卡。

在取出这张存储卡后，原被告双方分别找到双方都认可的专业机构，对存储卡的内容做了镜像备份。原被告双方和法院各留存一份。此时已经是 2018 年 1 月，距离交通事故发生已经过去了整整两年。之后，数据还要传到美国。针对回传的数据结果，特斯拉的工程师现场配合了解读，最终证明司机高雅宁使用了自动驾驶功能。

高巨斌起诉称，正是特斯拉夸大宣传的自动驾驶功能，才导致了车祸的发生。而特斯拉方面认为，车主手册中已经提示了驾驶人，无论是不是使用自动驾驶功能，驾驶人都要对车的行驶行为承担最终责任。

截至 2023 年 11 月，双方诉讼的最终结果未有媒体进行报道。

观点探讨

现在市场上销售的汽车，是否属于智能网联汽车，也就是我们通常理解的自动驾驶汽车呢？

根据《智能网联汽车管理条例》的规定，智能网联汽车是指可以由自动驾驶系统替代人的操作在道路上安全行驶的汽车，包括有条件自动驾驶、高度自动驾驶和完全自动驾驶三种类型。

有条件自动驾驶是指自动驾驶系统可以在设计运行条件下完成动态驾驶任务，在自动驾驶系统提出动态驾驶任务接管请求时，驾驶人应当响应该请求并立即接管车辆。

高度自动驾驶是指自动驾驶系统可以在设计运行条件下完成所有动态驾驶任务，在特定环境下自动驾驶系统提出动态驾驶任务接管请求时，驾驶人应当响应该请求并立即接管车辆。

完全自动驾驶是指自动驾驶系统可以完成驾驶人能够完成的所有道路环境下的动态驾驶任务，不需要人工操作。

这个定义与国家标准《汽车驾驶自动化分级》（GB/T 40429-2021）中的 3 级驾驶自动化、4 级驾驶自动化、5 级驾驶自动化相对应，也就是说，《智能网联汽车管理条例》规定的是 3 级驾驶自动化及以上分级的自动驾驶汽车，0~2 级驾驶自动化不适用《智能网联汽车管理条例》的规定，只能根据现行的法律、法规对该等级的自动驾驶汽车进行规制。

如果车企销售的汽车属于 3 级驾驶自动化以下，那么在宣传时，就不能把“辅助驾驶”夸张地描述为“自动驾驶”。此外，车企还应当对消费者尽到必要的提示义务，详细讲解驾驶辅助的功能，当消费者出现识别误差时，要及时给予提示；同时，在车辆使用过程，车企也应当通过技术手段达到必要的提示效果，以保障消费者的人身安全。

既然还没有真正意义上的智能网联汽车上市销售，那么深圳出台《智能网联汽车管理条例》有何意义？

此次《智能网联汽车管理条例》系统介绍了智能网联汽车自动驾驶的定义、市场准入、条件豁免，以及权责认定等细节，填补了自动驾驶相关立法空白，并为其他城市提供了经验标准，带来了示范效应。国内自动驾驶行业将迎来2级驾驶自动化到3级驾驶自动化乃至更高级别的飞跃。

《智能网联汽车管理条例》共有九章，分别为总则、道路测试和示范应用、准入和登记、使用管理、车路协同基础设施、网络安全和数据保护、交通违法和事故处理、法律责任和附则。

《智能网联汽车管理条例》的立法亮点有哪些？

车辆是否配备驾驶人

根据《智能网联汽车管理条例》，有条件自动驾驶和高度自动驾驶的智能网联汽车，应当具有人工驾驶模式和相应装置，并配备驾驶人。

完全自动驾驶的智能网联汽车可以不具有人工驾驶模式和相应装置，可以不配备驾驶人。但是，无驾驶人的完全自动驾驶智能网联汽车只能在市公安机关交通管理部门划定的区域、路段行驶。

智能网联汽车能否上路行驶

智能网联汽车列入产品目录并登记后方可上路，以此解决智能网联汽车市场准入的问题。

我国对机动车产品进入市场实行准入管理制度，未列入汽车产品目录则无法销售、无法注册登记、无法正式上路行驶。由于智能网联汽车产业发展仍处于大规模研发投入阶段，智能网联汽车产品要像传统机动车产品一样上市销售，制定相应的产品标准是无法回避的重要前提。

《智能网联汽车管理条例》规定：市工业和信息化部门应当根据技术成熟程度和产业发展需要，组织制定智能网联汽车产品地方标准；根据生产者的申请，将符合地方标准的智能网联汽车产品列入深圳市智能网联汽车产品目录，并向社会公布。

智能网联汽车产品不符合相关标准，未列入国家汽车产品目录或者深圳智能网联汽车产品目录的，禁止在深圳市销售、登记。

智能网联汽车出行安全如何保障

《智能网联汽车管理条例》规定了智能网联汽车的安全提示规则，要求智能网联汽车生产者应当为车辆配置自动驾驶模式外部指示灯，智能网联汽车在自动驾驶模式下行驶时应当开启外部指示灯，向道路上的其他车辆和行人发出明显的安全提示。同时，有条件自动驾驶和高度自动驾驶智能网联汽车的驾驶人在自动驾驶系统提出动态驾驶任务接管请求时，应当响应接管请求并立即接管车辆。

智能网联汽车发生交通事故后，责任如何划分

《智能网联汽车管理条例》规定：

一是有驾驶人的智能网联汽车发生交通事故的，驾驶人应当立即停车，保护现场；造成人身伤亡的，驾驶人应当立即抢救受伤人员，并迅速报警。有驾驶人的智能网联汽车发生交通事故造成损害，属于该智能网联汽车一方责任的，由驾驶人承担赔偿责任。

二是完全自动驾驶的智能网联汽车在无驾驶人期间发生交通事故的，当事人应当立即报警，车辆所有人、管理人应当保存事故过程信息。完全自动驾驶的智能网联汽车在无驾驶人期间发生交通事故造成损害，属于该智能网联汽车一方责任的，由车辆所有人、管理人承担赔偿责任。

三是智能网联汽车发生交通事故，因智能网联汽车存在缺陷造成损害的，车辆驾驶人或者所有人、管理人依照本条例第五十三条的规定赔偿后，可以依法向生产者、销售者索取赔偿。

合规启示

01. 取得市场准入

企业要及时关注国家智能网联汽车产品标准和智能网联汽车产品地方标准，及时取得国家汽车产品目录或者深圳市智能网联汽车产品目录，抢占自动驾驶汽车产业高地。

02. 做好车辆登记

企业申请智能网联汽车登记时，除了提交申请机动车登记所需的资料、凭证，还应当将符合车辆车载设备运行安全相关数据按规定接入政府监管平台，投保机动车交通事故责任强制保险和机动车第三者责任保险，具有载人功能的智能网联汽车还应当投保机动车车上人员责任保险。

03. 保证质量安全

智能网联汽车产品生产者、销售者应当对其生产、销售的产品质量安全负责，建立完善产品质量安全追溯机制，还应当建立健全产品售后服务机制，在车辆发生或者可能发生危及人身、财产安全的重大故障或者紧急状况时，按照车辆所有人、管理人、驾驶人或者乘客的要求，提供及时、全面的技术支持或者救援服务，保障其人身、财产安全。

04. 重视数据管理

企业应当制定数据安全管理制度和隐私保护方案，采取措施防止数据的泄露、丢失、损毁，并将存储数据的服务器设在中华人民共和国境内。未经批准，企业不得向境外传输、转移相关数据信息。企业应当禁止利用智能网联汽车非法收集、处理、利用个人信息；禁止采集与本车辆行驶和交通安全无关的信息；禁止非法采集涉及国家安全的信息。

结语

深圳有经济特区立法权，《深圳建设中国特色社会主义先行示范区综合改革试点实施方案（2020—2025年）》及首批授权事项清单提出，支持深圳用好、用足特区立法权，扩宽经济特区立法空间，赋予深圳在人工智能、无人驾驶等新兴领域的先行先试权。因此，率先立法，先行先试，是深圳的责任和使命。可以预见的是，这一次新兴领域的先行先试将吸引更多有实力的企业选择在深圳探索更多的可能性，这是机遇，更是挑战。只有在遵守《智能网联汽车管理条例》的基础上合规运营，企业才有可能在这一新兴赛道脱颖而出，推动技术创新和产业发展更进一步。

相关法律、法规

《深圳经济特区智能网联汽车管理条例》全文

国家标准《汽车驾驶自动化分级》（GB/T 40429-2021）全文

专家团队

王彩琴
深圳市光明区
中科合规法律研究院
高级顾问

柯春磊
芯海科技（深圳）
股份有限公司
首席法务官

六、互联网金融企业合规建设

据天眼查数据，2018年至2020年，互联网金融相关企业分别为5.9万家、7.3万家、8.5万家，呈现增长态势。央行数据显示，在经历了严格的监管和整顿之后，2017年至2019年，消费金融行业增速分别为38.13%、24.12%、15.92%。虽然增速逐年放缓，但行业的日渐成熟和正规给了消费者权益更多的保护。值得注意的是，互联网金融行业经营异常数量呈现波动态势，2020年经营异常的现象相比2019年有小幅减少。互联网金融行业在2018年至2020年涉及消费者权益相关的行政处罚也逐渐减少，2020年仅为2018年的50%。

金融与互联网的深度融合展现出了极强的创新活力与发展前景。一方面，互联网使得传统金融从以前操作过程的烦琐封闭转向了现在对用户的开放透明。另一方面，互联网金融在发展过程中出现的问题也引起了监管部门的关注。强监管的落地，在鼓励行业发展的同时也宣告了野蛮生长时代的结束。在这样的背景下，互联网贷款公司加强合规建设，在法治框架内提供金融服务，将有利于互联网贷款行业的有序发展，规范金融市场秩序，从而为社会的发展和经济的增长做出积极的贡献。

案说

案例：蚂蚁科技集团股份有限公司（以下简称蚂蚁集团）上市暂停事件[1]

2020年9月22日：五只基金正式获批，将参与蚂蚁IPO（首次公开募股）战配

2020年9月22日晚，上海证券交易所网站信息显示，科创板拟上市公司蚂蚁

1 案例来自《蚂蚁集团上市事件详情一文捋顺！》，https://www.nhiedu.cn/newdetailss-2063.html。

集团已提交注册，离正式登陆科创板又近了一步。蚂蚁集团正是支付宝、花呗和借呗等互联网金融产品背后的母公司。

华夏、易方达、鹏华、中欧、汇添富五家基金公司上报的“创新未来 18 个月封闭运作混合型证券投资基金”于 9 月 22 日晚间获批。这五只基金为蚂蚁集团牵头设计，产品特别之处在于 10% 的投资比例将参与蚂蚁集团战略配售，并计划于 25 日起只在支付宝渠道发行，最低 1 元起购。

2020 年 10 月 16—22 日：蚂蚁集团上市前期，估值再次提高

2020 年 10 月 16 日，由于需求强劲，蚂蚁集团计划将其 IPO 估值目标提高到至少 2800 亿美元。蚂蚁集团最早于下周在香港交易所进行聆讯。

证券时报报道，中国证监会官网显示，蚂蚁集团已于 10 月 16 日收到中国证监会有关其申请赴港上市的行政许可决定书。蚂蚁集团香港 IPO 获得中国证监会批准，预计在 11 月 6 日 A+H 股同步上市。

10 月 22 日，蚂蚁集团上市前估值再次提高，提升至 3800 亿 ~4610 亿美元。

2020 年 10 月 25 日：蚂蚁集团实际控制人马云在外滩金融峰会发表演讲

2020 年 10 月 23 日至 25 日，中国金融四十人论坛（CF40）联合各组委会成员机构在上海召开第二届外滩金融峰会，联合国数字合作高级别小组联合主席马云出席会议并发表演讲。

2020 年 10 月 27 日：蚂蚁集团上市前的高潮，有望成为有史以来全球最大 IPO

2020 年 10 月 26 日晚间，蚂蚁集团首次公开发行股票并在科创板上市发行公告，协商确定本次发行价格为 68.80 元 / 股，公司股票代码 688688。按此价格计算，最终 A 股发行总市值 2.1 万亿元，较此前预测 2.5 万亿 ~3 万亿元估值，折让幅度为 20%~30%。上海 A 股 IPO 拟募集 172 亿美元。A+H 股 IPO 拟募集约 345 亿美元。以发行价计算，蚂蚁集团市值已经超过贵州茅台。

蚂蚁集团香港 IPO 发行价为每股 80 港元，拟发行 16.7 亿股，合计约 174 亿美元。

预期H股将于2020年11月5日（星期四）上午九时正开始买卖，H股将以每手50股进行买卖，股份代号为6688。

2020年11月3日：四方监管联合约谈马云，蚂蚁集团上市暂停

2020年11月3日，上海证券交易所发布公告，暂缓蚂蚁集团在科创板上市。随后蚂蚁集团在港交所公告，暂缓H股上市。

上交所指出："你公司原申请于2020年11月5日在上海证券交易所科创板上市。近日，你公司实际控制人及董事长、总经理被有关部门联合进行监管约谈，你公司也报告所处的金融科技监管环境发生变化等重大事项。该重大事项可能导致你公司不符合发行上市条件或者信息披露要求。"

根据《科创板首次公开发行股票注册管理办法（试行）》第二十六条和《上海证券交易所股票发行上市审核规则》第六十条等的规定，并征询保荐机构的意见，上交所决定蚂蚁集团暂缓上市。

蚂蚁集团发文回应两地暂缓上市：对由此给投资者带来的麻烦，集团深表歉意；我们将按照两地交易所的相关规则，妥善处理好后续工作。

2023年7月7日：蚂蚁集团及其旗下机构被罚款71.23亿元

2023年7月7日，据中国人民银行官网消息，近年来，金融管理部门坚持发

展和规范并重，建立健全平台经济治理体系，出台一系列制度办法，初步形成平台企业金融业务发展与监管制度框架，促进平台经济规范健康发展。2020 年 11 月以来，从依法加强监管和有效防范风险的角度出发，金融管理部门督促指导蚂蚁集团、腾讯集团等大型平台企业全面整改金融活动中存在的违法、违规问题。目前，平台企业金融业务存在的大部分突出问题已完成整改。金融管理部门工作重点从推动平台企业金融业务的集中整改转入常态化监管。

近期，针对蚂蚁集团及旗下机构过往年度在公司治理、金融消费者保护、参与银行保险机构业务活动、从事支付结算业务、履行反洗钱义务和开展基金销售业务等方面存在的违法、违规行为，金融管理部门依据《中华人民共和国中国人民银行法》《中华人民共和国反洗钱法》《中华人民共和国银行业监督管理法》《中华人民共和国保险法》《中华人民共和国证券投资基金法》《消费者权益保护法》等，对蚂蚁集团及旗下机构处以罚款（含没收违法所得）71.23 亿元，同时要求蚂蚁集团关停违规开展的“相互宝”业务，并依法补偿消费者利益。

当天，蚂蚁集团官微针对被罚做出回应：“自 2020 年以来，蚂蚁集团在金融管理部门指导下积极推进各项整改，目前已完成相关整改事项。今天，蚂蚁集团收到金融管理部门行政处罚决定书，我们对此诚恳接受、坚决服从，并将进一步夯实合规治理水平。未来，蚂蚁集团将恪守使命与初心，坚持守正创新，继续增强科技研发能力，努力为实体经济尤其是小微群体做好服务并创造更大价值。”

观点探讨

蚂蚁集团暂缓上市的可能因素有哪些？

从上交所的公告中可以看到，蚂蚁集团暂缓上市的直接原因，就是其所处的金融科技监管环境发生了变化，可能导致其不符合发行上市的条件。

蚂蚁集团属于一种新形态的互联网金融企业，业务模式既有创新性，也有不同于传统借贷业务的风险性。其所从事的网络小额信用贷款业务极速发展，已经出现了和现行的金融业务法律制度及监管政策不匹配的情况。在这个时候，如果蚂蚁集团的业务规模通过上市融资，将形成进一步的行业垄断，其所代表的新业态对原有金融市场监管体系的冲击，有可能通过其资本市场呈现几何级的放大。

从2020年11月1日发布《国务院关于实施金融控股公司准入管理的决定》《金融控股公司监督管理试行办法》以及2020年11月2日四部委对蚂蚁集团实际控制人、董事长、总裁的监管谈话，再到银保监会、人民银行发布《网络小额贷款业务管理暂行办法（征求意见稿）》，这些都属于监管环境出现的变化。蚂蚁集团的核心业务之一就是网络小额贷款，可能受到较大的实质性影响。因此，基于金融风险防范的考虑，蚂蚁集团的上市有必要暂缓。

此外，结合科创板落实注册制度的要求，蚂蚁集团暂缓上市也考虑到了上市公司有效信息披露和保护市场中小投资者等诸多因素。

互联网贷款公司在经营时，可能面临哪些方面的风险因素？

技术风险

互联网贷款公司具有业务线上化的特点，运用大数据、人工智能等技术手段，收集客户信息，再根据客户数据给予不同额度的贷款。无法确保数据的安全性、不能符合数据收集的相关合规要求，是互联网贷款公司面临的风险因素之一。此外，网贷平台若是受到攻击，可能面临信息泄露、账户被盗甚至被钓鱼网站复制等风险。

信用风险

互联网贷款公司在建立借贷关系时，借贷双方信息的不对称以及线上交易的虚拟性，很可能导致信用风险问题。通过互联网贷款公司借款的用户，一部分可能是急需用钱，或者感觉互联网贷款更方便的用户，也有相当一部分是由于某些原因无法向银行或者借贷公司等传统借贷平台贷款的用户。如果互联网贷款公司把钱借给这样的用户，那么很可能面临用户无法还贷的风险。

监管风险

曾经，互联网给小贷行业的发展注入了强劲的动力，高额的利润富了一批公司，各种 P2P（个人对个人）公司的广告铺天盖地。然而，由于监管相对滞后，互联网贷款行业也埋下了高利贷、暴力催收等各种隐患，甚至出现了 714 高炮、套路贷、校园贷等侵害人民群众生命财产的违法案件。监管部门瞄准这一系列乱象，对互联网贷款行业的整治逐渐加码，包括限制贷款利率、明确贷款的禁止用途、贷审分离、规范催收和跨区经营等。这些都是互联网贷款公司需要严格遵守的规范要求。

合规启示

01. 申请牌照

为防范系统性金融风险，从事互联网贷款业务的公司要设立经营门槛。《网络小额贷款业务管理暂行办法（征求意见稿）》规定：国务院银行业监督管理机构制定小额贷款公司网络小额贷款业务的监督管理制度和经营管理规则。这就是统一监管规则的体制要求。此外，第三十八条规定：国务院银行业监督管理机构对小额贷款公司跨省级行政区域经营网络小额贷款业务依法实施监管，可以采取本办法规定的监督管理措施。

这意味着互联网贷款公司不仅必须纳入银行业监管框架下，还将实行分区域监管，在资本金约束和监管层级方面对地方级小贷公司和跨省级行政区的小贷公司进行重新界定和明确：地方级小贷公司注册资本不低于人民币 10 亿元，经营范围不得跨省；跨省级行政区的小贷公司注册资本不低于人民币 50 亿元，可以跨省经营业务，但必须由银保监会依法监管。

也就是说，一些大型互联网贷款公司若是跨区域，甚至在全国开展业务，则必须申请全国的牌照，并直接受到中国人民银行和银保监会的监管。

02. 设立风控体系

风控体系应当包括风险管理、投资管理和资产管理。应对贷款风险，互联网贷款公司应采取完善信用评估体系、针对不同用户设定贷款额度、明确约定贷款用途等手段。另外，公司还应做好投资管理和资产管理，弱化和降低贷款业务风险。

只有做好前期的风险评估，公司才能做好借贷风险的管控、保障资产端的资金安全，在后期的风险应对和处理上才能更有效率。

03. 建立合规体系

互联网贷款业务的开展深度依赖信息技术，因此在建立合规体系时，公司不仅需要考虑有关金融监管方面的政策法规，也需要考虑数据安全、个人信息保护等方面的合规要求，及时发现安全隐患，堵塞技术漏洞，提高金融数据治理能力，避免因数据泄露造成严重的经济损失。

根据现行的监管要求，互联网贷款公司要梳理自身业务的风险点，确保公司运营涉及的每个环节、每步流程都符合法律、法规及政策的相关要求，其中包括公司的准入规定、贷款合同、合作伙伴及资金安全等。

04. 加强自律管理

面对行业强监管的态势，互联网贷款公司应当加强自律管理，一方面主动履约，保障交易平台公平透明并安全稳定地运营；另一方面，参照传统银行或其他金融机构的金融监管政策，以及相关行业监管的征求意见稿，提前做好风险隐患的排除工作，通过自律保障公司的安全合规运营。

结语

我们不能否认金融创新对经济的巨大促进作用，但同时也要警惕其中蕴藏的金融风险。近年来，金融行业的发展始终围绕防风险和严监管两大主题展开。而随着互联网金融业态的快速崛起，监管机构的牙齿也将更加锋利。因此，不论是持牌金融机构，还是新兴互联网贷款公司，一旦违规，都将受到监管部门处罚。任何一项金融产品都关系着用户的切身利益，只有重视合规建设，积极拥抱监管，企业才能防范系统性金融风险，得以健康长远地发展。

相关法律、法规

《网络小额贷款业务管理暂行办法（征求意见稿）》第二条、第五条、第十三条、第十四条、第十五条、第三十八条、第四十条

《科创板首次公开发行股票注册管理办法 (试行)》第二十六条

《上海证券交易所股票发行上市审核规则》第六十条

专家团队

刘胤宏
北京金诚
同达律师事务所
管理合伙人

顾宁
深圳市光明区
中科合规法律研究院
高级顾问

七、学术平台企业合规建设

随着互联网技术的发展，国内的学术网络平台数量迅速增长。这些平台汇聚了各类学术信息，为学术研究提供了更加丰富的查询资源，提高了查询效率。不仅如此，作为学术交流的渠道，平台还可以方便学者们进行学术交流与沟通，更好地实现了学术知识的传播与分享。然而，在发展的过程中，部分学术网络平台为了短期利益，在知识产权领域及市场竞争中存在不合规的行为，不仅受到了有关部门的处罚，还使企业自身信誉受到严重影响，这也给学术平台企业的经营者敲响了警钟。

案说

案例一：退休教授赵德馨状告中国知网获赔 70 万元[1]

中南财经政法大学的退休教授赵德馨与《中国学术期刊（光盘版）》电子杂志社有限公司（“知网”运营方）发生侵权纠纷。2020 年 8 月，赵德馨以对方侵害其著作权为由向法院提起诉讼，最终胜诉，获得了相应经济损失和维权合理开支费用。法院判决知网赔偿赵教授 70 万元。

赵德馨说，知网收录了他的 100 余篇文章，只有《中国经济史辞典》签过合作合同，其余作品都没有经过自己授权，他也没有收到过稿费。

为了取证，赵德馨找到了知网上收录的百余篇文章的全部原件，还拍下了刊物的封面、目录及文章所在页面。这些被侵权的文章最早发表于 1952 年，跨越时间长达 70 多年。

1　案例来自《“撬动”知网第一人赵德馨教授：这对整个知识界都是好事》，https://view.inews.qq.com/wxn/20221227A00P3G00?web_channel=detail&originPath=q。

2020 年 8 月，完成取证的赵德馨向知网提起了一系列诉讼。知网一审败诉后，对全部案件上诉。2021 年，全部案件二审胜诉的赵德馨成功获得 70 万元的赔偿。

观点探讨

从上述案例分析，知网存在哪些不合规行为？

根据法院的相关裁判文书[1]，可以确定的是，被告知网的运营方提供了原告作者赵德馨作品的网络阅览及下载服务，并且是在没有经过原告许可的情况下，以电子版的形式发布了原告享有著作权的涉案作品，侵害了原告的信息网络传播权。

虽然被告主张己方是经过涉案作品所载的期刊出版发行方授权使用，但是没有提交证据证明原告作者曾向刊文单位进行信息网络传播权的授权。

1 中国裁判文书网《〈中国学术期刊（光盘版）〉电子杂志社有限公司等侵害作品信息网络传播权纠纷二审民事判决书》，https://wenshu.court.gov.cn/website/wenshu/181107ANFZ0BXSK4/index.html?docId=5VaREd42XNdakCffsHTx6LegJW/qxL1A6gMID5nZEBr0PMr/+73TBp/dgBYosE2gp89x0Y4XZh/d797nDuwPNfvT2PK7IrRYlCjpus2RqfRooOaayUXLERlla00opGkm。

同时，被告将涉案作品收录到其数据库并在网络上提供付费浏览和下载的行为，不属于期刊之间的转载或摘编行为。我国《著作权法》第三十五条第二款规定的报刊转载法定许可制度并不适用于网络环境下。

也就是说，即便作者授权杂志发表了自己的作品，也并不涉及第三方平台的信息传播权。学术期刊平台若是要收录作品或者提供下载服务，都需要与作者本人签订相应的授权合同，否则可能涉嫌不合规操作。

案说

案例二：中国知网因违反《反垄断法》被处 8769 万元罚款[1]

2022 年 5 月，国家市场监督管理总局依据《反垄断法》对知网涉嫌实施垄断行为立案调查。经查，知网在中国境内中文学术文献网络数据库服务市场具有支配地位，2014 年以来，知网滥用该支配地位实施垄断行为。知网具体操作如下：

一是通过连续大幅提高服务价格、拆分数据库变相涨价等方式，实施了以不公平的高价销售其数据库服务的行为；二是通过签订独家合作协议等方式，限定学术期刊出版单位、高校不得向任何第三方授权使用学术期刊、博硕士学位论文等学术文献数据，并采取多种奖惩措施保障其独家合作的实施。

根据调查表明，知网实施不公平高价、限定交易行为排除、限制了中文学术文献网络数据库服务市场竞争，侵害了用户合法权益，影响了相关市场创新发展和学术交流传播，构成《反垄断法》第二十二条第一款第一项、第四项禁止的“以不公平的高价销售商品”和“没有正当理由，限定交易相对人只能与其进行交易”的滥用市场支配地位行为。

根据《反垄断法》第五十七条、第五十九条的规定，综合考虑知网违法行为的性质、程度、持续时间和消除违法行为后果的情况等因素，2022 年 12 月 26 日，

1　案例来自《知网罚款八千万 知识产权并非违法敛财保护伞》，https://www.sohu.com/a/622139656_121622776。

国家市场监督管理总局依法作出行政处罚决定，责令知网停止违法行为，并处以其 2021 年中国境内销售额 17.52 亿元 5% 的罚款，共计 8760 万元。

观点探讨

如何认定知网是否滥用市场支配地位？

根据《反垄断法》第二十二条的规定，市场支配地位是指经营者在相关市场内具有能够控制商品价格、数量或者其他交易条件，或者能够阻碍、影响其他经营者进入相关市场能力的市场地位。

知网相关市场如何界定？

根据国务院反垄断委员会制定的《关于相关市场界定的指南》，相关市场是指经营者在一定时期内就特定商品或者服务进行竞争的商品范围和地域范围。相关市场的具体界定方法包括替代性分析、需求替代和供给替代。

对于知网而言，其核心服务主要包括学术文献检索、阅读、下载服务以及学术不端检测（查重）服务，其相关商品市场应为学术资源数据库服务市场。而由于其收录数据以国内文献为主，主要服务客户基本在中国境内，因此相关地域市场应限于中国。

知网是否在相关市场中具有支配地位？

根据《反垄断法》第二十三条的规定，认定经营者具有市场支配地位，应当依据下列因素：（一）该经营者在相关市场的份额，以及相关市场的竞争状况；（二）该经营者控制销售市场或者原材料采购市场的能力；（三）该经营者的财力和技术条件；（四）其他经营者对该经营者在交易上的依赖程度；（五）其他经营者进入相关市场的难易程度；（六）其他因素。第二十四条则规定：一个经营者在相关市场的份额达到二分之一的，可以推定具有市场支配地位。

根据知网先前在官网中的介绍，其自称在高校市场占有率为 100%，其他主要市场占有率为 60% 以上。由此可初步推定，知网在中国学术资源数据库服务市场具有市场支配地位。除了市场占有率，认定经营者是否具有市场支配地位还需结合经营者在相关市场中的其他特点进行判断，如知网收录的中文学术文献种类与数量、期刊数量以及独家期刊的数量和质量、用户规模及覆盖率、用户依赖程度、市场销售额等均长时间明显处于领先地位。国家市场监督管理总局在经过调查后，认定知网具有市场支配地位。

知网是否存在滥用市场支配地位的行为？

根据《反垄断法》第二十二条的规定，知网可能涉嫌滥用市场支配地位的行为类型包括：

1. 以不公平的高价销售产品。连续大幅提高服务价格、拆分数据库变相涨价等，正是以不公平的高价销售其数据库服务的行为。

2. 没有正当理由，限定交易相对人只能与其进行交易。知网通过签订独家合作协议等方式，限定学术期刊出版单位、高校不得向任何第三方授权使用学术期刊、博硕士学位论文等学术文献数据，并采取多种奖惩措施保障其独家合作的实施，这种行为使得其他数据库服务商无法获取使用相关学术资源，从而限制了学术数据库市场的竞争。

被处罚后，知网的整改措施有哪些？

知网制定了五个方面共 15 项整改措施：[1]

彻底整改与期刊、高校的独家合作

1. 推进行业非独家合作模式。积极倡导并主动推进行业放弃独家授权权利，探索平等合作、共赢发展的非独家合作模式。

2. 解除独家合作协议。停止新签续签独家合作协议，积极主动与期刊、高校

1 中国知网官网《知网整改方案》，https://piccache.cnki.net/2022/index/images2009/other/2022/reform/index.html。

协商尽快解除现有独家合作协议。

大幅降低数据库服务价格

1. 降低销售价格。用户的学术文献数据库服务实际成交价格三年内下调 30% 以上，降价不降低服务质量。

2. 完善定价机制。依据公平、合理、无歧视原则，建立科学、公开、透明的服务定价机制。取消“并发用户数”计价方式，以成本为基础，合理制定服务价格。

3. 纠正不合理销售模式。全面取消各类“个刊”“单刊”，停止拆分数据库单独销售的模式。

4. 建立价格沟通机制。以用户为中心，成立用户委员会，建立数据库服务价格调整用户沟通机制。

5. 扩展免费服务项目。进一步扩大过刊免费范围，免费开放“高校用户校外访问系统”。

6. 强化平台公益属性。坚持把社会效益放在首位，确立“服务科技创新、促进学术传播、承担社会责任”的发展定位，平衡好平台的商业性和公益性。

保护作者合法权益

1. 依法获得著作权人授权。着力解决知网与著作权人，以及期刊、高校等主体之间的授权链条不完整、不规范问题，依法合规取得著作权人授权。

2. 完善稿酬支付办法。与上游期刊社完善文献作者稿酬支付办法，为作者提供线上线下相结合、方便快捷的稿酬申请、结算和发放渠道；与行业协会、著作权集体管理组织协商制定著作权保护实施方案并予以严格落实。

3. 健全作者服务机制。成立作者服务中心，开发作者服务平台，切实保护作者合法权益。

持续优化相关服务

1. 开放个人论文查重服务。回应广大师生和科研人员合理需求，面向个人开放论文查重服务，定价不高于市场主流产品。

2. 提升学术不端检测技术水平。完善学术不端检测系统的技术手段、规则算法、数据来源、版权保护等，有效提升用户学术不端检测质量。

全面加强合规建设

1. 健全合规管理体系。建立并完善企业全方位、全流程的合规管理体系，加强对业务行为的有效管控。

2. 加强合规风险管理。设立合规管理部门，开展反垄断和版权合规风险筛查，完善合规咨询、审查、培训和考核机制，确保依法合规开展经营。

知网开展整改的积极意义

取消独家合作模式，有利于促进优势学术的分享，促进市场的合理有序竞争，营造良好的市场环境，让学术研究人员能更便捷地获取学术资源。

此次有关降低价格的整改措施将更加突出知网的社会公益属性，让知网回归到公益平台的定位。知网作为国内重要的学术资源信息平台之一，带头降低数据库价格，会促进其他平台一同跟进，有利于更好地服务高校与科研单位。

保护作者合法权益是此次整改的重中之重。只有保护好作者的合法权益，才能促进更多优秀学习成果的传播，这也是一个良性的学术生态链该有的模样。

对知网开展反垄断调查并进行行政处罚，目的不是罚款，而是规范知网的经营行为，尽快恢复相关市场竞争秩序，充分激发市场活力和创新动力，促进行业持续健康发展。

合规启示

01. 开展反垄断合规建设

学术平台企业应该全面深入理解其兼具商业性和公益性的属性，商业性方面不能违法排除、限制竞争；公益性方面不能违法侵害消费者权益、损害社会公共利益。

02. 重视版权合规，避免侵权风险

学术平台企业应该重视事前事中事后全链条知识产权合规管理，建立事前合规风险监测预警机制、事中合规问题分析处理机制、事后合规漏洞追责完善机制，加强知识产权合规资源的投入。

03. 开展数据合规建设

学术平台企业应当建立数据分类分级管理制度，制定数据安全策略和技术保护措施。尤其是掌握了国家安全、重点科研、国计民生等重要敏感数据的平台企业，更要具备红线意识，严格遵守法律，保护数据安全。

结语

行政处罚只是手段，规范发展才是目的。从知网公布的整改措施上看，如这些措施能落实到位，将有助于破除学术版权资源的垄断，让更多竞争性平台和市场主体参与到学术文献数据库市场中来，由此形成多元、充分、有效的市场竞争格局，还可促进学术文献数据库服务的优化升级，推动学术信息的自由合理流动，真正实现全社会知识资源的传播共享和增值利用。

相关法律、法规

《反垄断法》第二十二条、第二十三条、第二十四条、第五十七条、第五十九条

《著作权法》第十条、第三十五条

专家团队

曾卓

深圳市华商
合规法律服务中心
成员

万兴

深圳市鹏城
法律合规研究院
研究员

八、药品企业合规建设

医药行业关乎民生。医药直接关系到国民的生命健康，既是广大人民群众广泛关切的痛点，又关乎社会、国家的公共利益。医药行业既古老，又现代，尊重传统的同时也遵循现代科学规律。医药行业监管理应成为严监管、强监管的行业，也应成为独特监管的行业之一。医药企业合规既有一般企业合规的共性，又有医药行业的特殊性。随着医改进入深水区，监管的要求日趋严格，不少药企由于没有及时适应政策要求，规范经营手段，付出了惨痛的代价。

面对新的监管环境，医药行业需要以新的姿态迎接新的局势，改变过去粗放的销售模式，向精细化、合规化、效率化的转型方向努力。值得注意的是，除了反腐倡廉，医药行业的合规同样需要贯穿研发、生产和经营等各个环节。

案说

案例：阿斯利康涉嫌骗保案[1]

2022 年 1 月 29 日，国家医保局通报了阿斯利康制药有限公司（以下简称阿斯利康）工作人员涉嫌篡改肿瘤患者基因检测结果骗取医保基金的情况。国家医保局基金监管司负责人表示，根据群众举报线索，国家医保局督促深圳市成立了由医保、公安、卫生健康、市场监管等部门组成的联合专案组，对案件情况进行深入调查，犯罪嫌疑人已全部被批捕。

同时，国家医保局联合公安部对阿斯利康中国有关负责人进行了约谈，通报了案件阶段性调查进展，要求阿斯利康中国严格遵守法律、法规，全力配合有关

1　案例来自《阿斯利康员工涉嫌骗保 17 人被捕 医药巨头站在十字路口》，https://baijiahao.baidu.com/s?id=1724634976275336646&wfr=spider&for=pc。

部门做好后续调查，并立即开展内部排查整改工作，堵塞营销监管漏洞，加强员工守法教育、切实增强诚信意识，适时曝光约谈及整改情况。阿斯利康中国按照约谈要求，及时对接深圳市医保局和公安局，做好案件后续侦办工作，督促员工有类似行为的主动投案自首，并在企业官网公布案件和自查整改情况。

2022 年 2 月 10 日晚，深圳医保局公布阿斯利康工作人员涉嫌骗取医保基金案件简要案情通报。通报称，2021 年 7 月，深圳市医保局根据举报线索，核查发现阿斯利康工作人员涉嫌欺诈骗保，后在国家医保局指导下，联合深圳市公安局等相关单位进行专案查办，经缜密工作后成功破获该案件，打掉一个涉嫌篡改肿瘤患者基因检测结果、骗取医保基金的诈骗团伙，抓获涉案人员 17 名，全部依法采取刑事强制措施。

对于上述涉嫌骗保的情况，阿斯利康官网显示，2021 年 8 月，阿斯利康在内部合规检查中发现，深圳市有少数员工存在篡改或参与篡改患者检测报告的行为，涉嫌骗取医保基金。公司对此高度重视，诚恳接受国家医保局和公安部门的指导和建议，并将全面落实相关要求，进一步强化管理监督，不断提升员工的法律、法规意识，确保将合法合规落实到每位员工的日常工作中。

阿斯利康表示，公司将持续开展针对性的内部自查自纠行动，防止任何涉嫌骗保等违法违纪行为的发生。同时，阿斯利康中国将继续不断强化合规文化、合规培训体系和自查自检体系，并加强监管经营活动，确保公司业务在合法合规的前提下可持续地健康开展。

下一步，国家医保局将联合公安部、国家卫生健康委员会在全国范围内对篡改基因检测结果骗取医保基金行为开展专项整治，重拳出击，全面排查，依法依规严厉打击此类欺诈骗保行为，坚决守护好人民群众的看病钱、救命钱。

观点探讨

阿斯利康工作人员的行为涉嫌违反了哪些法律、法规？

阿斯利康员工通过篡改肿瘤患者基因检测结果骗取医保基金，涉嫌违反了《中华人民共和国社会保险法》（以下简称《社会保险法》）以及《刑法》的有关规定，需要承担相关行政责任，甚至是刑事责任。

《社会保险法》第八十八条规定：以欺诈、伪造证明材料或者其他手段骗取社会保险待遇的，由社会保险行政部门责令退回骗取的社会保险金，处骗取金额二倍以上五倍以下的罚款。

根据我国《刑法》的规定，以欺诈、伪造证明材料或其他手段骗取养老金、工伤、失业等社会保险金或者其他社会保障待遇的，属于《刑法》第二百六十六条规定的诈骗公私财物的行为。

《刑法》第二百六十六条关于诈骗罪规定：诈骗公私财物，数额较大的，处三年以下有期徒刑、拘役或者管制，并处或者单处罚金；数额巨大或者有其他严重情节的，处三年以上十年以下有期徒刑，并处罚金；数额特别巨大或者有其他特别严重情节的，处十年以上有期徒刑或者无期徒刑，并处罚金或者没收财产。本法另有规定的，依照规定。

公司员工涉嫌违法、违规，将会对企业造成什么样的影响？企业是否需要担责？

药品企业的合规风险主要是指药品企业及其员工因不合规行为而承担法律责任、受到相关处罚、造成经济或名誉损失以及其他负面影响的可能性。

首先，从商业角度而言，员工违规事件会损害公司品牌及形象，企业的诚信、守法文化，企业价值会受到质疑，企业会因此蒙受经济损失，形成其他负面影响。

其次，从法律角度而言，如果员工在履职过程中实施违规行为，或者企业在合规管理上存在重大过失，那么企业将面临行政处罚，相关责任人甚至会被追究刑事责任。

而企业是否要担责，要依据案件调查情况和证据材料而定。

根据《社会保险法》的规定，如果药品经营单位参与实施违法行为，企业应当依法承担相应的法律责任。单位直接负责的主管人员和其他直接责任人以单位名义实施诈骗行为，诈骗所得归单位所有的，将依法追究企业相关责任人的刑事责任，另外还要调查企业是否知情以及是否参与及支持协助等。如果企业是明知的，那么可能属于共同犯罪，需要根据犯罪过程中的地位、作用和犯罪的情节承担相应的责任。

从案件可以看出，药品企业合规管理的重要性，以及管理重点体现在哪些方面？

合规管理是指以有效防控企业合规风险为目的，以企业和员工经营管理行为为对象，开展包括制度制定、风险识别、合规审查、风险应对、责任追究、考核评价、合规培训等有组织、有计划的管理活动。它是企业行得正、走得远的先决条件。

一方面，《医药行业合规管理规范》的出台对药品企业在反商业贿赂、反垄断、财务与税务、产品推广、集中采购、数据保护等多方面有了更加明确严格的要求，不规范的操作必然带来较高的合规风险。另一方面，在优化法治营商环境的背景下，不合规的企业将寸步难行。合规管理能力与产品研发能力、市场营销能力都是企业的核心竞争力。只有合法合规，企业才能健康持续地发展。

强化合规文化

合规管理有利于疏通业务流程，预防和减免业务风险，有助于为企业运营管理创造价值，一方面降低了成本，另一方面优化了企业组织和管理。合规文化不仅是企业文化的重要组成部分，更是企业文化的底色。

企业应构建分层分类的制度体系框架，确保结构清晰、内容完整、相互衔接、有效协同，切实提高合规管理的科学性和系统性；构建覆盖全系统的合规管理运行机制，明确工作职责，加强部门协同配合，并有针对性地设置合规风险清单、流程管控清单、岗位职责清单。

企业应积极培育合规文化，树立依法合规、守法诚信的价值观；通过制定发放合规手册、签订合规承诺书等方式，强化全员树立安全、质量、诚信、廉洁等意识；将合规文化作为企业文化建设的重要内容，不断增强员工的合规意识和行为自觉，营造依规办事、按章操作的文化氛围。

企业决策层和高级管理层应确立企业合规理念，注重身体力行，将合规审核嵌入重大决策、重要业务管理流程，将合法合规性审查和重大风险评估作为重大决策事项必经前置程序。医药企业合规管理建设，既要自上而下推动合规管理，也要自下而上形成主动合规、自觉合规，筑牢合规管理底座。

企业应将合规作为企业经营理念和社会责任的重要内容，并将合规文化传递至利益相关方；不断强化合规文化，使人人成为合规管理的忠实崇尚者、自觉践行者、坚定捍卫者；将合规文化注入、融入企业的核心价值观、发展战略目标中。

企业应树立积极正面的合规形象，为企业运营管理创造价值，降低成本的同时优化企业组织和管理，管理出效益，管理创价值。合规文化不仅是企业文化的重要组成部分，更是企业文化的底色。

建立合规培训体系

培训体系应当是全面覆盖。合规培训应当覆盖企业各业务领域、各部门、各级子企业和分支机构、全体员工。企业应将合规培训纳入员工培训计划，培训内容需随企业内外部环境变化，特别是法律、法规变化和监管动态进行动态调整；建立常态化合规培训机制，制定年度培训计划；将合规管理作为管理人员、重点岗位人员和新入职人员培训必修内容；将合规管理纳入专题学习，进行合规宣贯。

企业经营的相关部门，包括分支机构的所有员工，都应该接受合规培训，了解并掌握企业的合规管理制度和风险防控要求。企业应当配备与经营规模、风险水平相适应的专职合规管理人员，医药企业合规管理人员需要对医药行业、医药相关专业知识具有相当水平的认识和掌握。医药企业应建立专业化、高素质的合规管理队伍，持续加强业务培训，提升队伍能力水平。

企业决策层和高级管理层应带头接受合规培训，特别是高风险领域、关键岗位员工应接受有针对性的专题合规培训，使重要风险岗位人员熟悉并严格遵守业务涉及的各项规定。

合规培训应做到制度化和常态化，做好培训记录留存，包括合规培训的组织情况和效果评估。

合规启示

药品企业的合规管理需贯穿各领域和环节：

01. 药品企业的成立注册，是合规管理的基础

药品企业的注册条件包括：有与所经营药品相适应的营业场所、设备、仓储设施、卫生环境。同时，根据相关法律规定，药品企业需要制定公司章程，这是合规管理的基础。

02. 药品生产及流通环节，也需要合规管理

药品监管部门应从药品研发、注册、生产和流通等多领域、全方位严控药品质量，避免潜在的行政违法和刑事处罚风险。药品生产和流通企业必须全面落实药品生产经营规范和药品经营质量规范的各项要求，确保生产和经营过程持续合规，数据完整、真实、可溯源。

03. 药品企业应对其销售模式进行全面梳理和自查

药品企业应特别对经销协议中有关产品价格、销售区域和转售对象的限制及不正当竞争条款进行审阅和修订，加强企业的反垄断合规制度建设，并对管理层和员工提供反垄断合规培训，建立日常执行与监督体系，将反垄断合规制度落实到企业的生产经营活动中。

04. 药品推广环节也要建立合规制度

基于药品流通使用管理要求及临床规范，药品企业应明确药品在面向医院、药店、诊所等进行推广、促销和服务过程中，有关各种市场活动和销售行为规范方面的合规制度，要制定临床推广行为准则、市场合规细则、药品促销管理规范。

结语

为响应和主动适应国家监管部门提出的国家药品标准提高行动计划及保安全守底线、促发展追高线的严格药品监管态势，医药企业必须主动加强合规管理：一是以防控风险为目的；二是提质增效，以合规促进、提升管理能力。医药企业合规管理，应以全面合规为目标，重点领域、关键环节为合规重点，根据企业规模、企业情况等因素，推动实现全面合规，对标国际一流企业，接轨国际先进标准。

此外，由于药品行业与公众健康、生命安全、社会稳定密切相关，一旦合规风险爆发，就会产生重大且广泛的社会影响。企业不仅声誉受损，经营面临困难，严重的还可能面临巨额民事赔偿，行政处罚如吊销证件，从而危及企业生存发展，相关人员甚至会被追究刑事责任，面临牢狱之灾，可谓牵一发而动全身。因此，医药企业必须注重厚植人人合规的合规文化，人人主动合规、自觉合规，通过医药企业技术创新和激发人的创造性，增进企业员工利益，提升企业管理效能，为社会增创价值。展开创新驱动与合规建设的企业发展双翼，这也是相关企业提升竞争力，走出国门的必修课。

相关法律、法规

《社会保险法》第八十八条

《刑法》第二百六十六条

《医药行业合规管理规范》全文

专家团队

刘润兴

深圳市鹏城
法律合规研究院
副院长

潘艳

深圳市光明区
中科合规法律研究院
理事

衆說合規